はじめに

新型コロナウイルス感染症もようやく5類感染症へと移行し、経済活動も正常化してきたといえるでしょう。東京の街も久しぶりに多くの外国人観光客で賑わっています。とはいえ、3年間にわたったコロナ禍という状況は、わたしたちの生活や働き方、ひいては企業活動にも大きな影響と変化をもたらしました。

最近では活気を取り戻してきた観光業も、一時はお客さんがまったく動かない時期が続き、大幅な業績悪化に見舞われました。コロナ禍で著しく落ち込んだ業績の影響は、財政状態の悪化としていまだに尾を引いているかもしれません。また、昨今では電力料などのエネルギーコストが高騰してしまい、業種によっては業績を直撃しているケースもあります。欧米における金利水準の上昇や為替相場の変動といった要素も、企業活動、ひいては企業業績に大きな影響を与えることは想像に難くありません。

わたしたちは決算書を利用することによって、このような経営環境の変化が企業にもたらした影響を知ることができます。決算書は、会計というビジネス上の共通言語を介して、それぞれの企業への影響を同じモノサシで測って理解することができる有用なツールだからです。

本書は、決算書のことがまったくわからないビジネスマンや学生の方を対象に、決算書の読み方の基本について解説しています。決算書には数字がたくさん出てきて、そのためか苦手意識を持つ方も多いのですが、決算書の数字は、企業が行なっているさまざまな活動を、会計という言語で翻訳した結果にすぎません。つまり、決算書の数字の裏には必ず企業のさまざまな活動があり、それが会計という世界共通のビジネス言語で翻訳されているだけなのです。こう考えれば、「決算書の数字は必ずビジネスストーリーとつながっている」ということが理解できるでしょう。

決算書を上手に読むコツは、常に「数字の裏にあるストーリーを想像しながら数字と対峙する」ことです。本書では、このような点を意識しながら、基本的な知識をわかりやすく説明するだけではなく、実際の企業の決算書も事例として盛り込みました。ぜひ、ご自分の頭で数字の意味を考えながら読み進めてください。本書をお読みになった方が、「決算書を読む」ことを通じて、ビジネスの共通言語としての会計言語の基礎を築かれることを願ってやみません。

2023年6月

公認会計士　木村　直人

目　次

第Ⅲ章 損益計算書のキホン！

第Ⅳ章 キャッシュ・フロー計算書のキホン！

プラス１

第Ⅰ章

決算書のキホン！

1

そもそも決算書って?

企業活動を会計のルールで数字に翻訳したもの

決算書といつ向き合う?

読者のみなさんは、どのようなときに決算書と向き合っていますか?

株式投資をする方は、企業の成長性について興味があるはずです。

ビジネスで**新しい取引先との付き合い**を始める場合は、本当に取引をしても大丈夫なのか、倒産する危険性はないのかなど、企業の安全性を気にするかもしれません。

自分が勤めている企業の業績動向が気になって、決算情報をインターネットで調べることもあるでしょう。

決算書から何を知りたい?

このように、世の中ではさまざまな局面で、さまざまな人たちが、さまざまな目的で、企業の決算書の情報を必要としています。

共通するのは、みんな**企業活動の実態を「数字で知る」**ということです。

1年間の中で、どのくらい儲かったのか、損したのか、売上高は伸びているのか、どのような資産をどのくらい保有しているのか、借金をどのくらい抱えているのか等々、企業活動の成果を数字で把握しておきたいのです。

会計も言語と同じ

こういったニーズに応えるのが決算書です。ただ、世の中には数多くの企業が存在しますから、それぞれの企業が自分勝手な方法で決算書をつくっていたのでは、利用する側も混乱してしまいます。

そこで、決算書を作成するときの統一ルールとして、会計基準や複式簿記のルールがあり、企業はそのルールに従って決算書を作成しています。

利用する人たちも、そのルールさえ知っておけば、初めて目にする企業の決算書から、その企業の活動実態を知ることができるのです。

これはある意味で、「言語」のようなものです。みなさんは日本語という言語を知っているから、見ず知らずの私が書いた本書を読むことができるわけです。

決算書も同じで、**決算書の作成ルールを知ることで、そのルールで執筆された文章、つまり決算書を理解することができるようになる**のです。

もちろん、日本語の中にも難しい言葉や言い回しがあるように、会計ルールにも難しいものがあります。ただ、外国語を学ぶときに、普段は使わないような難しい言葉まで知らなくても基本的な会話ができるのと同じように、会計ルールも基本さえ押さえておけば、決算書は十分に読めるのです。

プラス1　会計基準

会計にも言語と同じようにさまざまなルールがあります。そういったルールを総称して「会計基準」といい、企業はこの会計基準に従って決算書を作成しなければなりません。

会計基準は国によって一部異なる点があります。たとえば、日本は日本基準、米国は米国基準といった具合いで、国ごとのルールを定めているのが通常です。しかし、最近では会計言語もグローバル化が進み、世界共通言語としての「国際会計基準（IFRS）」がだんだんと主流になってきています。IFRSを採用する日本企業もどんどん増えているため、目が離せません。

■企業のまわりには、資金の出し手である投資家（潜在的投資家も含む）や債権者（銀行など）以外にも、さまざまなステークホルダー（利害関係者）が存在している。

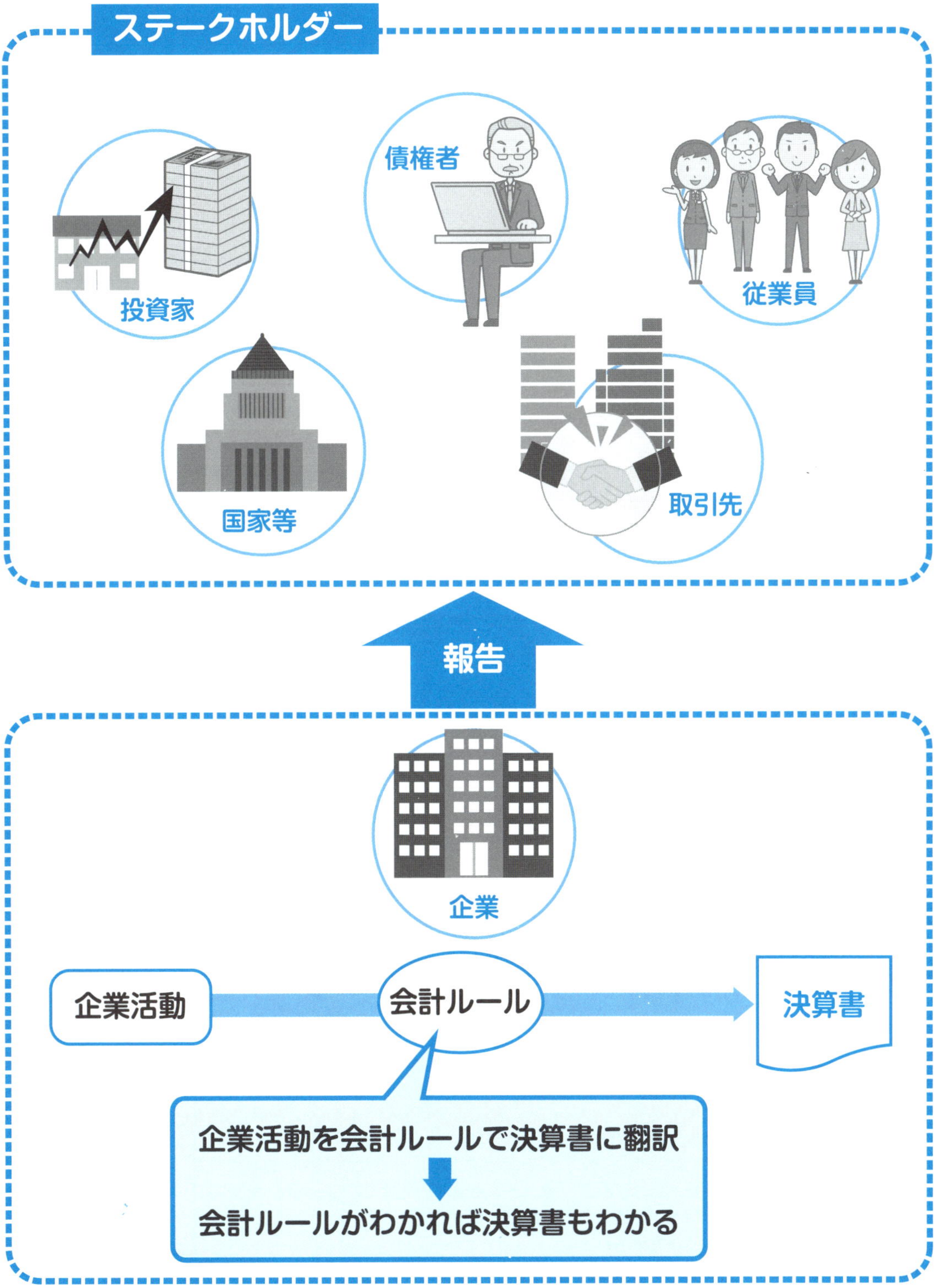

2

決算書は主に3つ！

➡貸借対照表、損益計算書、キャッシュ・フロー計算書を押さえよう

さまざまな決算書

決算書にはさまざまなものがありますが、主な決算書といえば、「**貸借対照表**」「**損益計算書**」「**キャッシュ・フロー計算書**」の3つです。

決算書の基本的な読み方を知るという意味では、この3つをまずは知っておけば十分です。

貸借対照表とは

貸借対照表は、企業の「財政状態」を明らかにするものです。簡単にいえば、**どのくらいの資産を持っていて、**その一方で**どのくらいの負債を抱えているのか**を示したうえで、資産から負債を差し引いた**純資産がどの程度あるのか**を知ることができます。

中身も大切です。現金や在庫といった資産もあれば、土地や建物などの不動産も資産になりますし、株などの金融商品を資産として保有しているかもしれません。負債も、銀行への借金だけでなく、取引先への未払い分もあるでしょう。資産や負債の中身をしっかりと理解することで、どのような企業なのかを理解することにもつながっていきます。

損益計算書とは

貸借対照表と並んで重要なのが、損益計算書です。これは、企業の「経営成績」を明らかにするものです。**1年間でどのくらい儲かったのか、または損したのか**がわかります。

具体的には、売上高などの収益をどのくらい獲得することができたのか、それに対して仕入代金や人件費、家賃などの費用がどの程度かかったのか、それらの結果として、利益または損失がどのくらい出たのかを、内容別に示して、企業の業績を示しています。

キャッシュ・フロー計算書とは

キャッシュ・フロー計算書は、その名のとおり、**企業のお金の流れを明らかにする**決算書です。

現代のビジネスは信用経済が基本です。商品を販売した場合に、即座に現金をもらうのではなく、掛け売り（後払い）という形にして、たとえば1か月後に振り込んでもらうといったことが当たり前に行なわれています。この場合、損益計算書では、現金が入っていなくても、商品を渡した時に売上高を計上します。そのため、損益計算書だけを見ていたのでは、お金の流れがわからなくなってしまいます。

そこで、純粋にお金の流れに注目して、どのくらいの収入と支出があったのかについて、キャッシュ・フロー計算書によって報告することにしているのです。

プラス1　決算書

本書では「決算書」という用語を用いていますが、同じ意味を表す言葉として、「財務諸表」や「計算書類」という言葉もあります。

実は、決算の報告をする根拠法令などの違いによって、呼び方が変わることがあるのです。金融商品取引法に基づいて決算報告をする際には「財務諸表」といいますし、会社法に基づいて決算報告をする際には「計算書類」といいます。

目的の違いによって様式などが一部異なりますが、本質的にはすべて同一内容と考えておいて大丈夫です。

■貸借対照表　企業の財政状態を明らかにする決算書（B/S:Balance Sheet）

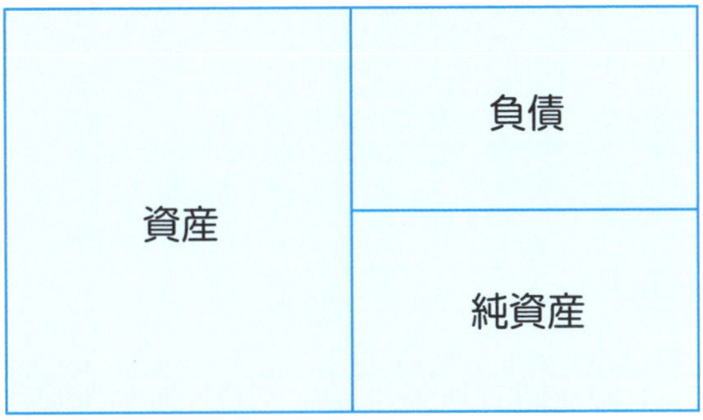

資産や負債がどのくらいあって、
その差引きで純資産がどのくらいあるのかを示す。

■損益計算書　企業の経営成績を明らかにする決算書（P/L:Profit and Loss Statement）

	収益	×××
△	費用	×××
	利益	×××

実際には

	売上高	×××
(△)	売上原価	×××
	売上総利益	×××
(△)	販売費及び一般管理費	×××
	営業利益	×××
	営業外収益	×××
(△)	営業外費用	×××
	経常利益	×××
	特別利益	×××
(△)	特別損失	×××
	税引前当期純利益	×××
(△)	法人税等	×××
	当期純利益	×××

■キャッシュ・フロー計算書

資金繰りから企業活動の実態を明らかにする決算書（C/S:Cash Flow Statement）

営業活動によるキャッシュ・フロー	×××
投資活動によるキャッシュ・フロー	×××
財務活動によるキャッシュ・フロー	×××
現金及び現金同等物の増減額	×××
現金及び現金同等物の期首残高	×××
現金及び現金同等物の期末残高	×××

企業の資金繰りを、営業活動、投資活動、財務活動といった企業の活動別に区分して
企業活動の実態を示す。

3

企業グループの決算書とは？

グループ経営を行なっている場合は連結決算書をチェック

親会社の決算書だけで大丈夫？

世の中には、大小さまざまな企業があります。一定以上の規模になってくると、いろいろな事業を企業グループとして行なうケースが圧倒的に多くなってきます。グループの頂点に立つ企業が親会社であり、親会社によって支配されているのが子会社です。

また、純粋持株会社といって、親会社自体はまったく事業活動を行なわずに、グループ全体の経営管理にだけ集中し、実際の事業活動はすべて子会社で行なうといったグループ経営の手法もあります。

このような場合、当たり前ですが、**親会社の個別決算書だけを見ても、グループ全体の事業活動の実態は何もわかりません。**親会社の貸借対照表における資産の大半は子会社株式ですし、損益計算書を見ても、子会社からの経営指導料や受取配当金が収益として計上されているといった具合いで、グループで行なっている事業活動の中身は、まったくといっていいほど親会社の決算書には表れてきません。

グループ全体像は連結決算書で

ここで登場するのが「連結決算書」です。親会社だけでなく、**子会社の決算書も含めたグループ全体の決算書**である連結決算書があれば、グループの中に多くの企業があったとしても、グループ全体の事業活動の実態を把握することができます。

連結決算書には、個別決算書と同じように、連結貸借対照表、連結損益計算書、連結キャッシュ・フロー計算書などがあり、グループ全体の財政状態や経営成績、キャッシュ・フローの状況を明らかにしています。

まとめすぎるのも考えもの？

連結決算によって、個別決算書ではわからないグループ全体の実情が把握できる一方、グループ内でまったく異なる複数の事業を営んでいる場合には、性格の異なる事業がごちゃ混ぜになってしまい、かえって事業実態が見えにくくなるということもあります。

そこで、このような問題を解決するために、上場企業などの場合には、連結決算書という形でグループ全体の決算書を報告するのと同時に、「**セグメント情報**」という形で、各事業別の業績の概要や資産規模などを補足情報として作成しています（44項参照）。

大きな企業の決算書を分析する場合には、連結決算の視点でグループ全体の状況を俯瞰しつつ、セグメント情報を用いて、各事業別の動向を把握することが大切になってくるのです。

プラス１　子会社

連結決算の中に含める「子会社」とは、具体的にどう考えるのでしょうか。

ポイントは「支配」の有無です。親会社が実質的に支配していれば子会社と考え、連結決算に反映します。「支配」は、一義的には株主総会での議決権の過半数所有で考えます。

ただし、議決権を過半数所有していなくても、役員派遣や多額の資金援助をしているなどの実態面からみて、実質的に支配しているケースもあります。そのような場合も、子会社として連結決算に反映します。実質的に支配しているかどうかが、連結に含めるかどうかの分かれ道なのです。

■連結決算による企業グループとしての情報開示

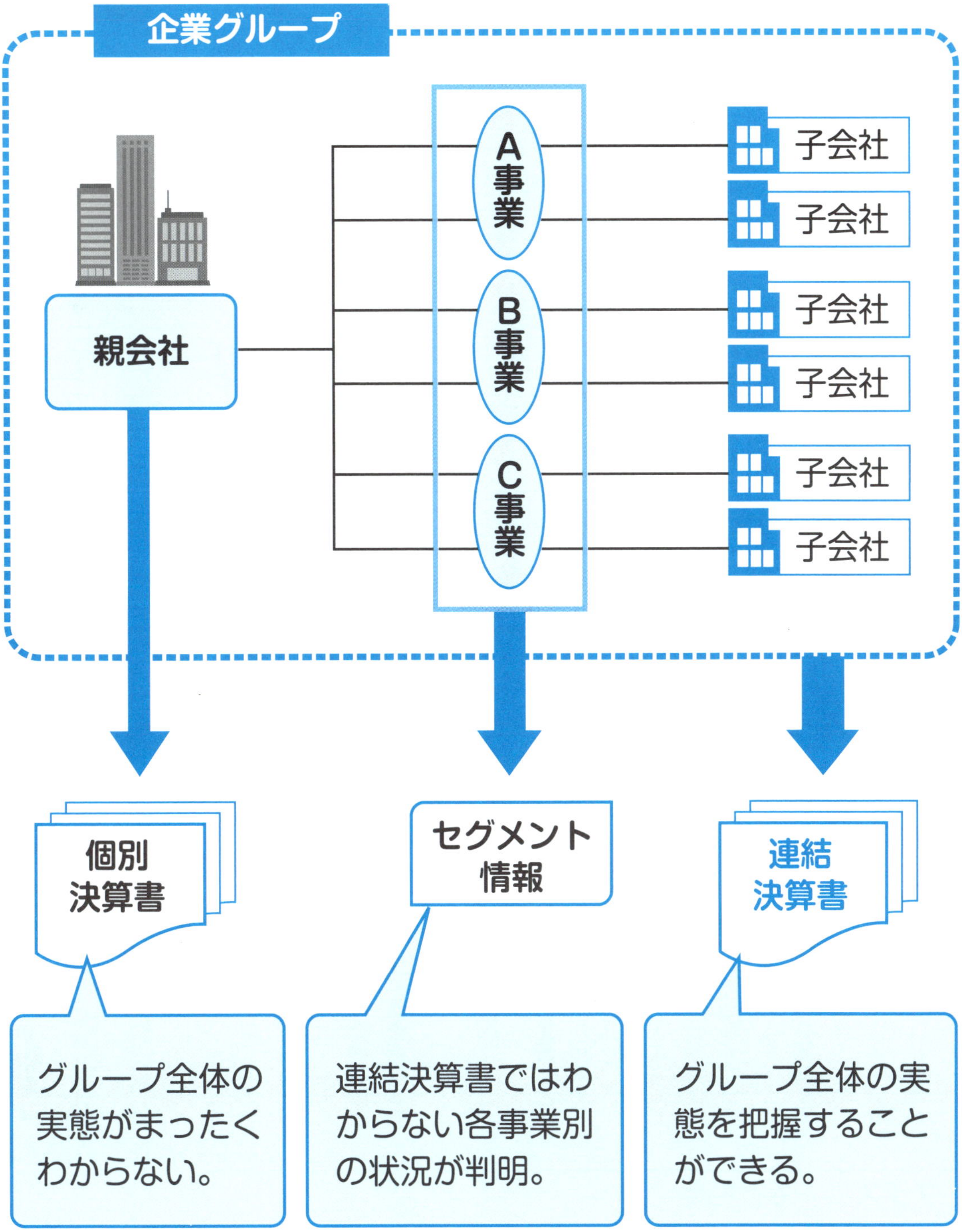

4 ＩＦＲＳ（国際会計基準）って何？

⇒日本でも大企業を中心に導入が進んでいる

１００か国以上で使われている

決算書作成の基本ルールである会計基準は、従来は国ごとに独自に開発されていました。しかし、グローバル化が進展し、国際的に事業を展開する企業も多くなりましたし、投資家サイドも、海外の企業に投資をするケースが増えています。そのような中、決算書の作成ルールも国際的に統一されていたほうがいいのではないかという議論になり、国際会計基準が生まれました。国際会計基準は正式には、International Financial Reporting Standardsといい、英語の頭文字をとってＩＦＲＳと略されます。

ＩＦＲＳはＥＵにおいて２００５年から上場企業に適用されたのをきっかけに、全世界に拡がっていき、今では世界１００か国以上で使われるグローバルな会計基準となりました。

日本とアメリカは使っていない？

世界中で使われるＩＦＲＳですが、世界でも屈指の経済大国である日本とアメリカでは、実はＩＦＲＳを全面的には採用しておらず、あくまでも自国の会計基準が基本となっています。会計基準というのは、決算書作成の基本ルールですから、純粋な理論だけではなく、国際的な覇権争いの対象にもなります。ＥＵが先駆けて「国際」と名の付く会計基準を使い始めたわけですが、日本やアメリカはそこに対抗する意味もあり、あくまで自国の会計基準を基本としているのです。

ＩＦＲＳ化が進む日本の会計基準

とはいえ、日本もグローバル化の波に逆らうことはできません。最近では、日本の会計基準自体を改正し、ＩＦＲＳの内容と近づけるようにしています。また、上場企業に対してＩＦＲＳそのものを任意に適用することを認めています。その結果、日本企業でもＩＦＲＳを任意適用する企業が増えてきており、**今では２００社以上の上場企業がＩＦＲＳに基づいて決算書を作成しています**。

ＩＦＲＳは内容が抽象的？

ＩＦＲＳの特徴は「**原則主義**」であるといわれます。これは、会計基準には基本的な内容だけ定めておき、あとは個々の企業の置かれた状況によって、具体的な処理などを企業自らが考えるという発想です。具体的なガイドライン等が少ないため、抽象的ともいえますが、個々の企業に本質的な議論を促す基準ともいえますし、裁量の余地もあるため、その分、**企業にはより一層の説明責任が求められる**ことになるのです。

プラス１　時価主義

IFRSの特徴の１つといわれるのが「時価主義」です。可能な限り資産や負債を時価評価しようという発想で、貸借対照表をより重視します。

この考え方のもとでは、保有している資産が値上がりしただけで、売れてもいないのに利益を計上するということが平気で行われます。いったん利益計上した後に値下がりしてしまった場合、今度は損失を計上することになるため、時価の変動によって業績の変動幅が大きくなるという特徴があります。

決算書を読むときには、こういった変動に惑わされないようにしなければなりません。

■原則主義と規則主義

原則主義

原則的な考え方のみを定めておいて、あとは解釈や判断に委ねるアプローチ

↓

IFRS

規則主義

比較的詳細なルールまで定めておいたり、例外的取扱いのための要件についても具体的に明示するアプローチ

↓

日本基準
米国基準

■日本企業が採用する会計基準

IFRS	米国基準	日本基準
• トヨタ	• キヤノン	• 日産
• パナソニック	• オリックス	• 東京電力
• 武田薬品	• 野村ＨＤ	• セブン＆アイＨＤ
• ソフトバンク	• 小松製作所	• ANA
• 楽天	• オムロン	• メルカリ

（注）2023年５月現在　筆者調べ

↓

決算書を読むときは、
どの会計基準を採用しているか確認しよう。

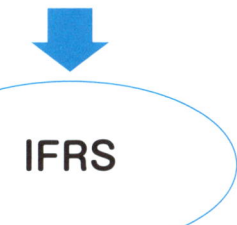

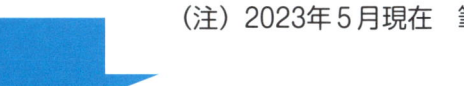

ワンポイント・コラム

上場企業と非上場企業の決算は全然違う？

ひとくちに決算書といっても、実は上場企業と非上場企業の場合で、その内容は大きく異なる場合があります。このことを知らないと、決算書を読み誤ってしまい、痛い目に遭うこともあるので注意する必要があります。

■上場企業と非上場企業の違い

世の中に存在する企業の多くは株式会社という形態をとっています。グローバルに事業活動を行うトヨタ自動車も株式会社ですが、あなたの知り合いがつくった小さな企業が株式会社なら、法律的には同じ位置づけです。

株式会社の所有者は株主であり、株主は株式を保有することで、他の株主とともに株式会社の共同所有者となります。

ここで知っておいてもらいたいのは、その企業の株式を、株式市場で自由に売買できるかどうかによって、企業は「上場企業」と「非上場企業」とに区別されるという点です。

トヨタのような上場企業の場合、証券会社に口座さえ持っていれば、誰でも自由に株式市場を通じてトヨタの株式を売買することができます。一方で、上場をしていない企業の場合、その企業の株式を自由に売買することは通常はできません。

■会計ルールが違う？

ここでは、上場企業と非上場企業では、前提とする会計ルールが異なるケースが非常に多いということを知っておきましょう。

上場企業の場合、株式市場で誰でも自由に株式の売買が可能であるため、極めて多数の利害関係者が存在しています。多数の利害関係者に対して事業活動の実態を報告するために、厳格な会計ルールに従って決算書を作成しなければなりません。

また、作成した決算書について、利害関係がなく専門能力の高い第三者として、公認会計士が外部から決算書の妥当性をチェックする「監査」も受けなければなりません。

一方、非上場企業はどうでしょうか。非上場企業であっても、親会社が上場企業の場合には、親会社の連結決算のために上場企業と同じルールで決算を行う必要があります。

しかし、それ以外の非上場企業の場合、上場企業のような厳格な会計ルールではなく、法人税法の内容に従って決算書を作成すること（税法基準による決算）が一般的に行われています。税法基準の場合、不良資産が放置されてしまうなど、事業の実態が決算書に適切に反映されないこともあるため、注意が必要です。

それだけでなく、公認会計士による監査を受けていないケースも多いため、意図的な不正でないものも含め、粉飾決算になってしまっているケースも非常に多く、入手した決算書を鵜呑みにするのは非常に危険であることを知っておかなければなりません。

第Ⅱ章

貸借対照表のキホン！

5 貸借対照表のしくみ

左側と右側が必ず一致するからバランスシートという

「財政状態」の把握が目的

貸借対照表は、企業の「財政状態」を明らかにする決算書です。左側にどのくらい「資産」を持っているのかを示し、右側にはどのくらい「負債」を抱えているのか、資産から負債を差し引いた「純資産」を示します。

貸借対照表の左側と右側は必ず一致します。そのため、英語ではBalance Sheet（バランスシート）といわれ、これを略して「B／S（ビーエス）」と呼ぶことも多いです。

純資産はどのくらい？

貸借対照表をみるときの目線には、大きく2つあります。

1つは、すでに説明したように、資産と負債があって、その差引きとして純資産がどのくらいあるのかという目線です。

事業活動を行なっていれば、さまざまな資産を売買することもありますし、その過程で銀行から借金をすることもあるでしょう。借入金などの負債は、必ず返済しなければなりません。

一方で、資産から負債を差し引いた残りが純資産であり、すべての借金を返した後に残る資産ですから、企業の所有者である株主に帰属する部分であるといえます。

このように、**株主の持分がどの程度なのか**というのが、1つの目線になります。

お金はどこからどこへ行く？

もう1つの目線は、お金の出どころとその行き先です。貸借対照表は、**どのように資金を調達してきたのか**、そして**その資金をどのように運用しているのか**ということも示しています。

右側に負債と純資産があります。

負債は、銀行から借金するなどして他人から調達してきた部分なので「**他人資本**」といいます。

純資産は、企業の所有者である株主に帰属する部分であり、要は株主から出資を受けて調達した部分なので「**自己資本**」といいます。

このように「**資金の調達源泉**」として、「他人資本」と「自己資本」がどのようなバランスなのかがわかります。

左側には資産が載っています。これは、調達してきた資金でどんな資産を購入（運用）しているのかを示します。そのまま現金で持っているかもしれませんし、工場設備を購入したかもしれません。つまり、資産の内容によって「**資金の運用形態**」を明らかにしているのです。

プラス1　借方と貸方

本書では、複式簿記を知らなくても決算書の基本がわかるように解説していくため、本文中ではあえて「左側」や「右側」という表現をしていますが、厳密には貸借対照表の左側のことを「借方」（かりかた）、貸借対照表の右側のことを「貸方」（かしかた）といいます。言葉の由来としては、お金を貸したときに借りている人の名前を左側（借方）に、お金を借りたときには貸している人の名前を右側（貸方）に記録したことから、借方、貸方になったという説もあります。

いずれにせよ、ここでは借方と貸方は必ず一致する（バランスする）ということを知っておきましょう。

■貸借対照表　企業の財政状態を明らかにする決算書

(B/S:Balance Sheet)

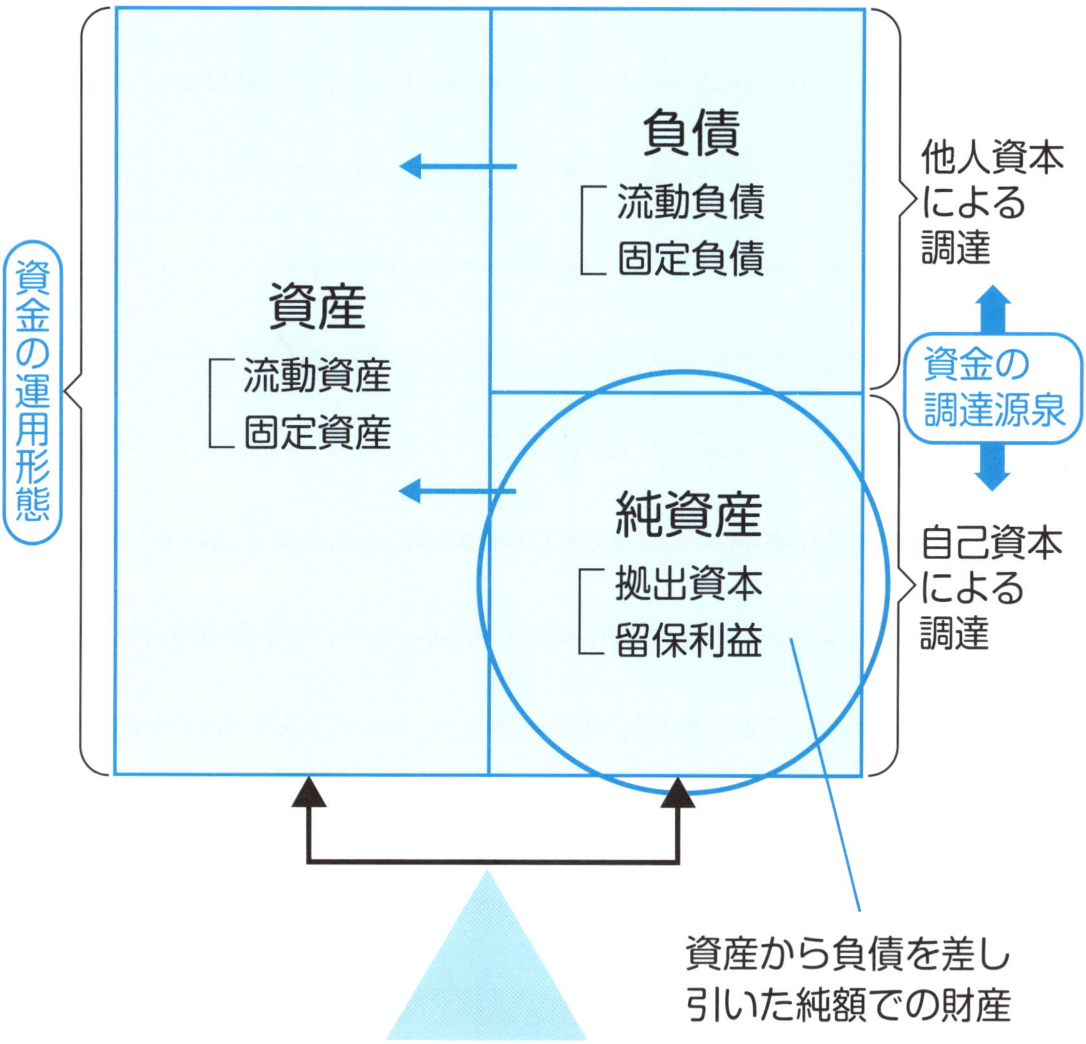

左側と右側の合計金額は必ず一致（バランス）
→Balance Sheet（バランスシート）

①資金の調達源泉と資金の運用形態を示す。
②資産から負債を差し引いた純資産を示す。

6 流動と固定に分かれる意味

資産・負債の性質によって、現金化のされやすさは異なる

さまざまな資産と負債

ビジネスを行なう過程では、さまざまな資産や負債が登場します。たとえば、原材料を仕入れてきて、それを加工して製品を製造し、得意先に販売するケースを考えてみましょう。

原材料を仕入れたときには、「**原材料**」という資産が認識されます。同時に、仕入代金を掛け（後払い）にすれば、「**買掛金**」という負債が認識され、後日、現金預金で精算されます。

その原材料を加工して製品が完成すれば、「**製品**」という資産として認識されます。そして、製品を得意先に販売する際には、通常は掛け代金として「**売掛金**」という資産が認識され、後日、現金預金で回収されます。

また、製品を製造するためには、工場の土地や建物、そして機械設備などの資産も当然必要になるでしょう。

「流動」と「固定」

ビジネスの中で認識される資産や負債は「現金化のされやすさ」によって「流動」と「固定」の2つに区分されます。

現金預金、原材料や製品、売掛金などが「**流動資産**」です。また、買掛金は「**流動負債**」となります。これらの資産・負債は、比較的早めに、現金化されるか支払う必要があるものです。

一方で、工場の土地や建物、機械設備などは、すぐに現金化されるわけではなく、「**固定資産**」に該当します。また、工場建設の資金を長期間の借入金でまかなっていれば、その借入金は「**固定負債**」ということになります。

流動と固定のどちらに区分するかは、大ざっぱにいえば、「**1年以内に、現金化されるか、支払われるか**」という基準で考えます。

ビジネスサイクルと流動項目

「大ざっぱに」といったのは、必ずしも1年以内に現金化されなくても、流動項目と考える場合もあるためです。

たとえば、マンション開発企業で考えてみます。土地を仕入れて造成し、その上にマンションを建設して販売しますが、それまでの期間が1年を超えることも少なくないでしょう。しかし、この場合は、1年を超えて現金化されるとしても、仕入れた土地や建設中の建物は、「流動資産」に区分されます。

つまり、**仕入から販売、回収というビジネスサイクルの中で登場する資産・負債は、性質的に現金化されやすい**という点に注目し、1年を超えて現金化される場合でも、すべて流動項目とします。

プラス１　運転資本

仕入れて販売して回収するというビジネスサイクルの中で必要となる資金のことを、「運転資本」や「運転資金」といいます。

特に重要となるのが、売掛金、在庫、買掛金の３つの項目です。在庫を仕入れるためにはそれだけの資金を必要としますし、それを販売しても売掛金を回収するまでは資金は入ってきません。一方、買掛金は支払いを猶予してもらうことにつながります。

ですから、運転資本は通常は「売掛金＋在庫－買掛金」として計算され、ビジネスを回すためにどのくらいの資金を必要とするのかを示すことになります。

■実際の貸借対照表のイメージ

※実際には、左と右を横に並べるのではなく、縦に並べて表示することも多い。

科目	金額
貸借対照表	
資産の部	
流動資産	
現金及び預金	195,694
売掛金	103,051
有価証券	18,000
棚卸資産	57,978
未収入金	11,296
前払費用	1,820
その他	4,822
流動資産合計	392,661
固定資産	
有形固定資産	
建物及び構築物	81,320
機械装置及び運搬具	74,392
工具、器具及び備品	27,185
土地	45,840
有形固定資産合計	228,737
無形固定資産	
のれん	5,374
ソフトウェア	3,201
その他	2,532
無形固定資産合計	11,107
投資その他の資産	
投資有価証券	18,070
長期貸付金	4,021
長期前払費用	3,438
その他	6,723
投資その他の資産合計	32,252
固定資産合計	272,096
資産合計	664,757
負債の部	
流動負債	
買掛金	81,263
短期借入金	28,572
1年内返済予定の長期借入金	5,060
未払金	6,720
未払費用	5,826
未払法人税等	11,825
賞与引当金	1,065
その他	16,475
流動負債合計	156,806
固定負債	
長期借入金	27,540
退職給付引当金	5,470
その他	1,570
固定負債合計	34,580
負債合計	191,386
純資産の部	
株主資本	
資本金	5,000
資本剰余金	24,850
利益剰余金	442,821
自己株式	△2,350
株主資本合計	470,321
評価・換算差額等	3,050
純資産合計	473,371
負債純資産合計	664,757

左側（資産の部）

流動資産：ビジネスサイクルの途上にある資産、または1年以内に現金化される資産

固定資産：流動資産より現金化が遅い資産
→主に1年を超えて現金化される資産

右側（負債の部・純資産の部）

流動負債：ビジネスサイクルの途上にある負債、または1年以内に支払われる負債

固定負債：流動負債より現金化が遅い負債
→主に1年を超えて支払われる負債

7 流動資産の特徴

⋮➡ 現金化を予定するものと費用化を予定するものがある

当座資産が最も換金性が高い

前項では、現金化されやすい資産を流動資産と説明しました。ただ、流動資産の中でも現金化のされやすさに違いがあります。

流動資産の中で、**①現金預金、②受取手形、③売掛金、④有価証券（すぐに現金化できるもののみ）**の4つは、最も現金に近い資産として、特に「**当座資産**」と呼ばれることがあります。

現金預金は当然ですが、有価証券もすぐに換金すれば、現金預金と同様に考えることができます。受取手形や売掛金は、比較的短期間のうちに現金で回収することが見込まれます。これら当座資産は最も換金性が高く、その企業の支払能力を表すのです。

たとえば、流動負債が100あるのに、当座資産が50しかなければ、支払能力に不安があるという評価になることもあるでしょう。

棚卸資産は現金化までもう一息

では、棚卸資産はどうでしょうか。棚卸資産は当座資産に比べると、現金化されるまでにもう少し時間がかかってしまいます。というのも、棚卸資産は売れる前の在庫ということですから、これが**販売されて、販売代金が売掛金などの資産となり、その売掛金を回収してはじめて現金化される**からです。

また、棚卸資産の中でも現金化のされやすさに違いがあります。たとえば製造業の場合、棚卸資産として、原材料、仕掛品（製造途中の製品のこと）、製品などがありますが、製品は完成して販売できる状態にあるのに対して、仕掛品や原材料は、加工の途中ですから、製品に比べれば現金化されるまで時間がかかってしまいます。

将来現金化されない資産？

「前払費用」を例に、現金化されない資産もみておきます。

たとえばオフィスの家賃。通常、翌月分の家賃を前月に支払います。この場合、すでに支払済ですが、費用として計上するのは翌月になるため、それまでの間はいったん「前払費用」という資産として繰り延べておきます。翌月になったら費用に振り替えるという調整をすることで、適正なタイミングで費用を計上するわけです。

つまり、前払費用は、現金で回収されるわけではなく、費用に振り替えられるまでの間、経過的に資産として処理されているにすぎないのです。

資産項目の中には、現金化を前提とせず、**費用に振り替えられることを待っている資産もある**ということを知っておきましょう。

プラス1　費用性資産

本文中で説明した前払費用のように、費用に振り替えられる資産を、専門用語で「費用性資産」といいます。

これに対して、売掛金のように現金化が予定されている資産のことを「貨幣性資産」といいます。

みなさんは、この専門用語自体を覚えておく必要はありませんが、資産の中には「現金化が予定されているもの」だけではなく、「費用への振替えが予定されているもの」もあるのだということは知っておくようにしましょう。

■流動資産の特徴

現金化までのスピードが速い

現金化までのスピードが遅い

科目	金額
貸借対照表	
資産の部	
流動資産	
現金及び預金	195,694
売掛金	103,051
有価証券	18,000
棚卸資産	57,978
未収入金	11,296
前払費用	1,820
その他	4,822
流動資産合計	392,661

「当座資産」
流動資産の中でも最も現金に近い資産
→短期的な支払能力がわかる

現金化まではもう一歩
→在庫の種類によっても現金化までの速度は異なる（※）

いずれ取り崩され、費用に振り替えられる
→現金化ではなく、費用化される
→「費用性資産」という

流動資産は現金化までのスピードを意識する。

（※）この例のように「棚卸資産」として一括表示する場合もあれば、商品、製品、仕掛品、原材料などの内訳ごとに示す場合もあります。

8

固定資産の特徴

減価償却という方法で長期間にわたって費用化される

固定資産は3つに分かれる

固定資産は、大きく「有形固定資産」「無形固定資産」「投資その他の資産」の3つに分かれます。

有形固定資産には、建物や土地、工場やオフィス等で使用する機械装置や器具備品など、長期にわたって使用する有形の資産が計上されます。

無形固定資産は、その名のとおり、目に見えない無形の資産です。具体的には、ソフトウェア、特許権などの資産が計上されます。

有形固定資産と無形固定資産の違いは有形か無形かという点であり、事業のために長期にわたり使用するという点では共通です。一方で、**投資その他の資産**には、それ以外の長期資産が含まれます。たとえば、投資有価証券や長期貸付金、オフィスを賃借するために支払った敷金など、現金化までにかなり長期間かかってしまう資産が中心となります。

減価償却の基本的なしくみ

有形固定資産について、必ず知っておいて欲しい概念が「減価償却」です。たとえば、10年間にわたり使用可能な機械を100で取得した場合を考えます。取得した時点では、機械100という有形固定資産を認識しますが、この機械は時間の経過とともに価値が減少していきますし、その分は事業のために役立っていると考えることができます。ですから、**いったん資産として計上しますが、その後の期間にわたって少しずつ費用に振り替えていく**のです。これが減価償却です。

費用への振替えは恣意性が入らないようにしなければならないので、あらかじめ決めた方法で規則的に行ないます。この例では単純に、100を10年で割った、1年当たり10ずつ「減価償却費」として費用に計上していきます。

減価償却は毎年行ないますが、累計でいくら減価償却したのかを「減価償却累計額」としてまとめます。この例で、3年経過したら、減価償却累計額は30です。建物の購入金額（「取得原価」）100から減価償却累計額30を差し引いた70のことを、「帳簿価額」（略して「簿価」）と呼びます。

無形固定資産はあまり多くない

日本企業は、さまざまな分野で高い技術やノウハウを持っており、いわば無形の資産に該当します。しかし実際には、これらの資産のほとんどは無形固定資産に計上されていません。

というのも、研究開発活動への投資は、資産に計上せず、**「研究開発費」として費用計上する**ことが会計基準で義務づけられているからです。

プラス1　減価償却費

減価償却費は、固定資産の取得原価を長期間にわたって費用配分したものです。この減価償却費の大きな特徴は、費用を計上するときに「現金支出を伴わない」ことです。

最初に固定資産を購入したときに現金支出は済んでいますから、その後に減価償却費を計上するときには現金支出がありません。人件費や経費などの費用は、通常は費用計上と現金支出のタイミングが一致します。

「現金支出を伴わない費用」という特徴は、後々でも重要な考え方になりますので、ぜひ頭に入れておいてください。

■固定資産の特徴

科目	金額
貸借対照表	
資産の部	
⋮	
固定資産	
有形固定資産	
建物及び構築物	81,320
機械装置及び運搬具	74,392
工具、器具及び備品	27,185
土地	45,840
有形固定資産合計	228,737
無形固定資産	
のれん	5,374
ソフトウェア	3,201
その他	2,532
無形固定資産合計	11,107
投資その他の資産	
投資有価証券	18,070
長期貸付金	4,021
長期前払費用	3,438
その他	6,723
投資その他の資産合計	32,252
固定資産合計	272,096

長期にわたって使用する有形の資産
→建物や土地などの不動産、工場やオフィス等で使用する機械装置や器具備品など

目に見えない無形の資産
→ソフトウェア、特許権など

その他の長期資産
→長期投資によって生じる投資有価証券や長期貸付金、オフィスを賃借するために支払った敷金など

■減価償却の基本

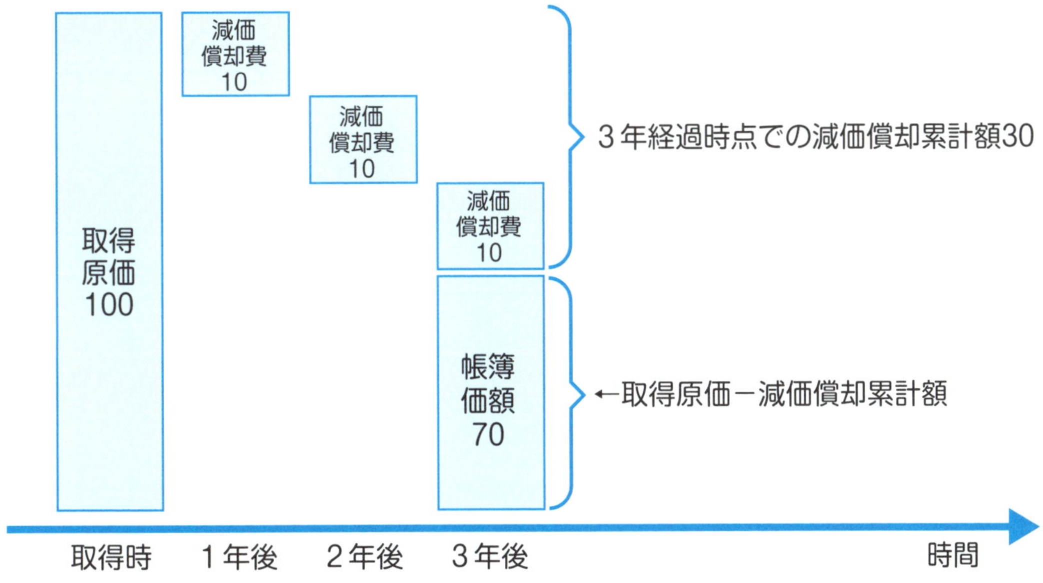

9

資産のバランスで見る企業の特徴

ビジネスの特性と資産の内訳をつなげて考えてみよう

流動資産と固定資産の割合は？

貸借対照表の資産内容についてみるときには、まずは流動資産と固定資産のボリューム、割合について見てみましょう。さまざまな企業の貸借対照表をみていると、固定資産の割合が低い企業もあれば、固定資産の割合が高い企業もあることに気づきます。

どのようなビジネスを営んでいるのかによって、流動資産と固定資産のバランスは大きく変わってきます。

たとえば、インターネットビジネスでベンチャー企業を立ち上げる際には、小さなオフィスを借りて、必要最低限のパソコン等があれば、すぐにでもビジネスを始められますから、固定資産はあまり大きくはなりません。

一方、自ら工場を保有する製造業や、インフラ設備を保有してサービス提供する場合、また不動産事業の場合などは、前提として多額の設備投資を行なう必要があり、当然、固定資産の割合が高まることになります。

このように、**流動資産と固定資産のバランスはビジネスの内容によって変わります**から、企業のビジネス特性をまずは理解することが重要です。

運転資本項目はどの程度か？

流動資産の内容についてみるときにも、ビジネスの内容を理解しておくことが重要です。特に、**売掛金や棚卸資産といった運転資本項目には、ビジネスの特性が色濃く表れます**。

たとえば、スーパーマーケットなどの小売業の場合、大半のお客さんが現金で支払うため、一部クレジットカードを利用するケースを除けば、売掛金は非常に小さいはずです。食料品などを中心とする場合には、賞味期限などもありますから、棚卸資産のボリュームも小さいものとなるでしょう。

一方、製造業では原材料を仕入れて製品を製造し、販売して代金を回収するまでに半年から1年近くかかるケースもあります。この場合、棚卸資産や売掛金などの資産がかなりのボリュームになってくるでしょう。マンション開発を行なう場合なども、土地を仕入れて造成してからマンションを建築するまでにかなりの時間を要するため、棚卸資産が大きく膨らみます。

営業外資産のボリュームは？

その他、気にしておきたいのが、ビジネスに直接関係なさそうな資産です。たとえば、投資不動産や投資有価証券などが挙げられますが、こういったところに**ムダな資金が眠っている**場合には、なぜそうなっているのか、気にしておいたほうがよいでしょう。

プラス１　現金預金

貸借対照表の資産のうち、最初に表示される現金預金。なるべくたくさん持っていたほうがよいと考える人も多いと思いますが、必ずしもそうではないのが難しいところです。

もちろん、経営の安定化を考えれば、いつもギリギリという状態よりは、余裕を持てるほうが望ましいといえます。しかし、株主からすれば、ほとんど利息を生まない現金預金として遊んでしまっているよりは、もっと魅力的な事業に投資して欲しいという要望もあるでしょう。

現金預金の水準は、経営の安定と企業の成長とのバランスの中で考えていく必要があるのです。

■具体例で考えてみるビジネス特性と資産内容

科目	A社（製造業）	B社（小売業）	C社（不動産業）
	金額	金額	金額
貸借対照表			
資産の部			
流動資産			
現金及び預金	85,753	44,313	45,484
売掛金	171,835	4,765	14,770
棚卸資産	129,160	6,669	348,859
その他	86,739	16,141	87,865
流動資産合計	473,487	71,888	496,978
固定資産			
有形固定資産			
建物及び構築物	71,937	59,566	242,176
機械装置及び運搬具	69,726	7,332	-
工具、器具及び備品	26,875	27,050	6,306
土地	35,033	14,938	467,610
有形固定資産合計	203,571	108,886	716,092
無形固定資産	31,622	19,720	9,382
投資その他の資産	34,563	65,508	91,433
固定資産合計	269,756	194,114	816,907
資産合計	743,243	266,002	1,313,885

想定される資産内容の特徴

A社（製造業）→工場で製品を製造し法人顧客中心に販売

- 工場を所有しているため、一定の固定資産を保有しており、中でも建物と機械装置の金額が多い。
- 製造に関わる原材料、仕掛品、製品など在庫（棚卸資産）は一定のボリュームになる。
- 法人顧客への販売が中心のため、売掛金の残高はそれなりにある。

B社（小売業）→多店舗展開をしており一般消費者向けに販売

- 多店舗展開をしており、店舗資産となる建物の残高がかなり多い。
- 現金販売が基本かつ回転も速いため、売掛金や棚卸資産が少ない。

C社（不動産業）→不動産賃貸事業とマンション分譲事業を展開

- 不動産賃貸を行なうため、多額の不動産を保有し、固定資産が多額になっている。
- マンション分譲は顧客が住宅ローンを組み、引渡し時に入金があるため、売掛金はほとんど発生しない。
- 販売までに長期を要する分譲マンションを分譲する影響で、仕入れた土地や建設中のマンションなどが多額の在庫として棚卸資産に計上されている。

10 負債の特徴

負債の性質と流動・固定の分類をしっかりつかもう

性質の違いからの分類方法

負債も、性質の違いによっていくつかに分けることができます。

まずは、買掛金や未払金などの**日常的に発生する営業債務**です。これらは、短期間のうちに支払いが済むことが多いものです。

次に、借入金や社債、リース契約など、**利子の支払いを伴う形で資金調達を行なう場合に発生する負債**です。利子の支払いを伴う負債のことを、「**有利子負債**」と呼ぶこともあります。

その他、こういった現金支払いを予定する負債ではなく、たとえば販売代金を先に受け取った場合に生じる前受金などもあります。前受金は、実際に販売した時に収益に振り替えられることになるため、**現金支払いを予定しない特殊な負債**項目といえるでしょう。

負債も流動と固定に分ける

資産のところで説明したのと同様に、負債についても「**流動負債**」と「**固定負債**」に区分されます。たとえば、銀行から資金を借り入れる場合、借入期間が1年以内の場合には「**短期借入金**」として流動負債に、1年を超える場合には「**長期借入金**」として固定負債に計上されます。また、長期借入金のうち、返済期限が近づいてきて1年以内に返済しなければならない部分については、「**1年内返済予定長期借入金**」として、固定負債から流動負債へ振り替えることになります。

なお、短期借入金と1年内返済予定長期借入金はいずれも流動負債ですが、もともと短期で借りたものなのか、長期で借りたものなのか、という性質の違いを明確にするために、必ず分けて考える点に注意しておきましょう。

引当金は将来に備えた負債

引当金は特殊な負債です。支払義務が確定しているわけではないものの、**将来支払う可能性が極めて高く、その金額を高い精度で見積もることができる**場合に、計上される負債です。

具体例としては、**賞与引当金**や**退職給付引当金**などがあります。従業員に対するボーナスや退職金の支払いは、将来のことなので確定しているわけではありません。しかし、通常はそれなりの額を支払うことになるはずですから、あらかじめ引当金という形で将来の支払負担を負債に計上するのです。

その他特殊な例として、裁判で負けてしまい損害賠償金を支払う可能性が高い場合なども、引当金を計上することがあります。マイナスの情報は早めに投資家に伝えるという考え方が反映されているといえます。

プラス1　引当金

本文中でも解説した引当金は、実務では非常に厄介なものです。

まだ支払義務が確定しているわけではない将来の負担を見積もって負債計上するので、そこには不確実性がつきまといます。つまり、見積もった金額どおりに将来支払われるかどうかは不透明なところがあるのです。どこまで精度の高い見積りができるかどうかがポイントで、非常に高度な専門的判断を要するケースも少なくありません。

みなさんが決算書の中で引当金を目にした際には、そういった不確実性をもった負債項目だと意識しておくことが大切といえるでしょう。

■負債の特徴

科目	金額
貸借対照表	
負債の部	
流動負債	
買掛金	81,263
短期借入金	28,572
1年内返済予定の長期借入金	5,060
未払金	6,720
未払費用	5,826
未払法人税等	11,825
賞与引当金	1,065
その他	16,475
流動負債合計	156,806
固定負債	
長期借入金	27,540
退職給付引当金	5,470
その他	1,570
固定負債合計	34,580
負債合計	191,386

有利子負債
→借入金や社債の発行、リース契約など、利子の支払いを伴う形で資金調達を行なう場合に発生する負債

日常的に発生する営業債務
→短期間のうちに支払いがなされてしまうことが多い

引当金
→支払義務が確定しているわけではないものの、将来支払う可能性が極めて高く、その金額を高い精度で見積もることができる場合に、計上される負債項目

負債は、①性質の違いと、
②流動・固定の分類を意識する。

11 純資産の特徴

株主資本の内容を、元手と利益の蓄積に分けて理解しよう

元手か利益の蓄積かを見極める

資産合計から負債合計を差し引いたものが純資産です。この純資産の内容を内訳別に示したのが「純資産の部」です。最近は新しい会計基準の導入によって、純資産の部にもわかりにくい項目がいろいろと入ってきてしまったのですが、みなさんに最低限理解して欲しいのは「株主資本」です。

株主資本は、基本的には「元手」か「利益の蓄積」のいずれかに分けられます。

事業を開始する際に株主から出資を募ったお金が元手です。これは、①資本金か②資本剰余金として処理されています。資本金と資本剰余金の違いは法的な形式の違いのみで、元手という経済実態としては何ら変わるところはありません。

そして、元手を使って事業を推し進めることで蓄積されていった利益が、③利益剰余金となります。

最近では、例外もありますが、株主に配当として分配できるのは、利益の蓄積である利益剰余金であり、元手を意味する資本金や資本剰余金を分配することはできません。

自己株式は資本の払戻し

配当という形で分配するのではなく、株主から自社の株式を買い取る形で現金分配を行なうことがあります。これを一般的には、自己株式や金庫株と呼んだりします。

この自己株式の取得は、企業にとって資産の取得と考えるのではなく、株主から集めた元手を一部払い戻すという考え方に基づいて、**株主資本のマイナス項目**として処理します。資本金などを直接減らさないのは、またそのうちに株主に対して自己株式を売却するケースも想定されているためです。

時価会計の落とし物

株主資本以外で知っておきたいのは、「評価・換算差額等」という項目です。連結決算書では「その他の包括利益累計額」と表現されますが、同じものを指しています。

これは、時価会計を推し進めた結果生じた調整項目であり、**基本的には「資産の含み損益」を表すもの**であると理解しておいてください。

たとえば、10で買った有価証券が30に値上がりしたとします。実際に売却すれば20の利益が計上されますが、売却しなければ、この有価証券に20の暫定的な利益が含まれたままになります。この含み益の純資産増加を認識するために、調整項目として評価・換算差額等を利用しているのです。

プラス1　内部留保

報道で目にすることも多い「内部留保」という言葉ですが、簡単にいえば「利益剰余金」のことを指します。つまり、過去の利益の蓄積のうち配当などで社外流出させずに、内部に留保している分ということです。

気をつけなければならないのは、内部留保の分だけ現金も留保しているという勘違いです。内部留保を設備投資に回せば、現金は有形固定資産に変わります。借入れの圧縮につなげるかもしれません。このように、内部留保はあくまで利益の蓄積を意味しているのであって、現在の保有現金とは何らの関係もない点を理解しておきましょう。

■純資産の部の特徴

科目	金額
貸借対照表	
純資産の部	
株主資本	
資本金	5,000
資本剰余金	24,850
利益剰余金	442,821
自己株式	△ 2,350
株主資本合計	470,321
評価・換算差額等	3,050
純資産合計	473,371
負債純資産合計	664,757

元手
→事業を開始する際に株主から出資を募ったお金
※資本金と資本剰余金は法形式上だけの違い

利益の蓄積
→元手を使って事業を推し進めることで蓄積されていった利益
→配当の原資となる。

株主から集めた元手の一部払戻しと考えてマイナスする。

純粋な意味での株主の持分

時価会計の結果、生じた調整項目
→「資産の含み損益」を表す。

時価会計の含み損益なども考慮した資産と負債の差額

純資産は、「元手」なのか「利益」なのかを意識する。

12 貸借対照表の全体像はこう読む

資金のバランスで財務健全性が把握できる

資金の調達源泉に注目

まずは、資金の調達源泉について考えます。[5]項で説明したように、貸借対照表の右側は資金の調達源泉を表しており、負債（他人資本）としての調達なのか、純資産（自己資本）としての調達なのかに分類されます。このバランスに注目してみましょう。

負債と純資産のどちらが大きいのか、また、どの程度の水準にあるのかを見ることで、必要な資金を自己資本によってまかなっているのか、それとも銀行借入れなどの他人資本に大きく依存しているのかといった、企業の財務の状況がよくわかるはずです。

また、まれに資産よりも負債のほうが大きく、純資産がマイナスの企業があります。この状態を「債務超過」といい、極めて危機的な状況にあるといえるので注意が必要です。

流動・固定の目線

次は、流動・固定という考え方も取り入れながら資金バランスを見てみます。注目したいのは、**固定資産を保有するために必要な資金をどのように調達しているのか**、という部分です。

固定資産は長期保有を前提とした資産です。その固定資産を保有するために必要な資金が、流動負債でまかなわれてしまっている場合、固定資産の現金化はまだなされていないのに、流動負債の支払いはすぐにしなければならないという困った状況に陥ることになります。これは、財務的には不健全な状況といえるでしょう。

このように、流動・固定の目線を取り入れながら、固定資産と貸借対照表の右側のバランスをみることによって、その企業の財務健全性がわかるのです。

最も健全なのは、固定資産よりも純資産が大きい状態です。つまり、固定資産を自己資本である純資産ですべてまかなっている状況ですから、極めて健全な財務状況といってよいでしょう。

次に健全なのは、固定資産のすべてを純資産でまかなってはいないものの、「固定負債＋純資産」が大きい状態です。この状態であれば、長期の資産である固定資産を、同じく長期の負債である固定負債でまかなっているため、資金バランスが著しく崩れるリスクは低いといえます。

よくないのは、固定資産のほうが「固定負債＋純資産」を上回っているケースです。つまり、固定資産の一部を流動負債によってまかなっている状態であり、資金バランスが崩れてしまった不健全な状態であるといえます。

このように、貸借対照表を読むときは、全体を俯瞰することから始めましょう。

プラス1　債務超過

資産よりも負債のほうが大きくなってしまう状態のことを「債務超過」といいます。すべての資産を支払いに充当したとしても、負債を弁済できない状態ですから、企業としては極めて危機的な状況にあるといえるでしょう。

資金繰りさえつながれば、債務超過になったからといって即座に倒産してしまうわけではありませんが、倒産リスクは極めて高い状態と判断するのが一般的です。銀行も追加融資は困難となりますし、上場企業の場合は、2期連続債務超過になってしまうと、上場廃止となってしまいます。

■負債と純資産のバランスは？

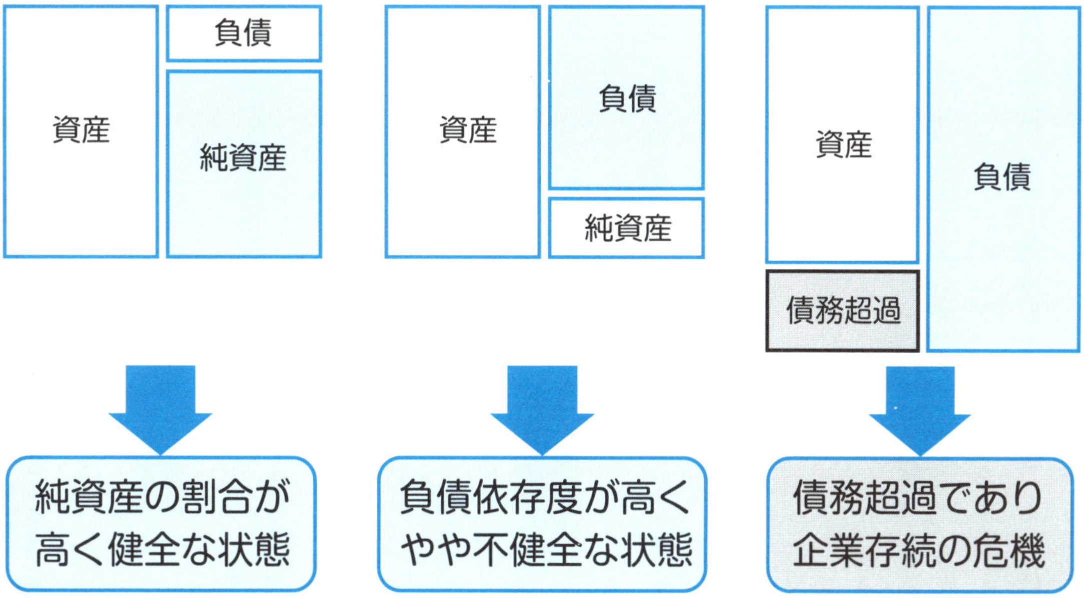

■流動・固定の資金バランスは？

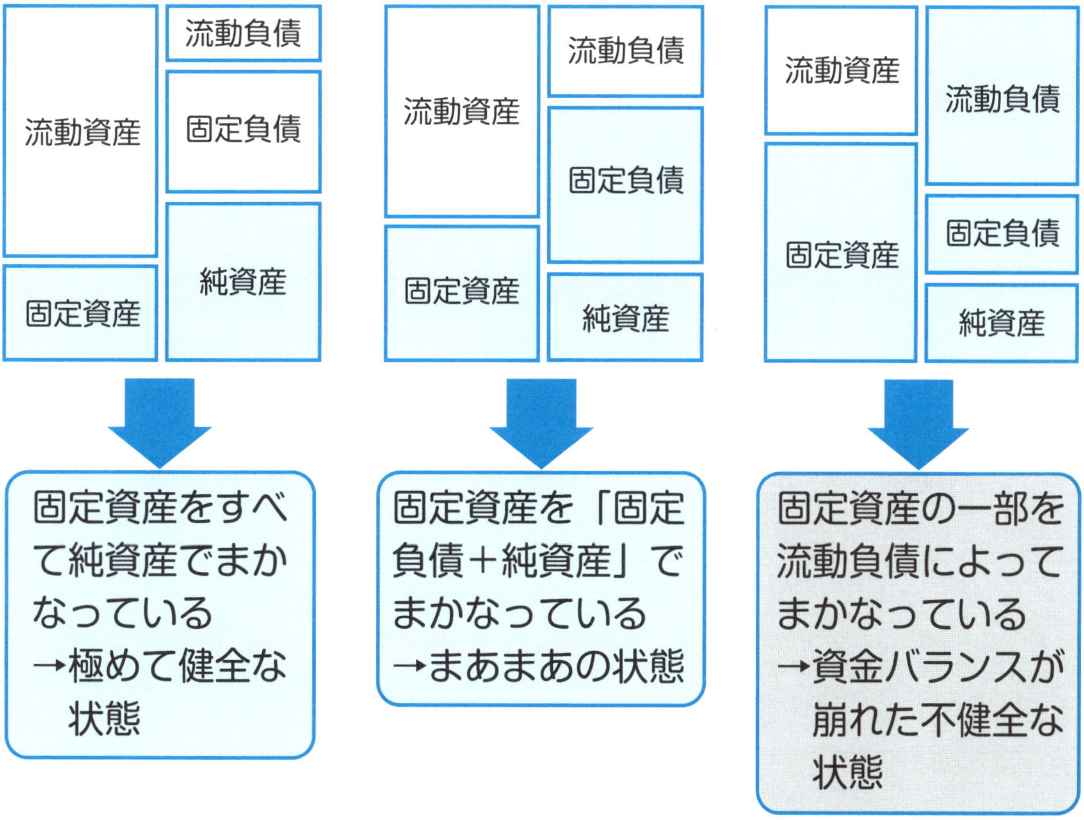

13

M&Aと貸借対照表

「のれん」は買収者が評価した、目に見えない価値

スピーディーに経営資源を獲得

自社の成長のために必要となる経営資源を獲得する手段として、ビジネスでよく用いられるのがＭ＆Ａ（企業買収）です。自社でイチから開発するのではなく、すでに他社が開発したノウハウや技術を、Ｍ＆Ａによって、ライバルに先を越される前に買い取ってしまい、自社のものとしてしまうのです。こういった点から、**Ｍ＆Ａは時間を買う行為**であるともいわれています。

目に見えない価値も含めて買収

新聞でＭ＆Ａのニュースに目を通すと、かなりの割合で「のれん」という言葉が登場するはずです。のれんはＭ＆Ａの話をするときには避けて通れない概念です。大ざっぱにいえば、「**具体的な資産として表現することが難しい超過収益力の源泉**」を指します。

具体的な例として、純資産が１００の企業を買収する場合、いくらで買収することになるでしょうか。

単純に純資産が１００だから１００で買収するというのはレアケースです。その企業には現金や固定資産などさまざまな資産が存在するのでしょうが、その企業の価値の源は、そういった具体的な資産だけではないはずです。ブランドイメージがよい、優秀な人材を多く抱えている、大きな将来性を有している等々、具体的な資産としては表現しきれないさまざまな要素によって企業の価値は決まります。

ですから、そういったプラス要素を織り込んだ価値として、たとえば４００の価値があると判断したら、この企業を４００で買収するというケースも少なくありません。

この場合に、**具体的な資産として表現されている１００よりも多く支払った３００のプレミアムの部分を、会計の世界では「のれん」と呼んで、無形固定資産に計上する**のです。

のれんの処理の違い

のれんは無形固定資産に計上しますが、その後の取扱いは会計基準によって異なります。日本基準では、20年以内の効果発現期間にわたって少しずつ費用処理、つまり償却を行ないます。

一方で、国際会計基準（ＩＦＲＳ）や米国基準では、のれんの償却は行なわず、当初計上額を据え置きます。しかし、著しく価値が毀損したときにのみ、減損処理（評価減）をしなければなりません。

日本企業でも、ＩＦＲＳを採用している企業がかなり増えてきているため、そういった違いがあることを理解しておきましょう。

プラス1　無形資産

M&Aをよく行なう企業の決算書には、のれん以外にも多額の無形資産が計上されることがあります。買収対象企業の貸借対照表には資産として計上されていなくても、買い手となる企業が無形資産に価値を見出して企業評価をした場合、その価値の源泉である無形資産が買い手となる企業では資産として認識されるのです。

素晴らしい技術を持っている場合の特許権などが代表的な例ですが、最近では、優良な顧客基盤を持った企業を買収する場合に、その顧客基盤を無形資産として認識し、資産計上することも増えてきています。

■のれんは目に見えない買収対象企業の価値

買収対象企業の貸借対照表

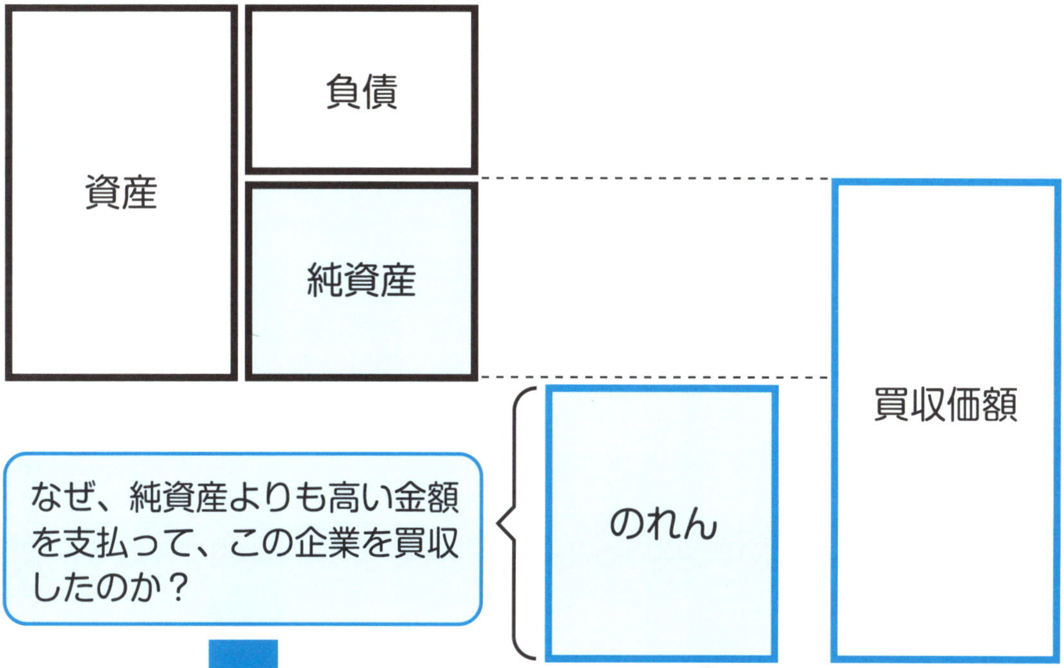

負債
純資産
買収価額

なぜ、純資産よりも高い金額を支払って、この企業を買収したのか？

ブランドイメージがよい、優秀な人材を多く抱えている、大きな将来性を有している等々、具体的な資産としては表現しきれないさまざまな要素があるから

買収プレミアムとして
無形固定資産に計上する。

日本基準
償却する。
（少しずつ費用化）

IFRS
米国基準
償却しない。
（費用化されない）

➡日本企業でも、日本基準とIFRS・米国基準のいずれを採用しているかによって会計処理が大きく違うので要注意

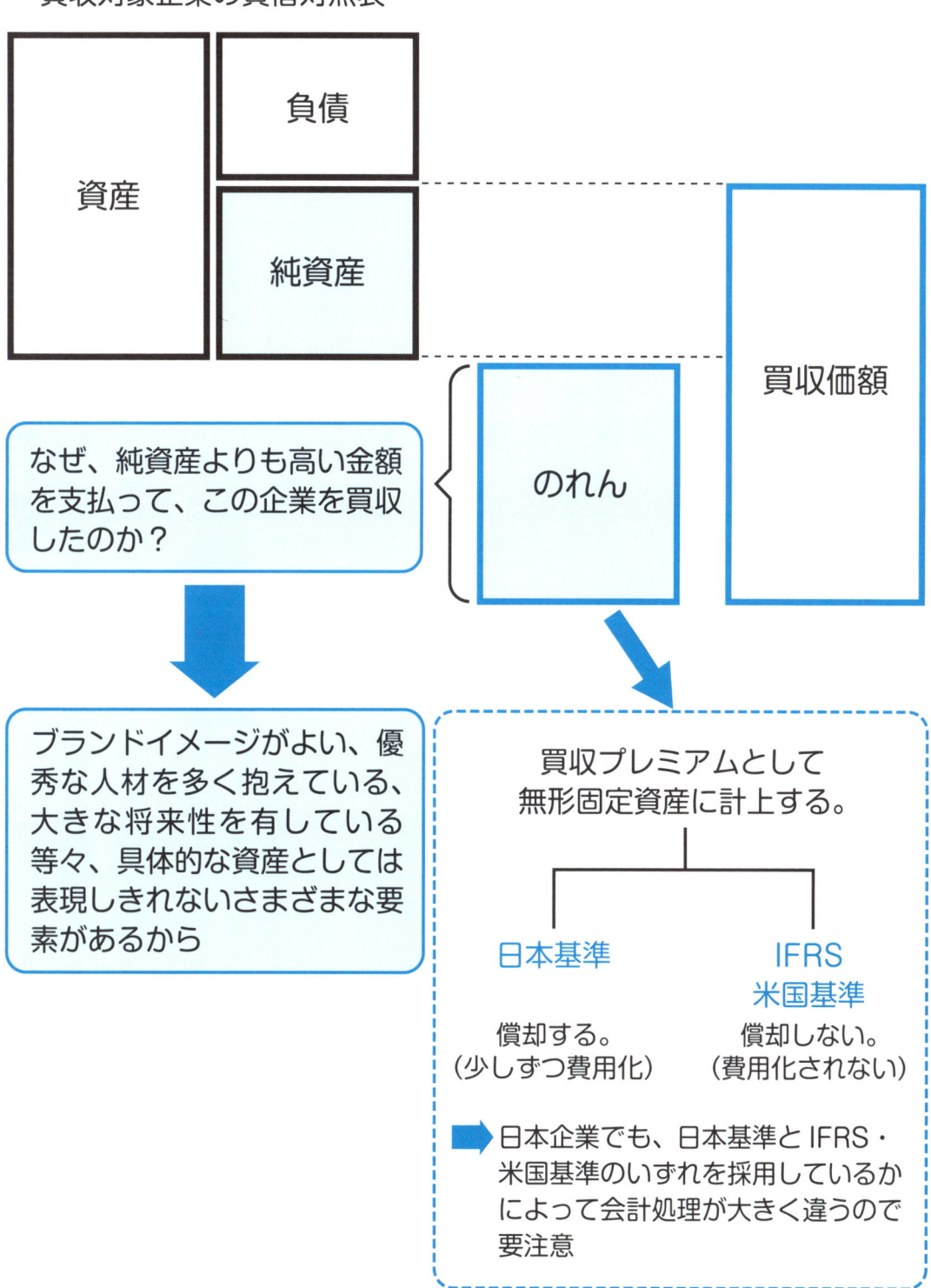

14 不良資産と減損処理

不良資産が正しく評価されているのかを意識しよう

減損処理とは？

新聞などで「減損会計」や「減損処理」という言葉を目にすることが多くなりました。減損処理とは、簡単にいえば、価値がなくなってしまった不良資産を、資産として貸借対照表に計上せずに、損失（評価損）として計上してしまうことです。

もともと、会計の世界では、資産は買ってきた時の値段で計上したら、そのまま据え置くのが基本です。これを「取得原価主義会計」といいます。しかし、たとえばバブルの時に**高値で買った土地の値段が下落してしまっている場合などは、取得原価は資産価値の実態を反映しなくなってしまっています**。このため、価値がなくなってしまった部分は、貸借対照表に計上せずに時価で計上したほうが、実態を反映するようになります。

そこで、価値の下落分について、資産の金額を減額して、同時にこれを損失と捉えて評価損を計上するのです。

さまざまな評価損

ひとくちに評価損といっても、さまざまなものがあります。ここでは代表的なものを紹介しておきましょう。

① **貸倒引当金**：得意先が倒産する等して売掛金などの債権が回収不能になるリスクがある場合に損失計上

② **不良在庫の評価**：長期滞留しているものや販売価格が下落してしまった不良在庫について評価損を計上

③ **減損会計の適用**：固定資産やM＆Aによるのれん代について、収益性が低下して投資回収が困難となった場合に損失を計上

④ **有価証券の減損処理**：保有している株式などの有価証券の時価が著しく下落している場合に損失を計上

いずれも不良資産を放置することなく、実態ベースの価値で評価し直すことによって、貸借対照表が実態と乖離しないようにするための取扱いであると理解しましょう。

非上場企業の場合は要注意

ここまで説明した減損処理は、上場企業の場合にはある程度きちんと行われていますが、非上場企業の場合には、ほとんど行なわれていません。

非上場企業の決算は税法基準で行なわれているためです。法人税の世界では、税収が減少することがないように、こういった損失はなかなか認めてくれません。

ですから、非上場企業の貸借対照表を利用する場合には、こういった**資産の評価が適切に行なわれていない可能性がある**ということを、常に意識しておく必要があるのです。

プラス1　時価

「時価」とは、具体的には何を指すのでしょうか。教科書どおりにいえば、「市場価格」となります。しかし、上場株式などは市場価格を簡単に把握できますが、通常の資産はそうはいきません。

そこで、市場価格がない場合には、一定の仮定を置いて算定した評価額も認められています。たとえば、不動産であれば、不動産鑑定評価額などが該当しますし、将来キャッシュ・フローの割引現在価値を資産価値とみる考え方に基づいて評価を行う場合もあります。

ひとくちに「時価」といっても、さまざまなケースがあるのです。

■不良資産が適切に減損処理されているかがポイント

科目	金額
貸借対照表	
資産の部	
流動資産	
現金及び預金	195,694
売掛金	103,051
有価証券	18,000
棚卸資産	57,978
未収入金	11,296
前払費用	1,820
その他	4,822
流動資産合計	392,661
固定資産	
有形固定資産	
建物及び構築物	81,320
機械装置及び運搬具	74,392
工具、器具及び備品	27,185
土地	45,840
有形固定資産合計	228,737
無形固定資産	
のれん	5,374
ソフトウェア	3,201
その他	2,532
無形固定資産合計	11,107
投資その他の資産	
投資有価証券	18,070
長期貸付金	4,021
長期前払費用	3,438
その他	6,723
投資その他の資産合計	32,252
固定資産合計	272,096
資産合計	664,757

売掛金：得意先の倒産による損失に備えて、きちんと貸倒引当金が計上されているか？

棚卸資産：長期滞留しているものや販売価格が下落してしまった不良在庫について評価損が計上されているか？

有形固定資産：固定資産について収益性が低下して投資回収が困難な場合に損失が計上されているか？

のれん：M＆Aが失敗した場合に、回収不能となったのれん代が減損処理されているか？

投資有価証券：保有している株式などの有価証券の時価が著しく下落している場合に損失が計上されているか？

↓

非上場企業の場合は、適切に処理されていないケースも多いため、要注意！

15

貸借対照表ではわからないこと

その「落とし穴」にはまらないように知っておくべきこと

貸借対照表はストック情報

貸借対照表の情報は「ストック」情報であるといわれます。これは、貸借対照表が**ある一時点の状態を切り取って描写したもの**であることを意味しています。つまり、3月末決算企業の場合、貸借対照表が表現しているのは、3月31日という一時点における資産や負債の状況であって、前日の3月30日や、翌日の4月1日の情報は何もわからないということです。

たとえば、企業が社長個人に対する不適切な貸付金を有していたとしても、毎年3月30日に一時的に返済してもらって、4月1日になったらまた貸し付けるということを繰り返した場合、不適切な貸付金があるにもかかわらず、3月31日の貸借対照表には何も出てこないことになってしまうのです。

ストック情報には、落とし穴もあることを知っておきましょう。

担保に提供されるものもある

ほかにも、貸借対照表には反映されない情報があります。たとえば、その企業が保有する資産として貸借対照表に計上されていたとしても、実際には借入金の担保として提供され、思いどおりに使用できないものもあります。

具体的には、**定期預金、有価証券、棚卸資産、不動産などの資産は、担保として提供されることが多い**資産であり、注意しなければなりません。

債務保証もわからない

また、そもそも貸借対照表にはまったく計上されないものもあります。

他人の債務の保証人になっている場合、保証人になっただけでは何の負債も生じません。しかし仮に、もともとの債務者が弁済不能となった場合には、その借入金の肩代わりをしなければならず、そのときに損失と負債が同時に発生することになります。

このように、**現時点では負債にはならないものの、将来何かが起こってしまった場合に負債が生じるリスク**のことを「偶発債務」といいますが、貸借対照表を見てもわからないのです。

注記情報を使って補足しよう

担保提供や債務保証などの偶発債務に関する情報は、貸借対照表本体を見てもわかりませんが、決算書の補足情報である「注記情報」をみることで、その内容を知ることができます。

ただし、非上場企業の場合には、十分な注記情報を作成していないケースも多いため、記載がないからといって安心はできません。

プラス１　注記情報

決算書を正しく読み解くためには「注記情報」の理解が欠かせません。

注記情報の中には、どのような会計方針を採用しているのかという、決算書を理解するうえで前提となる重要な情報から、さまざまな資産・負債の内容やそれらをどのように評価したのかなどについての補足情報がたくさん含まれています。また、本文中で解説したように、決算書だけを見ていたのでは到底わからない情報が記載されていることもあるため見逃せません。

注記情報もあわせて読みこなせるようになって、はじめて決算書を十分に使いこなすことができるといえるでしょう。

■貸借対照表ではわからないこともある

令和X年3月31日

科目	金額
貸借対照表	
資産の部	
流動資産	
現金及び預金	195,694
売掛金	103,051
有価証券	18,000
棚卸資産	57,978
未収入金	11,296
前払費用	1,820
その他	4,822
流動資産合計	392,661
固定資産	
有形固定資産	
建物及び構築物	81,320
機械装置及び運搬具	74,392
工具、器具及び備品	27,185
土地	45,840
有形固定資産合計	228,737
⋮	
負債の部	
流動負債	
買掛金	81,263
短期借入金	28,572
1年内返済予定の長期借入金	5,060
未払金	6,720
未払費用	5,826
未払法人税等	11,825
賞与引当金	1,065
その他	16,475
流動負債合計	156,806
固定負債	
長期借入金	27,540
退職給付引当金	5,470
その他	1,570
固定負債合計	34,580
負債合計	191,386

ストック情報のため、あくまでも決算日時点の状態しかわからない。

資産として貸借対照表に計上されていたとしても、実際には借入金の担保として提供され、思いどおりに使用できないこともある。

債務保証をしても、即座に負債計上されるわけではなく、わからない。

注記情報も参考にしよう。

（注記情報）

X．担保提供資産及び担保に係る債務

(1) 担保に供している資産

定期預金	2,000 百万円
建物及び構築物	10,310 百万円
土地	7,843 百万円
合計	20,153 百万円

(2) 担保に係る債務

長期借入金	22,640 百万円

X．債務保証

他の会社の金融機関からの借入に対して保証を行っております。

A社	1,540 百万円
B社	820 百万円
合計	2,360 百万円

将来における潜在的な損失リスク

16

実践！

貸借対照表の読み方

実際の企業の貸借対照表を見て構造を理解しよう

実際の貸借対照表を分析する

ここでは、これまでの知識を踏まえて実際の貸借対照表を見てみましょう。

左ページには、日本を代表する時計メーカーとして誰もが知っているセイコーグループ（以下、セイコー）の連結貸借対照表を示しました。最初はどこを見ればよいかわからないかもしれませんが、なるべく大きなところから見るように心がけて、まずは自分で何分間か眺めてみてください。どのようなことに気がつくでしょうか。

資産内容はどうなっている？

まずは資産内容についてです。

資産合計（総資産）は3559億円あり、このうち流動資産が1734億円あります。流動資産には現金及び預金363億円のほか、資金化される時期が近い資産が含まれており、主な内容は、売上債権386億円（受取手形、売掛金、契約資産の合計）、棚卸資産837億円（商品及び製品、仕掛品、原材料及び貯蔵品の合計）といったところです。

また、固定資産が1825億円あり、製造設備などを含む有形固定資産1111億円と、投資有価証券を中心とした投資その他の資産558億円などが含まれています。

持合株式は含み益？ 含み損？

投資その他の資産の中に投資有価証券が454億円計上されていますが、これには取引先との関係強化のための持合株式などが含まれます。純資産の部の中にその他有価証券評価差額金という科目がありますが、これはこの持合株式の含み損益を表しており、セイコーの場合には**持合株式の含み益が114億円**あることがわかります。

資金バランスはどうか？

次に資金バランスについて見てみましょう。負債合計が2241億円、純資産合計が1317億円ですから、**負債が占める割合のほうが高い**ことがわかります。

流動・固定の目線でも見てみましょう。固定資産合計が1825億円であるのに対して、純資産は1317億円ですから、固定資産を純資産だけでまかなうことはできていません。しかし、固定負債620億円まで含めて考えると1937億円となりますから、固定資産を長期性の資金でまかなうことはできているといえます。**流動・固定の資金バランスとしては、一定の健全性を確保している**といってよいでしょう。

以上はあくまで分析の一部ですが、みなさんも、まずは大きな視点で決算書を見ることを心がけてみてください。

プラス１　自社株買い

上場している企業が市場から自己株式を購入することを、一般に「自社株買い」といいます。

自社株買いが行なわれると市場に出回る株式の数が減少しますから、１株当たりの企業の価値は上昇します。これは株主にとっては歓迎すべきことですから、自社株買いは株主への還元策の１つといわれます。

また、自社株買いを行なうということは、今の株価が自社の実力よりも安い、もっといえば将来の業績に自信があるという市場へのメッセージにもなります。そのため、このような効果を狙って行なわれることもあるのです。

セイコーの連結貸借対照表（2023年３月31日）

連結貸借対照表（単位：百万円）	
資産の部	
流動資産	
現金及び預金	36,324
受取手形	3,062
売掛金	35,187
契約資産	397
商品及び製品	49,750
仕掛品	18,117
原材料及び貯蔵品	15,908
未収入金	6,577
その他	9,381
貸倒引当金	△ 1,297
流動資産合計	173,410
固定資産	
有形固定資産	
建物及び構築物	79,280
機械装置及び運搬具	86,117
工具、器具及び備品	39,233
その他	12,699
減価償却累計額	△ 163,232
土地	54,182
建設仮勘定	2,867
有形固定資産合計	111,149
無形固定資産	
のれん	6,901
その他	8,620
無形固定資産合計	15,522
投資その他の資産	
投資有価証券	45,490
退職給付に係る資産	1,820
繰延税金資産	1,923
その他	6,752
貸倒引当金	△ 153
投資その他の資産合計	55,833
固定資産合計	182,505
資産合計	355,915
負債の部	
流動負債	
支払手形及び買掛金	18,790
電子記録債務	6,212
短期借入金	72,598
１年内償還予定の社債	300
１年内返済予定の長期借入金	22,117
未払金	11,344
未払法人税等	1,793
契約負債	7,916
賞与引当金	4,879
商品保証引当金	488
賃借契約損失引当金	348
事業構造改善引当金	247
その他の引当金	367
資産除去債務	9
その他	14,743
流動負債合計	162,157
固定負債	
長期借入金	37,525
リース債務	5,667
繰延税金負債	4,285
再評価に係る繰延税金負債	3,614
株式給付信託引当金	538
長期商品保証引当金	88
賃借契約損失引当金	87
役員退職慰労引当金	4
その他の引当金	23
退職給付に係る負債	6,894
資産除去債務	1,079
その他	2,199
固定負債合計	62,009
負債合計	224,166
純資産の部	
株主資本	
資本金	10,000
資本剰余金	7,245
利益剰余金	81,520
自己株式	△ 248
株主資本合計	98,517
その他の包括利益累計額	
その他有価証券評価差額金	11,464
繰延ヘッジ損益	△ 9
土地再評価差額金	8,190
為替換算調整勘定	10,638
退職給付に係る調整累計額	992
その他の包括利益累計額合計	31,275
非支配株主持分	1,956
純資産合計	131,748
負債純資産合計	355,915

もう少しで資金化される資産。ただし、棚卸資産（商品及び製品、仕掛品、原材料及び貯蔵品）は、売掛債権に比べると資金化まで時間がかかる。

製品製造のための設備などを含む。

取引先との関係強化のための持合株式など

固定資産を長期性の資金（固定負債＋純資産）でまかなっている。
→一定の健全性は確保

193,757

持合株式の含み益

ワンポイント・コラム

繰延税金資産って何だろう？

新聞を読んでいると「繰延税金資産の取崩しにより大幅な赤字転落」といった記事を目にすることがあります。繰延税金資産は「税効果会計」という会計ルールの中で計上される資産ですが、この繰延税金資産という資産がどのような資産なのかを正しく理解しておかないと、昨今の決算書を正しく理解することはできません。

■将来の税務メリットを資産と考える

たとえば、税率を30％と仮定して、ある年に100の赤字を出し、次の年には300の黒字になったとしましょう。１年目は100の赤字ですから税金はかかりません。一方、２年目は300の黒字ですから、90の税金がかかるはずです。しかし、法人税には赤字を繰り越して利益から差し引けるルールがあり、それを活用すると、300の黒字から前年の赤字100を差し引いた200に対応する税金60を支払えばよいことになります。

つまり、赤字100を繰り越せたことによって、２年目には30だけ税金支払額が少なくて済んだわけです。この税金支払額が少なくて済みそうだというところに資産価値があると考えて、１年目の時点で、税金軽減額30の分だけを繰延税金資産として計上しておくのが、税効果会計の考え方なのです。

このように、繰延税金資産というのは、何かしらの税務メリットによって、将来において支払う税金が減る場合に、税金支払いが減るというところに資産価値があると考えて、計上した資産のことをいいます。

■本当に税金支払いは少なくて済むのか？

ただし、今の話には大きな前提があります。赤字を出した年以降の将来に、黒字が出るという前提です。つまり、赤字を繰り越して税金の支払いを減らせるのは、その後に黒字が出た場合だけであり、ずっと赤字が継続すれば、そもそも支払う税金がありませんから、それ以上に税金の支払いが減るということもないのです。

ですから、１年目の時点で税金軽減の見込額30に資産価値が認められるためには、２年目以降に黒字になるという合理的な事業計画が必要となります。ここが繰延税金資産の難しさです。究極的には将来のことは誰にもわからない中で、将来計画を前提に資産価値があるかないかを決めなければならないのです。

また、いったん資産価値があると判断しても、その後業績が悪化し、将来の不透明さが露見した場合には、資産価値がなくなったものとして、それまでに計上しておいた繰延税金資産を取り崩して損失処理しなければなりません。

このカラクリがわかれば、繰延税金資産の取崩しにより最終赤字転落、といったニュースも読みこなせるようになるでしょう。

第Ⅲ章

損益計算書のキホン！

17

利益には段階がある

⬇企業の活動別の成果を正しく把握しよう

「経営成績」の把握が目的

損益計算書は、企業の「経営成績」を明らかにする決算書です。経営成績とは、どれだけ儲かったのか、または損したのかということです。

損益計算書は、この経営成績を明らかにするために、どれだけの「**収益**」を獲得し、どれだけの「**費用**」がかかったのかを示したうえで、収益と費用の差額として「**利益**」（黒字の場合）または「**損失**」（赤字の場合）を示すことになります。

利益と損失の両方を包含する言葉として、「**損益**」という言葉も一般的に使われます。

また、損益計算書は、英語では、Profit and Loss Statementといわれるため、略して「P／L（ピーエル）」と呼ぶこともしばしばです。

損益は企業の活動別に表示

収益から費用を差し引いた損益を明らかにするのが、損益計算書の役割です。しかし、単純にすべての収益からすべての費用を差し引いたのでは、どのような活動によって、どのくらいの損益が発生したのかがわかりません。

そこで損益計算書は、損益を企業の活動別に、段階的に表示します。

① **売上総利益**：「売上高」から、商品の仕入額や製品の製造コストなどの「売上原価」を控除して、いわゆる粗利益を示します。

② **営業利益**：「売上総利益」から、営業活動に必要な経費である「販売費及び一般管理費」を控除して、本業で稼ぎ出した利益を示します。

③ **経常利益**：「営業利益」に、本業以外で生じる「営業外収益」と「営業外費用」を考慮して、正常な企業活動による利益を示します。

④ **税引前当期純利益**：「経常利益」に、突発的に発生する「特別利益」と「特別損失」を考慮して、税金を控除する前の利益を示します。

⑤ **当期純利益**：「税引前当期純利益」から「法人税等」の税金費用を控除して、すべての収益からすべての費用を控除した純利益を示します。

段階的に企業活動の成果を示すことで、たとえば最終的に赤字であっても、営業利益の段階から赤字になっていて本業自体がうまくいっていないのか、そうではなく、営業利益や経常利益はプラスで、一時的な特別損失が多額だったために赤字に陥ったのかを区別することができます。同じ最終赤字でも、受け止め方は大きく変わるでしょう。

このように、段階的に利益を示すことで、企業の活動の状況を正しく理解することができるようになるのです。

プラス１　支払利息・割引料

過去に決算書の読み方などを勉強したことのある方は「支払利息」と「支払割引料」を合わせた「支払利息・割引料」という言葉を聞いた覚えがあるかもしれません。

「支払割引料」は、受取手形を銀行で割り引いて、期日前に資金化する場合に差し引かれる利息のことです。資金調達コストという意味で、借入金の利息と経済的な性質は同様です。

しかし、現在では会計基準の変化によって、「支払割引料」ではなく「手形売却損」として表示されることになり、「支払利息・割引料」はあまり見かけなくなってしまいました。そもそも、手形取引も少なくなっています。

■損益計算書は経営成績を把握する決算書

売上高	603,228	本業で獲得した収益
売上原価	386,066	直接売上高に対応するコスト
売上総利益	217,162	純粋な仕入・販売活動のみから生じた利益（粗利益）
販売費及び一般管理費	155,030	広告宣伝費や人件費等、本業に関わる費用
営業利益	62,132	本業で稼ぎ出した利益
営業外収益	3,474	余剰資金の運用益等、本業以外で生じた収益
営業外費用	1,568	資金調達のコスト等、本業以外で生じた費用
経常利益	64,038	正常な企業活動による利益
特別利益	5,318	臨時・異常な収益
特別損失	4,133	臨時・異常な費用
税引前当期純利益	65,223	税金を控除する前の利益
法人税等	20,219	法人税、住民税、事業税等の税金費用
当期純利益	45,004	すべての収益からすべての費用を控除した純利益

段階損益で企業活動ごとの利益を把握しよう。

18

売上高と売上原価の特徴

ビジネスの特性を踏まえた売上高の質を意識しよう

売上高の水準はビジネスで違う

「売上高」は、**損益計算書のトップライン**ですから、「売上高はどのくらい？」というように、企業の概況をつかむために売上高を知ろうとする人は多いでしょう。

ただし、知っておいてもらいたいのは、売上高の水準はビジネスの内容によって大きく変わってくるということです。次の例で考えてみましょう。

A社は卸売業で、商品を仕入れて外部に販売しています。B社はサービス業で、仕入はありません。あえて単純化した事例なので、他の事項は無視します。

科目	A社	B社
売上高	500	200
仕入原価	300	−
粗利益	200	200
人件費	150	150
営業利益	50	50

売上高だけをみると、A社のほうがB社の2倍以上もあり、大きな規模の企業なのかと思ってしまいます。

でも、それぞれの企業が自ら生み出した「**付加価値**」という観点で考えてみると、A社は300で仕入れたものに200の利益を乗せて売っているわけであり、自社の付加価値はあくまでも200です。一方、B社の場合、仕入はありませんから、売上高の200がそのまま付加価値となります。

このように、生み出した付加価値は同じであっても、どのようなビジネスを営んでいるかによって、売上高の「かさ」は変わってきます。

一般的には、**外部仕入を伴うビジネスでは、売上高のかさが大きくなりがちで、サービス業の場合には売上高と付加価値が近くなる傾向**にあります。

見た目の売上高規模だけにまどわされず、どのようなビジネスが前提なのかを必ず考えたうえで、売上高を見るくせをつけるようにしましょう。

売上原価は売上高と個別対応

「売上原価」は、売上高に直接対応する原価が計上されます。卸売業であれば商品の仕入原価となりますし、製造業であれば販売した製品の製造原価となります。

ポイントは、販売数量などを通じて、売上高と「個別的に」対応するものであるという点です。

製造原価の内訳は明細書で把握

製造業の場合には、別途、製造原価の明細を明らかにする「製造原価報告書」が、損益計算書に付属する決算書として作成されます。

その中で、「原材料費」「労務費」「経費」のそれぞれがどの程度かかっているのかが明らかにされます。

プラス１　売上高の純額表示

商品などを仕入れて販売する場合、売上高と仕入原価は総額で表示するのが基本です。しかし、取引の内容が単純に形式だけの「仲介」になっているなど、ほとんど付加価値を生み出していないような場合、売上高は純額で表示するのが国際的な流れとなっています。

たとえば、従来は売上高100、売上原価90と報告していたものが、売上高10、売上原価0という報告に大きく変化するわけです。利益に変化はありませんが、見た目の売上高がずいぶん減ってしまい、マイナスの印象が強く出ます。企業サイドとしてはこうした取扱いを避けたいのが本音でしょうが、企業の実態からすれば、しかたのないところです。

■ビジネスによって規模は異なる

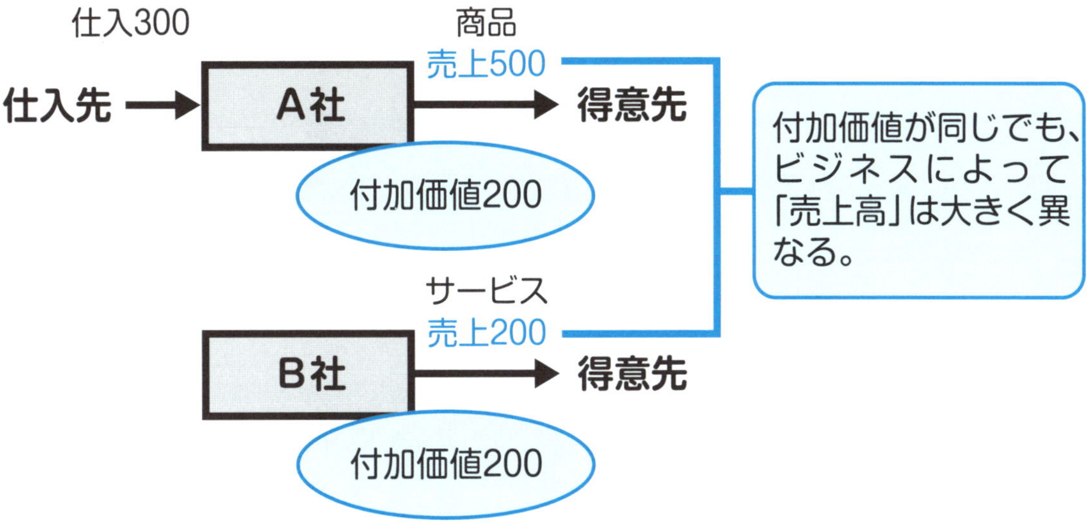

■売上原価は売上高と個別的に対応

売上高		603,228
売上原価		
1．期首製品棚卸高	28,996	
2．当期製品製造原価	389,832	
合計	418,828	
3．期末製品棚卸高	32,762	386,066
売上総利益		217,162

製品の個数を介して、個別的に対応

製造原価報告書で内訳の把握が可能

（製造原価報告書）

1．原材料費	197,640
2．労務費	99,752
3．経費	94,566
当期総製造費用	391,958
期首仕掛品棚卸高	17,420
合計	409,378
期末仕掛品棚卸高	19,546
当期製品製造原価	389,832

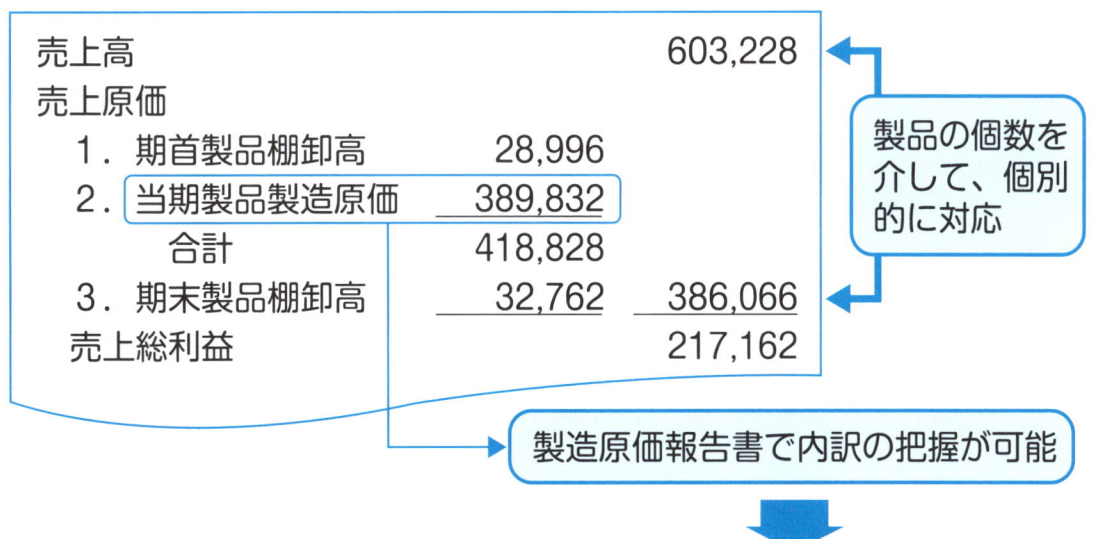

19 販管費の特徴

⬇売上原価との違いを意識して、大きなカテゴリーで捉えよう

売上高と期間的に対応するもの

「**販売費及び一般管理費**」は、営業活動のためにかかる費用のうち「売上原価」以外のものすべてを含みます。長い名称ですので、通常は「販管費」と略してしまうことが多いです。

売上原価の場合は売上高と個別的に対応するという説明をしましたが、一方で、**販管費は売上高と「期間的に」対応するものが基本**となります。

中には、販売数量に応じて発生する販売促進費などの費用もあるのですが、たとえば人件費や支払家賃などの費用は、販売数量がどう変化しようが毎月毎月発生します。まさに売上高と期間的に対応しているといえます。

このことをもう少し掘り下げて考えてみましょう。

販売数量が落ち込んで売上高が減少した場合に、売上原価は、売上高と個別的に対応していますから、同時に減少することが見込まれます。しかし、売上高が落ち込んでも、支払う人件費や家賃は急には変わりません。このため、販管費の水準はあまり変わらないことになり、業績が悪化する要因となるのです。

大きなカテゴリーごとに理解

販管費について細かく分析する場合ももちろんありますが、ある程度大きなカテゴリーごとに分析するという視点が大切です。絶対的な分け方があるわけではありませんが、たとえば、次のようなカテゴリーに分けて分析するのも1つの方法です。

① **人件費**：給料手当、賞与、退職金、法定福利費など

② **販売経費**：販売促進費、販売手数料、広告宣伝費、運送費、接待交際費など

③ **事務経費**：消耗品費、通信費、水道光熱費、支払手数料など

④ **施設費**：支払家賃、修繕費、減価償却費など

⑤ **その他経費**：租税公課、顧問料など

研究開発費も販管費

もう1つ知っておきたいのが「研究開発費」です。特に製造業などの企業にとって、研究開発活動は将来の成長のために欠かせない活動です。そのために支出した金額は、たとえ特許を取得するような技術に関するものであっても、会計ルールの中で、すべて費用処理することが強制されています。

研究開発費は、販管費の区分に計上されるため、企業の成長性を見るうえでは、販管費の中にある研究開発費をチェックする必要があります。

プラス1　研究開発費

研究開発費は、他の費用項目と比べて少し特殊です。というのも、はじめから研究開発費という科目で処理をしているわけではなく、研究開発活動のためにかかった原材料費、人件費、経費を個別に集計したうえで、後から研究開発費という科目に振り替えるという作業を伴うためです。

ですから、ひとくちに研究開発費といっても、その中身には研究開発部門で発生した給料もあれば、消耗品費や家賃なども含まれています。

さまざまな費用を、研究開発という切り口から集計してまで別扱いにするくらい、研究開発費は重要な情報だということです。

■販管費は売上高と期間的に対応

売上高		603,228	
売上原価		386,066	
売上総利益		217,162	
販売費及び一般管理費			
給料手当	12,465		人件費
賞与	4,650		人件費
退職金	740		人件費
法定福利費	2,567		人件費
販売促進費	6,932		販売経費
販売手数料	3,302		販売経費
広告宣伝費	8,832		販売経費
運送費	19,532		販売経費
接待交際費	3,285		販売経費
消耗品費	10,299		事務経費
通信費	18,423		事務経費
水道光熱費	7,842		事務経費
支払手数料	11,036		事務経費
支払家賃	3,840		施設費
修繕費	4,521		施設費
減価償却費	12,532		施設費
租税公課	7,743		その他
顧問料	3,921		その他
研究開発費	12,568	155,030	研究開発にかかった費用↓成長性の尺度
営業利益		62,132	

大きなカテゴリーごとに理解しよう。

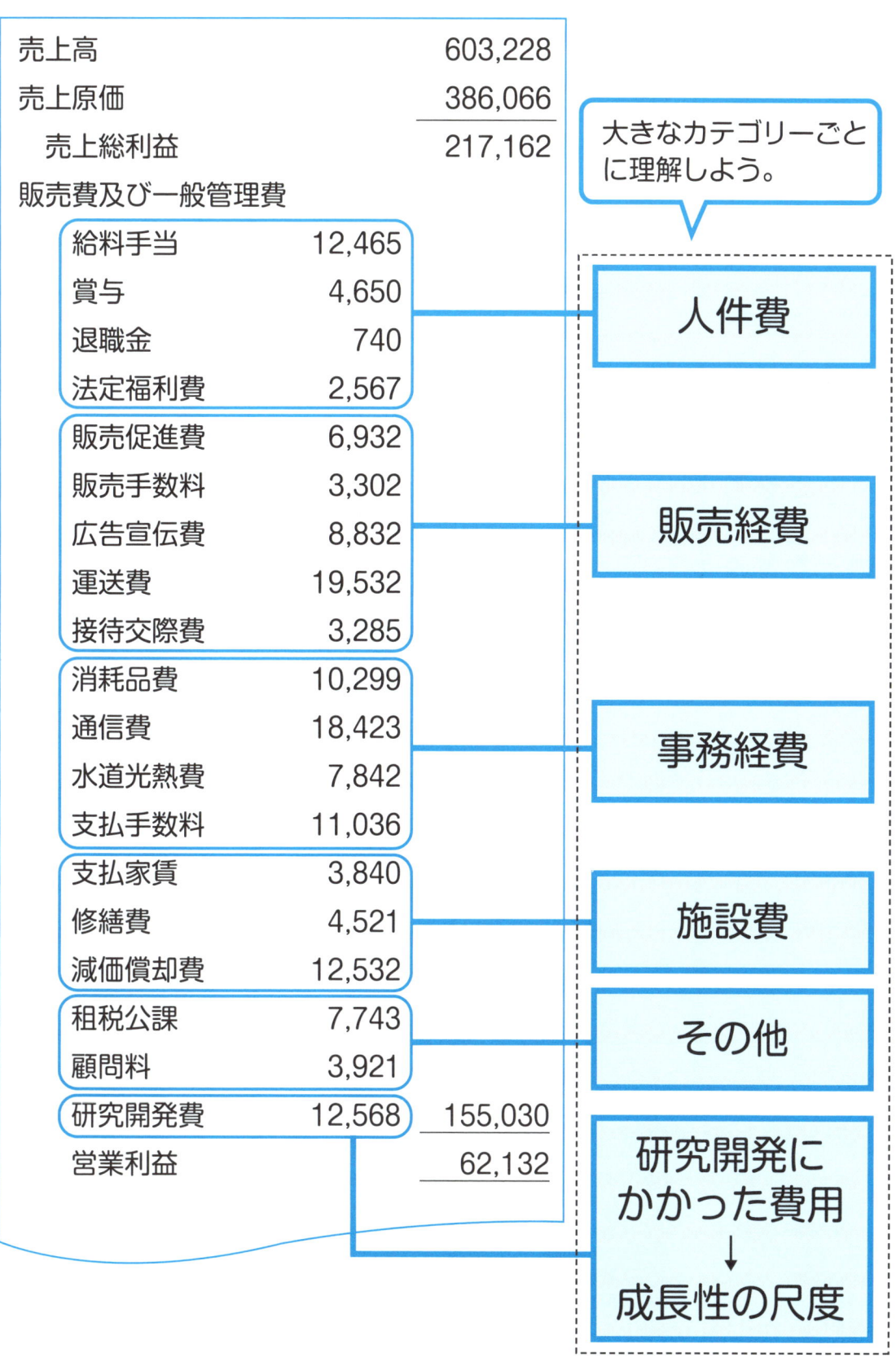

20

営業外損益と特別損益

…↓何を特別項目とするかによって経常利益は変わってくる

本業以外で発生した損益を計上

「**営業外収益**」や「**営業外費用**」は、「営業外」というくらいですから、本業以外で発生した収益や費用を計上する場所です。

営業外収益の代表例は、「**受取利息**」や「**受取配当金**」です。余剰資金を株や金融商品に投資して運用した場合に生じる金融収益は本業から生じた収益ではないので、営業外収益に計上されます。

一方、営業外費用の代表例は、「**支払利息**」です。事業資金を借入れによってまかなう場合には、必ず金利が発生します。そういった財務活動の結果生じた金融費用などを、営業外費用に計上するのです。

その他、営業外損益には、本業外で保有する不動産関係の損益を計上する場合や、雑多な損益を「**雑収入**」や「**雑損失**」としてまとめて計上する場合もあります。

臨時・異常な項目が特別損益

経常利益を算出した後には、特別損益項目が記載されます。これはその名のとおり、特別な項目であり、臨時的に発生したものや、その性質に異常性があるものが含まれます。

「**特別利益**」には、固定資産や有価証券など、大きな資産を売却したときに生じる売却益などが計上されます。

一方、「**特別損失**」には、資産を売却したときに損となってしまった場合の売却損などが計上されます。

また、**売却をしていない資産でも、価値が大幅に毀損してしまった場合に計上する評価損も、特別損失の典型例**です。こういった評価損としては、有価証券の時価が著しく下落した場合の評価損や、固定資産の収益性が低下した場合の減損損失などが具体例として挙げられます。このあたりの評価損は、特に近年の時価会計でも重要なテーマになっているものなので、見落とさないようにしましょう。

できるだけ特別損失にしたい？

日本の経営者は、経常利益をできるだけよく見せたいという傾向があります。たとえば最終赤字であったとしても、一過性の特別損失の影響が大きいためであり、経常利益はしっかり黒字を確保して収益力は安定的だといった主張を銀行に対してできれば、最終赤字の説明もしやすくなるでしょう。

そのため、本来は販管費や営業外費用に計上すべき費用まで、特別損失にしてしまうケースも実際にあったりします。利用者としては、このような背景を知ったうえで、注意深く特別損失の内容を吟味する必要があります。

プラス１　経常利益

段階利益の途中で登場する「経常利益」。実務ではよく「ケイツネ」と呼ばれます。

経常利益は、特別損益という臨時・異常な項目を除外した、企業の正常収益力を把握するのに役立つといわれ、日本では非常に重視されています。しかし、国際的にはほとんど使われていないようです。

経常利益が重視されることで、経営者は少しでも経常利益をよく見せるために、できるだけ費用を特別損失に計上したいというインセンティブが働くことも多く、恣意性が介入しやすいという点が、世界的には受け入れにくい理由になっており、IFRSでも認められていません。

■営業利益よりも下は本業外の損益と臨時・異常な損益

営業利益		62,132
営業外収益		
受取利息	520	
受取配当金	1,850	
雑収入	1,104	3,474
営業外費用		
支払利息	599	
雑損失	969	1,568
経常利益		64,038
特別利益		
固定資産売却益	1,353	
投資有価証券売却益	3,965	5,318
特別損失		
固定資産売却損	1,293	
減損損失	2,840	4,133
税引前当期純利益		65,223

本業外で生じた損益

経営者としては、この「経常利益」をよく見せたいという気持ちになりやすい。

臨時・異常な損益

経常利益をよく見せるために、必要以上に、特別損失に振り替えていないかどうか要注意

21 税金も費用の一部

法人税、住民税、事業税を差し引いて当期純利益を算定

税金費用の計上場所に注意

企業に課されるさまざまな税金（法人税、住民税、事業税、固定資産税、不動産取得税、印紙税、登録免許税など）は、会計上は費用として取り扱います。ただし、計上場所には注意が必要です。「税引前当期純利益」の下に記載される税金は限られているからです。

税引前当期純利益の下に記載されるのは、法人税、住民税、事業税の所得割のみで、これらをまとめて「法人税、住民税及び事業税」（または「法人税等」）として表示します。**これ以外の税金は「租税公課」という科目で販管費に計上されます**。

事業税については、一定規模以上の企業の場合、通常の事業税（これを所得割といいます）だけでなく、外形標準課税といわれるものを支払う必要があります。しかし、税引前当期純利益の下に来るのは、所得割だけです。外形標準課税は、その他の税金とまとめて租税公課に計上します。

税引前後の利益の関係

わが国の法定実効税率（法人税、住民税、事業税の総合的な税率）は約30%です。では、税引前当期純利益に30%を乗じてみると、「法人税、住民税及び事業税」の金額と一致するかというと、実はそうでもありません。

というのも、法人税等の計算は、税引前当期純利益をベースにしているものの、**さまざまな税務会計特有の調整を行なって計算するため、単純に税率を乗じた結果とは異なる**のです。

ですから、たとえば、ある2つの企業が同じ税引前当期純利益を計上していたとしても、税金計算の内容の違いによって、法人税等が異なり、結果として当期純利益が異なるということも珍しくはありません。

税効果会計で税金費用を調整

「法人税、住民税及び事業税」の次に「**法人税等調整額**」という科目があります。これは「税効果会計」の適用によって生じる科目で、その名のとおり、税金費用を一部調整するものです。

税効果会計とは、簡単にいえば、企業会計と税務会計とで差が生じる部分を調整して、税金費用の期間配分を行なうものです。繰延税金資産を計上したり、取り崩したりするときに、損益計算書では「法人税等調整額」として処理します。

みなさんは最低限の内容として、「法人税、住民税及び事業税」と「法人税等調整額」を合算したものが、企業にとっての実質的な税金費用になるという点を知っておいてください。

プラス1　実効税率

わが国の「法定実効税率」は約30%ですが、個々の企業の「実効税率」はこれと異なる場合もあります。

個々の企業の「実効税率」とは、「法人税等調整額」を考慮した後の税金費用を税引前当期純利益で割ったもので、その企業の実質的な税負担率のことです。

この実効税率には、企業の税務戦略の巧拙が表れます。税制上の優遇措置などを上手に使って節税を行なっている企業は、法定実効税率よりも実効税率が低いこともあり、まさに企業の税務戦略が反映される部分であるといえるでしょう。

■税金の計上場所は２つある

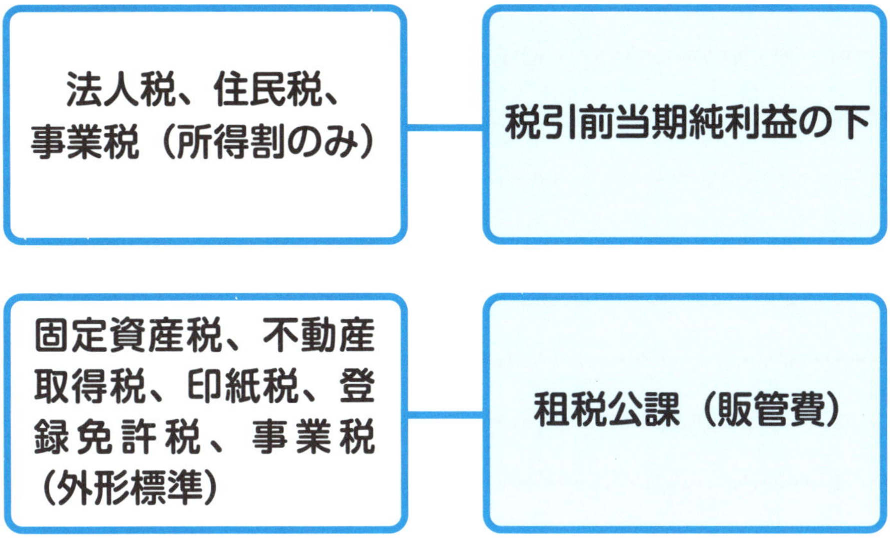

■実際には税効果会計も調整する

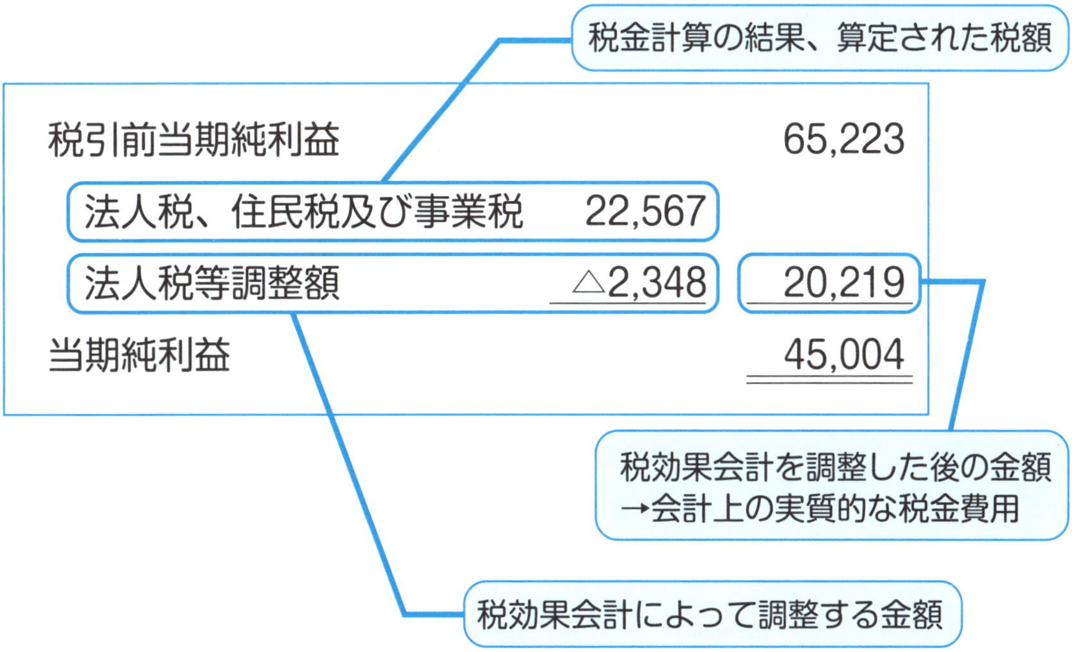

22 貸借対照表と損益計算書のつながり

⬇当期純利益は、貸借対照表では利益剰余金の増加になる

フローとストックの発想

第Ⅱ章で見てきた「貸借対照表」と本章で見てきた「損益計算書」のつながりを考えるにあたって、両者の性質の違いを理解しておきましょう。

ここまで、損益計算書は1期間（通常は1年間）の経営成績を明らかにする決算書であり、貸借対照表は決算日における財政状態を明らかにする決算書と説明してきました。

両者の違いは、損益計算書はある一定期間の状況を示す「フロー」情報であるのに対し、貸借対照表は決算日というある一時点の状態だけを示す「ストック」情報であるという点です。

当期純利益と利益剰余金

損益計算書と貸借対照表は、「当期純利益」と「利益剰余金」によってつながっています。11項で、利益剰余金は過去の利益の蓄積であると説明しました。一方、当期純利益はこの1年間で稼いだ利益です。当期純利益を稼ぎ出しているということは、簡単にいえば収入が支出を上回っている状態ですから、何らかの形で企業の純資産の増加を伴っているはずです。

したがって、前期末時点の利益の蓄積である利益剰余金に当期純利益を加算すれば、当期末の利益剰余金になるのです。まさに先ほど説明した、フローとストックの概念をそのまま当てはめたといってよいでしょう。

配当の支払いと利益剰余金

当期純利益の分だけ利益剰余金が増加しますが、利益剰余金はその他の理由によっても変動します。

代表例は「配当の支払い」です。株式会社は株主に対して、利益の分配として配当金を支払うことがあります。これは、過去の利益の蓄積である利益剰余金を原資として支払うものですから、**配当の支払いを行なった場合には、利益剰余金が減少する**のです。

株主資本等変動計算書とは

当期純利益の計上以外でも利益剰余金は変動しますし、その他の純資産項目も増資などによって変動することがあります。そこで、1年間の純資産の変動を別途まとめた決算書を作成して報告することとされていて、これを「株主資本等変動計算書」といいます。

様式は何パターンかあるのですが、基本的には、資本金、資本剰余金、利益剰余金といった純資産の各項目のそれぞれについて、期首残高、期中の増減額と理由、期末残高が記載されます。

ですから、株主資本等変動計算書を見れば、**1年間にどのような理由で純資産が変動したのかが一目瞭然です。**

プラス1　配当

株式会社は、その所有者である株主に対する利益の分配として「配当」を実施します。

稼いだ利益のうち、どのくらいを配当金の支払いに回すかは、企業の方針によって変わります。あえて配当をせずに、魅力ある新たな事業へ投資をしたほうが将来的には株主のためになるという判断で配当をしない場合もあれば、そういった成長投資よりも株主の期待に応えるほうを優先して、稼いだ利益の大半を配当に回すこともあります。

配当は単純に利益分配であるだけでなく、企業の成長戦略の一端が表れる行為であるともいえるのです。

■フローとストックの発想

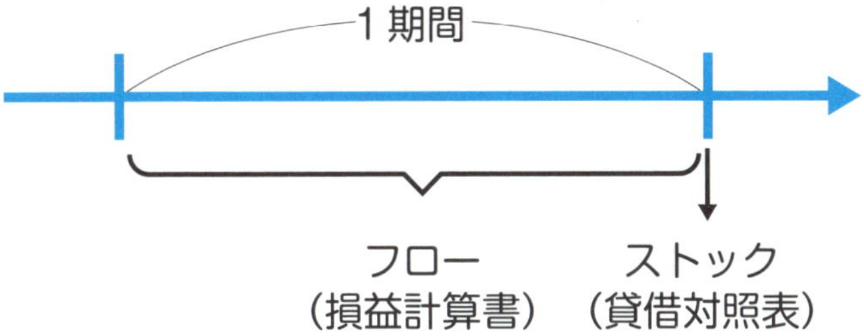

■損益計算書と貸借対照表のつながり

例：資本金10で会社をスタートして、その現金10で仕入れた商品を
12で現金販売したとする

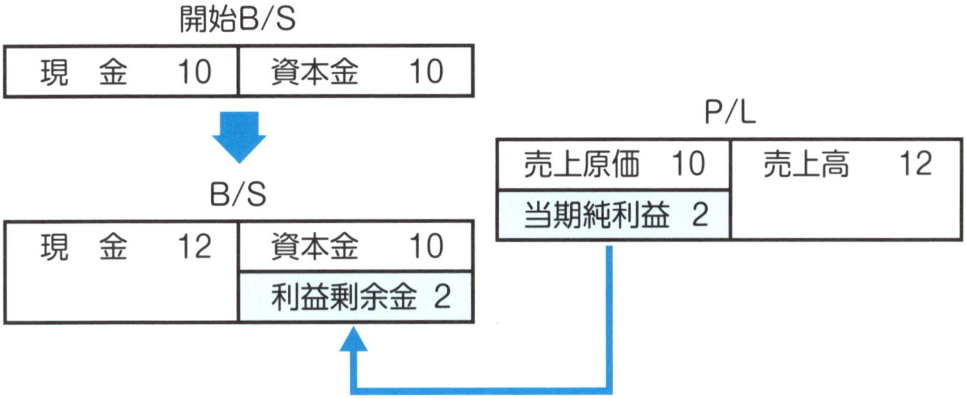

■株主資本等変動計算書で純資産の動きを把握

	資本金	資本剰余金	利益剰余金	純資産合計
当期首残高	2,000	1,000	3,000	6,000
当期増減額				
増資による増加	500	500		1,000
当期純利益			1,500	1,500
配当金の支払			△ 500	△ 500
当期末残高	2,500	1,500	4,000	8,000

追加出資によって
拠出資本が増加

配当金支払いで
利益剰余金が減少

利益計上で利益剰余金が
増加

23

会計方針の選択と損益計算書

…どの会計方針を選択するかによって利益も変わってくる

任意に選択可能なルールがある

企業が決算書を作成する場合、基本的には「会計基準」に従って作成する必要があります。

しかし、会計基準にきちんと従って決算書を作成している場合にも、企業ごとに異なる会計ルールを採用しているケースがあるので、注意が必要です。

というのも、会計基準は必ずしも唯一絶対的な会計処理を企業に強制しているわけではなく、分野によっては、複数の会計処理方法を企業が選択できるようにしている場合もあります。

複数の認められた方法の中から、企業が任意に採用した会計処理方法のことを「会計方針」といいます。まさに「方針」ですから、**企業の意図によって、どのような会計処理を選択するのかが変わってくることもある**のです。

利益に影響する減価償却方法

最も顕著な例は減価償却方法です。減価償却は⑧項で説明したとおり、固定資産の取得原価を少しずつ費用処理する会計処理ですが、**「少しずつ」という部分をどのように計算するかは、企業の方針に委ねられている**のです。

1つは「定額法」という方法です。たとえば100の固定資産が10年間使える場合に、毎年の減価償却費を100÷10年で10と計算し、毎年、定額で減価償却を行なっていきます。

もう1つの方法が「定率法」という方法です。これは、その時点の帳簿価額に一定率を乗じて減価償却費を計算する方法です。同じ例で考えると、耐用年数10年の場合は、定額法の場合の償却率10%の2倍の20%という償却率を使います。そうすると、初年度は100×20%＝20が減価償却費となります。2年目は、帳簿価額が80（＝100−20）となっているため、これに20%を乗じて減価償却費は16となります。このように、初年度は減価償却費が大きく算出され、その後は毎年少しずつ小さくなっていくのが特徴です。

どちらの方法も認められた方法ですが、どちらを採用するかによって、利益の金額が大きく変わります。

会計方針は注記事項

会計方針によっては利益が大きく変わることもあるため、ご都合主義で会計方針を選ぶことはできず、一度採用した会計方針は、原則として継続的に適用しなければなりません。

採用している会計方針は、注記事項を見ればわかります。正当な理由に基づき変更する場合も、注記によって明らかにされます。**決算書を見るときは、必ず会計方針もチェック**しましょう。

プラス1　200%定率法

定率法の償却率を何%にするかは、理論的に決定するというよりは、法人税のルールで決められたものを使うのが現実です。

現在の法人税のルールでは、定額法の償却率（1÷耐用年数）の2倍を定率法の償却率とすることにしています。このため、一般的に「200%定率法」と呼ばれています。

以前は「250%定率法」の時代もありました。その時々の税制改正における政策上の判断で変更される場合もあるのです。政策の変更で、減価償却費や利益が変わってしまうのは本来おかしな話ですが、日本では、減価償却は法人税に従う実務がすっかり根づいています。

■定額法と定率法で減価償却費は大きく変わる

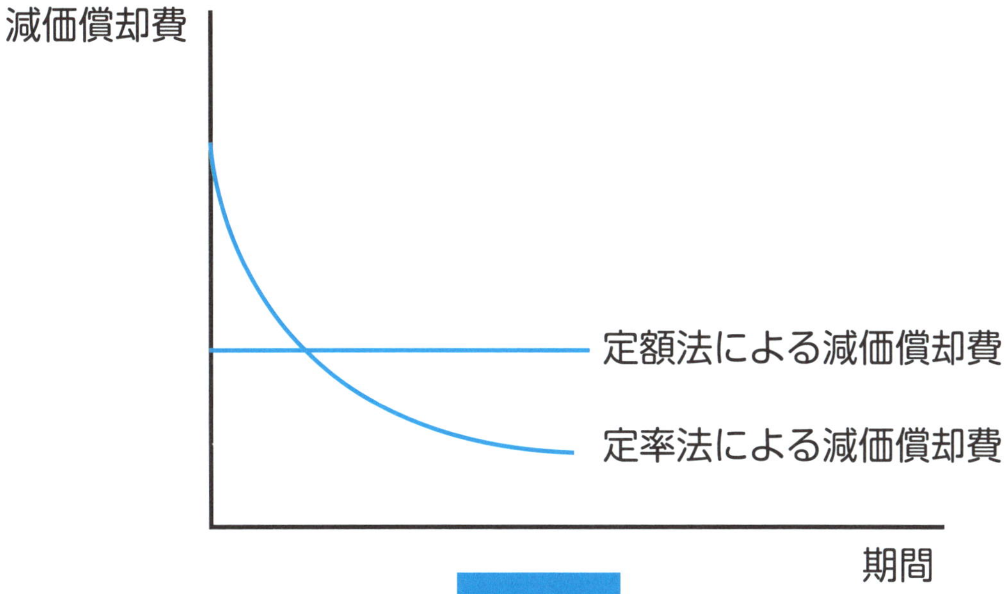

費用が大きく変わるにもかかわらず、
企業が自由に好きな方法を「会計方針」
として選択することができる。

その他にも

- 有価証券の評価基準及び評価方法
- 棚卸資産の評価基準及び評価方法
- 引当金の計上基準
- 収益及び費用の計上基準

「重要な会計方針」として注記される
ため、必ずチェック！

24

実践！

損益計算書の読み方

実際の企業の損益計算書を見て構造を理解しよう

実際の損益計算書を分析する

ここでは、これまでの知識を踏まえて実際の損益計算書を見てみましょう。

左ページはセイコーの連結損益計算書です。16項と同様に、いくつかのポイントに絞って簡単に見ていきます。

まずは売上高と営業利益

損益計算書を見るときに最初に目が行くのは、やはりトップラインである売上高でしょう。損益計算書によれば2605億円であることがわかります。

これに対して、製品コストなどを中心とする売上原価が1487億円あるため、差引の売上総利益は1117億円となります。**売上高のうち6割弱は製品コスト**で、残り4割強の利益が残るという計算です。

そこから、製品を販売するためにかかる広告宣伝費などの営業費用や本社部門での人件費を中心とした管理費用を含む販売費及び一般管理費1005億円を差し引くと、セイコーが本業で稼ぎ出した利益、つまり営業利益が112億円であることがわかります。

営業外損益は何がある？

本業の利益である営業利益の次には、本業以外の活動によって生じた営業外損益があります。

営業外収益には、保有する株式から生じる受取配当金7億円や、**持分法による投資利益12億円**などが含まれています。これは、セイコーのグループ会社のうち、子会社ほど関係の強くない関連会社で生じた黒字のうち、セイコーの取り分を利益として計上したものです。

一方の営業外費用には、借入金に対する金利としての支払利息11億円などが計上されています。

特別損益にも要注目

経常利益の次は特別損益項目です。

特別利益はほとんどありませんが、特別損失は合計で17億円ほど計上されています。このうち半分以上を占めているのが事業構造改善費用9億円です。これは、リストラを進めるにあたって一時的に生じた損失だと考えられます。

こういった**特別項目は、あくまでも一過性のものであり、毎期継続的に発生するものではない**点に注意して見ていく必要があります。

最後に、国や地方に納める法人税等があります。税引前利益96億円に対して、43億円もの負担をしなければならないことがわかります。これらの結果、セイコーの株主に帰属する最終的な利益は50億円と示されています。

このように、まずは**段階損益を軸に分析する**ことから始めてみてください。

プラス1　持分法による投資利益

連結損益計算書の営業外収益に「持分法による投資利益」という科目が登場することがあります。これは、子会社のように支配まではしていないものの、一定の影響力を与えることができる「関連会社」（例：20%出資をしている）における損益を示す科目です。

子会社の場合は、決算書自体を連結しますが、関連会社の場合、子会社ほどは関係性が強くないため、決算書全部を連結するのではなく、関連会社における損益のうち出資割合分だけを「持分法による投資利益（又は損失）」として計上するのです。

■セイコーの連結損益計算書
（2022年４月１日から2023年３月31日まで）

連結損益計算書（単位：百万円）	
売上高	260,504
売上原価	148,706
売上総利益	111,798
販売費及び一般管理費	100,564
営業利益	11,233
営業外収益	
受取利息	199
受取配当金	771
持分法による投資利益	1,224
その他	858
営業外収益合計	3,053
営業外費用	
支払利息	1,139
その他	1,980
営業外費用合計	3,119
経常利益	11,167
特別利益	
固定資産売却益	228
特別利益合計	228
特別損失	
事業構造改善費用	968
投資有価証券売却損	548
代理店契約解約損	147
感染症拡大に伴う損失	90
特別損失合計	1,753
税金等調整前当期純利益	9,642
法人税、住民税及び事業税	2,995
法人税等調整額	1,350
法人税等合計	4,346
当期純利益	5,295
非支配株主に帰属する当期純利益	267
親会社株主に帰属する当期純利益	5,028

売上高から時計など製品の製造原価を差し引き

商品を販売するためにかかる営業費用や本社部門での人件費を中心とした管理費用などを差し引き

関連会社で生じた利益の取り分

借入金に対する金利

一過性の損益

リストラに関わる一時的な損失

法人税、住民税、事業税の負担

セイコーの株主に帰属する最終利益

ワンポイント・コラム

本当の実力をちゃんと見極めよう

「一切、粉飾のない適正な損益計算書であっても、その会社の本当の実力がわからないこともあるので注意してくださいね」と言われたらどう思いますか？

適正な損益計算書を見ても、その会社の実力がわからないのなら、いったい何を見ればいいんだ！　とお怒りになる方もいらっしゃるかもしれません。

しかし、そんなことを言っても、わからないものはわからないのです。そのことをよく知っておかないといけません。

■損益計算書はあくまで結果

歴史は古いけれど時代の変化についていけなくなった老舗企業の損益計算書について考えてみます。

売上高は年々下降線をたどっていますが、当期は多額の利益を計上することができたようです。業績が回復して本当によかったですね、これで一安心です。

と思ってしまったらいけませんよ、というのが今回のお話です。

損益計算書をよく見てください。もしかしたら、売上高は落ち込んでいて、営業利益、経常利益は赤字かもしれません。そして、特別利益の区分に、多額の固定資産売却益が計上されていて最終利益が黒字に転換していたとしたら、どうでしょうか。

すでに学んだとおり、こんなものは一過性の利益で長続きしないわけですから、このままいけば来期は赤字見込みですね。

老舗企業が昔から持っている優良不動産を売却して利益を出すこと自体は、何ら問題ありませんし、それによって多額の利益が計上された損益計算書も適正です。でも、もはや現在の実力値ではないわけです。ですから、こういう一過性の利益に惑わされてはいけないのです。

■無理なコストカットも要注意

今の話はわかりやすいかもしれませんが、外からは見えにくい話として、無理なコストカットを行なっている場合も要注意です。

苦し紛れに人件費カットを行なっているとか、本来かけるべき管理コストを無理に削ってしまっているとか、こういった無理が長続きしないのは明らかです。

コストカットをしていれば、たとえそれが無理なものであっても、コストカットしているのは事実ですから、その分だけ利益が出ている損益計算書自体は適正です。しかし、本来負担すべきコストを負担していないわけですから、その会社の本来の実力値を反映した利益とはいえないわけです。

このように、損益計算書が実力を示さないことは往々にしてありますから、取扱いには十分に注意しましょう。

第Ⅳ章

キャッシュ・フロー計算書のキホン！

25 キャッシュ・フロー計算書のしくみ

損益計算書ではキャッシュ・フロー情報はわからない

黒字倒産はなぜ起こるのか

いきなりですが質問です。企業はどのようなときに倒産するでしょうか？

赤字が原因でしょうか。たしかに赤字が続けば倒産のリスクは高まります。しかし、赤字を出したから、即座に倒産するわけではありません。とすると、赤字自体は倒産の直接の原因にはならないかもしれません。

みなさんは「黒字倒産」という言葉を聞いたことがあるでしょうか。黒字企業がいきなり倒産してしまうことです。赤字であっても倒産しない企業がある一方で、なぜそのようなことが起こるのか考えてみてください。

鍵を握るのは、お金、すなわち「キャッシュ」です。企業は赤字になっただけでは倒産しませんが、**たとえ黒字であってもキャッシュが尽きてしまえば、いとも簡単に倒産してしまう**のです。ということは、企業のキャッシュがうまく回っているか、すなわち「キャッシュ・フロー」に関する情報は極めて重要な情報であるといえます。

損益計算書ではわからない

損益計算書は、黒字か赤字かを教えてくれます。しかし、キャッシュ・フローの状況は教えてくれません。たとえば、**商品を掛け販売した場合、損益計算書では売上高を計上しますが、お金はまだ入ってきていない状況ですから収入はゼロです**。掛け販売ですから、貸借対照表でも、現金ではなく売掛金が増えるだけです。

売上高は計上されているのに、収入はゼロ。つまり、損益計算書は本質的に、お金の流れとは直接の関係がなく、お金の流れを把握したければ、別の決算書を用意するしかないのです。

そうして作成されるのが「キャッシュ・フロー計算書」です。キャッシュ・フロー計算書では、**どのくらいの収入と支出があったのかを、営業活動、投資活動、財務活動といった企業の活動別に明らかにしていきます**。

非上場企業は作成していない

キャッシュ・フロー計算書は、キャッシュの動きそのものを報告するため、損益計算書に比べて決算操作がしにくいという特徴もあります。

そういった意味でも非常に有用なキャッシュ・フロー計算書ですが、実際に作成している企業はかなり限られてしまいます。**上場企業の場合には、ルールによって作成が義務づけられています**から、キャッシュ・フロー計算書を入手することは容易です。しかし、非上場企業の場合には、残念ながら作成していないケースがほとんどで、入手することが難しい決算書なのです。

プラス１　キャッシュ

キャッシュ・フロー計算書が対象とする「キャッシュ」（現金及び現金同等物）は、実は、貸借対照表の「現金預金」と異なる場合があります。

たとえば、貸借対照表では「有価証券」とされる場合でも、実質的に考えて短期的な支払手段といえるのであれば、キャッシュ・フロー計算書では「キャッシュ」と考えます。反対に、貸借対照表では「現金預金」としている定期預金でも、預入期間が３か月を超える場合には、短期的な支払手段とはいえないと考えて「キャッシュ」には含めない場合もあります。実質的に短期の支払手段といえるかで「キャッシュ」を定義しているのです。

■P/Lではキャッシュ・フローはわからない

損益の計上タイミングは必ずしも現金授受のタイミングとは限らないため、両者は一致しない。

〈損益計算書（P/L）〉

収　益	×××
費　用	△×××
利　益	×××

〈キャッシュ・フロー〉

収　入	×××
支　出	△×××
資金収支	×××

一致しない

■キャッシュ・フロー計算書の基本構造

営業活動によるキャッシュ・フロー	36,525
投資活動によるキャッシュ・フロー	△20,717
財務活動によるキャッシュ・フロー	△3,499
現金及び現金同等物の増減額	12,309
現金及び現金同等物の期首残高	201,385
現金及び現金同等物の期末残高	213,694

<フロー情報>
→期中のキャッシュ・フローの状況を把握

<ストック情報>
→期末のキャッシュ残高を把握

有用な情報だが、残念ながら
非上場企業の大半は作成していない。

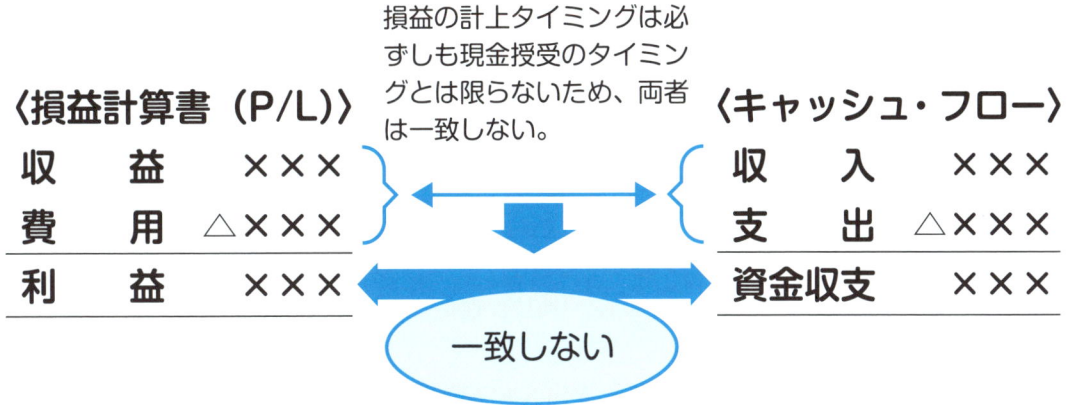

26

企業の活動別に区分

営業・投資・財務の3つの活動に分けて把握する

営業、投資、財務

キャッシュ・フロー計算書では、企業活動に伴う収入と支出を、営業活動、投資活動、財務活動という企業の活動別に分けて表示します。

「**営業活動によるキャッシュ・フロー**」には、本業における資金の動きが記載されます。営業活動の区分には、表示方法として「直接法」と「間接法」の2種類があります。「直接法」は単純に収入と支出を記載しているのでわかりやすいのですが、「間接法」は知らない人にとっては意味不明かもしれませんので、次項で説明します。

次に、「**投資活動によるキャッシュ・フロー**」の区分では、①設備投資や企業買収などの将来に向けた投資によるキャッシュ・フローと、②余剰資金の運用における投資とその回収によるキャッシュ・フローが記載されます。

最後に「**財務活動によるキャッシュ・フロー**」の区分ですが、ここは企業の資金調達活動に関するキャッシュ・フローを記載する場所です。銀行から資金を借り入れたり返済した場合や、株式を発行して増資した場合など、事業活動に必要な資金調達の様子がわかるようになっています。

利息と配当金の表示方法

利息と配当金は、やや特殊な取扱いがなされます。

性質からすれば、受取利息と受取配当金は投資活動、支払利息と支払配当金は財務活動が妥当ですが、実務上は、支払配当金のみを財務活動の区分に表示し、その他についてはすべて営業活動の区分に表示します。

「小計」でいったん区切るワケ

いま説明した利息や配当金もそうですが、営業活動の区分には、純粋に営業活動によるキャッシュ・フローとはいえないものも記載します。たとえば、法人税等の支払い、損害賠償金の支払い、保険金の受取りといった取引は、営業活動、投資活動、財務活動のいずれかに明確に区分できない場合も多く、全体として企業活動の結果生じたキャッシュ・フローといえます。

このようなキャッシュ・フローは、すべて営業活動の区分で報告するルールとなっています。ただし、そうすると、**営業活動の区分に本業以外のキャッシュ・フローが混ざってしまい、純粋な意味での本業によるキャッシュ・フローが見えづらくなります**。

このため、営業活動の区分では「小計」欄を設けることにより、ここでいったん純粋な本業のキャッシュ・フローを把握することとしているのです。

プラス１　支払配当金

受取利息、受取配当金、支払利息は営業活動に表示するのに対し、支払配当金は財務活動に表示するというルール。一体なぜでしょうか。

最初の３つと支払配当金の違いは、事業活動の中で不可避的に発生するか否かです。投資をすれば利息や配当金の受取りは生じますし、借入金があれば支払利息も生じます。しかし、配当金の支払いについては、利益剰余金をそのまま留保して成長投資に回すか、株主に分配するのかといった判断の結果で変わってきます。この性質の違いが、キャッシュ・フロー計算書の記載場所の違いにもつながっているのです。

キャッシュ・フローは企業の活動別に表示

① 営業活動（直接法）

Ⅰ 営業活動によるキャッシュ・フロー	
営業収入	578,918
原材料又は商品の仕入れによる支出	△ 199,418
人件費の支出	△ 122,845
その他の営業支出	△ 202,872
小計	53,783
利息及び配当金の受取額	2,167
利息の支払額	△ 670
法人税等の支払額	△ 18,755
営業活動によるキャッシュ・フロー	36,525

純粋な意味での本業によるキャッシュ・フロー

どこにも明確に区分できないキャッシュ・フロー

① 営業活動（間接法・小計欄まで）

Ⅰ 営業活動によるキャッシュ・フロー	
税引前当期純利益	65,223
減価償却費	29,404
賞与引当金の減少額	△ 284
退職給付引当金の増加額	854
受取利息及び受取配当金	△ 2,370
支払利息	599
固定資産売却益	△ 1,353
投資有価証券売却益	△ 3,965
固定資産売却損	1,293
減損損失	2,840
売上債権の増加額	△ 24,310
棚卸資産の減少額	△ 8,522
仕入債務の減少額	6,744
その他	△ 12,370
小計	53,783

税引前当期純利益に必要な調整を行なってキャッシュ・フローを示す方法
↓
ほとんどのキャッシュ・フロー計算書がこの表示方法を採用している。

② 投資活動

Ⅱ 投資活動によるキャッシュ・フロー	
有形固定資産の取得による支出	△ 23,740
有形固定資産の売却による収入	4,670
無形固定資産の取得による支出	△ 2,047
投資有価証券の取得による支出	△ 5,837
投資有価証券の売却による収入	7,460
貸付けによる支出	△ 1,603
貸付金の回収による収入	380
投資活動によるキャッシュ・フロー	△ 20,717

①設備投資や企業買収などの将来に向けた投資によるキャッシュ・フローと、②余剰資金の運用における投資とその回収によるキャッシュ・フローを記載

③ 財務活動

Ⅲ 財務活動によるキャッシュ・フロー	
短期借入金の純増加額	3,808
長期借入れによる収入	6,403
長期借入金の返済による支出	△ 8,460
株式の発行による収入	4,000
自己株式の取得による支出	△ 680
配当金の支払額	△ 8,570
財務活動によるキャッシュ・フロー	△ 3,499

企業の資金調達活動に関するキャッシュ・フローを記載

27

営業キャッシュ・フローの読み方

➡利益とキャッシュ・フローのズレに注目する間接法とは

ほとんどの企業は「間接法」

「営業活動によるキャッシュ・フロー」の区分の表示方法には、収入と支出を総額で表示する「**直接法**」と、税引前当期純利益に必要な調整を行なってキャッシュ・フローを示す「**間接法**」があります。

世の中で目にするキャッシュ・フロー計算書のほとんどは、間接法でつくられています。ですから、キャッシュ・フロー計算書を読みこなすことができるようになるためには、この間接法について理解することが必要です。

利益とのズレに注目

間接法は、利益とキャッシュ・フローのズレに注目し、利益に対してその「ズレ」の部分だけを調整してキャッシュ・フローを導き出す方法です。

具体的に、「営業利益」と「営業キャッシュ・フロー」のズレについて考えてみましょう。両者のズレの要因は大きく2つあって、1つは「非現金支出費用」、もう1つは「運転資本の増減」です。

非現金支出費用には、減価償却費が該当します。減価償却費は現金支出を伴わない費用ですから、利益に減価償却費を足し戻すことによって、キャッシュ・フロー・ベースに近づけます。

次に、運転資本（⑥項の「プラス1」参照）の増減です。**売掛金、棚卸資産、買掛金といった運転資本の増減は、利益とキャッシュのズレを生じさせます。**単純な例で考えてみると、売上高500のうち300を回収したが200は未回収の場合、利益は500ですが、入ってきたキャッシュは300です。当然ですが、このズレは未回収部分が原因であり、まさに売掛金が増加した部分ということになります。つまり、運転資本（売掛金＋在庫－買掛金）が増加すると、まだキャッシュになっていないものが増えるわけですから、キャッシュ・フローの悪化要因となるわけです。

このように、営業利益に対して①非現金支出費用の加算、②運転資本の増減を加味することによって、営業キャッシュ・フローを導くことができます。

スタートは税引前当期純利益

間接法のキャッシュ・フロー計算書のスタートは「税引前当期純利益」です。そこから、特別損益や営業外損益を足し戻すことで、営業利益に近づける調整も必要となってきます。

間接法は一見わかりにくいのですが、実は、**税引前当期純利益と営業キャッシュ・フローの差がどのような要因によるものなのかを読み取りやすい表示方法**なのです。

プラス1　運転資本の増減

利益とキャッシュのズレの大きな要因が「運転資本の増減」であることは説明済みですが、特に大きな影響が出てくるのが、企業の急激な成長局面です。

売上高が急増している場合、それは事業規模の急拡大を意味しますから、必要な在庫の水準も急増しますし、売上が急増するということは売掛金も急増します。つまり、必要な運転資本の水準が急激に増加するわけです。

このような場合、運転資本の増加分だけ資金繰りは悪化し、営業利益は出ていても営業キャッシュ・フローがマイナスになることもありますので、注意が必要です。

具体的な例を使って間接法の意味を理解しよう

（前提条件）

取引の内容	損益への影響	収入または支出	活動区分
①　資本金2,000で新たに会社を設立した。	なし	2,000	財務活動
②　オフィス関連設備を800で取得した。	なし	△ 800	投資活動
③　商品を600で仕入れて、期中に500を支払った。	なし	△ 500	営業活動
④　仕入れた商品のうち400を750で販売した。	350	なし	営業活動
⑤　販売代金750のうち、期中に450を回収した。	なし	450	営業活動
⑥　固定資産の減価償却費150を費用に計上した。	△ 150	なし	－

※単純化のため、上記以外には取引はなかったものと仮定します。

【損益計算書】

売上高	④	750
売上原価	④	400
売上総利益		350
減価償却費	⑥	150
営業利益		200

【貸借対照表】

現金預金	①②③⑤1,150	買掛金	③　100
売掛金	④⑤　300	資本金	①　2,000
棚卸資産	③④　200	利益剰余金	200
固定資産	②⑥　650		
資産合計	2,300		2,300

【キャッシュ・フロー計算書】

Ⅰ　営業活動によるキャッシュ・フロー

＜直接法の場合＞

営業収入	⑤　450	←	販売代金の回収額
商品の仕入れによる支出	②△ 500	←	仕入代金の支払額
営業活動によるキャッシュ・フロー	△ 50	←	利益は出ているが、代金回収が遅れているため、営業ＣＦはマイナス

＜間接法の場合＞

営業利益（税引前当期純利益）	200		
減価償却費	⑥　150	←	費用だが現金の流出はないためプラス調整
売掛金の増加額	④⑤△ 300	←	売り上げたものの、いまだ販売代金を回収していないためマイナス調整
棚卸資産の増加額	③④△ 200	←	仕入れたものの、いまだ販売していないためマイナス調整
買掛金の増加額	③　100	←	仕入れたものの、いまだ仕入代金を支払っていないためプラス調整
営業活動によるキャッシュ・フロー	△ 50	←	利益は出ているが、代金回収が遅れているため、営業ＣＦはマイナス

利益が出ていてもキャッシュが増えているとは限らない。
→利益とキャッシュの差の要因を明らかにするのが間接法

28

キャッシュ・フロー構造と企業の特徴

キャッシュ・フローのプラス／マイナスから企業の状況を読む

キャッシュ・フローの善し悪し？

キャッシュ・フローの善し悪しは、その大小で決まるわけではありません。

確かに、営業キャッシュ・フローについては、本業ですからプラスが大きいに越したことはありません。しかし、投資活動や財務活動については、大きいからいいとか、プラスだからいいというわけではありません。あくまで、その企業で何が起こっているのかを理解することが大切になってきます。

企業の状況を読み取ろう

簡単な例で考えてみましょう。状況の異なる4社のキャッシュ・フロー計算書の概要のみを頼りに、それぞれの会社の置かれた状況を推測することで、キャッシュ・フローから企業の状況を読み取りましょう。

（キャッシュ・フロー計算書の概要）

	A社	B社	C社	D社
営業	500	500	200	△300
投資	△300	△900	400	900
財務	△200	300	△500	△800
増減	0	△100	100	△200

●堅調に推移しているA社

本業の収支はプラスで問題なし。投資活動は、本業の収支の範囲内で将来への設備投資を行なっているようです（マイナスはキャッシュが出ていること）。財務活動のマイナスは、資金に余裕があるため借入れの一部返済で財務体質を改善している感じでしょうか。

●積極投資に打って出るB社

本業の収支はA社同様プラスですが、将来のための大きな投資を行なっているためか、投資活動は大幅なマイナスです。その結果、不足する資金を借入れ等で調達し、財務活動はプラスになっていると思われます。

●手遅れになる前に体質改善を図るC社

本業の収支はプラスですが、収益力は落ちているようです。手遅れになる前に不要資産を処分して資金化し、借入金を圧縮して財務体質を改善しているため、投資活動はプラス、財務活動はマイナスになっているのでしょう。

●資産リストラで延命を図るD社

本業で稼げていません。将来の見通しが立たないため、銀行から借入金の弁済を迫られたのか、財務活動はマイナスです。その資金を捻出するためにリストラ等で資産の換金を進め、投資活動はプラスになっているようです。まさにジリ貧といえる状況です。

プラス1　投資活動

決算書は本質的には、企業が行なった事業活動の成果が反映される、いわば過去情報で作成されています。

しかし、その中にも、将来の成長への足がかりを見つけることはできます。それが「投資活動」の区分です。

企業は、将来の成長のためにさまざまな投資を行ないます。研究開発投資や設備投資、M&Aによる企業買収もそうです。研究開発費のように営業活動に入ってしまうものもありますが、そういった投資の多くが、投資活動によるキャッシュ・フローの区分に記載されることになりますから、見逃さないようにしなければなりません。

■キャッシュ・フローから企業の状況を読み取ろう

	A社	B社	C社	D社
営業キャッシュ・フロー	＋	＋	＋	△
投資キャッシュ・フロー	△	△	＋	＋
財務キャッシュ・フロー	△	＋	△	△
想定される会社のタイプと状況	**堅調に推移** 本業の収支はプラス、将来への設備投資もその範囲で行ない、余剰資金で借入金を返済している状況	**積極投資に打って出る局面** 本業の収支はプラスだが、それを超えて積極投資を行ない、不足資金は借入金でまかなっている状況	**財務体質の改善を優先** 本業の収支はプラスだが、収益力が悪化する前に、不要資産処分で借入れを圧縮し、立て直しを図っている状況	**資産リストラで延命を図る** 本業の収支がマイナスで見通しが立たず、資産リストラで借入金返済の原資をなんとか捻出している状況

29

フリー・キャッシュ・フロー

企業価値の源泉となる、本当の意味で自由になるお金のこと

企業が自由に使えるお金とは

企業は、本業で稼いだ営業キャッシュ・フローをそのまま自由に使えるでしょうか。将来にわたって事業活動を維持継続していくためには、特に製造業の場合などは一定の設備投資を継続的に行なっていく必要があります。このため、毎年、設備投資による支出分は確保しておく必要がありそうです。

したがって、**本業で稼ぎ出した営業キャッシュ・フローから事業維持のために必要な設備投資等の支出を差し引いたキャッシュ・フロー**が、自由に使うことのできる部分になります。これを、「**フリー・キャッシュ・フロー**（ＦＣＦ）」と呼びます。

ＦＣＦの使い道

では、フリー・キャッシュ・フローとして自由になる部分は、何に使っていけばいいのでしょうか。いくつかの使い道が考えられます。

1つは、**株主への分配**です。事業継続のために必要な資金を確保して、なお余剰が出た部分は、まさにリターンを期待する株主に分配する原資になります。

また、あえて株主に分配することはせずに、さらなる事業規模の拡大と成長を目指して、**新規事業などへの投資に打って出るための投資資金**として使うという選択肢もあるでしょう。将来の成長戦略について株主から理解を得ることができれば、そういったお金の使い方も認めてくれることでしょう。

その他、フリー・キャッシュ・フローを活用して、**借入金の圧縮を行ない、財務体質を改善してリスクへの耐性を強めておく**という戦略をとる場合もあるかもしれません。

もちろん、どれか1つという話ではなく、実際にはこれらの組み合わせとバランスの中で、フリー・キャッシュ・フローの使い道を考えていくこともあるでしょう。

いずれにせよ、キャッシュ・フロー面から見た企業価値の源泉とでもいうべきものであり、よく登場するので理解しておきましょう。

営業ＣＦ＋投資ＣＦで算出

このような性格を持つフリー・キャッシュ・フローですが、求め方に絶対的な決まりはありません。考え方としては、営業キャッシュ・フローから必要な設備投資支出を差し引くということになりますが、実務的には、キャッシュ・フロー計算書を利用して、「営業活動によるキャッシュ・フロー」に「投資活動によるキャッシュ・フロー」を加算して算定することが一般的です。

プラス1　資本的支出

フリー・キャッシュ・フローの説明で登場した設備投資支出ですが、別の呼び方として「資本的支出」と呼ぶこともよくあります。英語ではCapital Expenditureといい、略して「CAPEX（キャペックス）」と呼ぶこともあります。

もともとは、既存の固定資産があって、その固定資産の価値を高めて耐用年数を延ばすことにつながるような支出を指す言葉なのですが、幅広く既存の事業基盤を維持するための設備投資支出を指していうこともあるので、覚えておきましょう。

■本当の意味で自由になるお金は？

営業活動によるキャッシュ・フロー	36,525
投資活動によるキャッシュ・フロー	△ 20,717
財務活動によるキャッシュ・フロー	△ 3,499
現金及び現金同等物の増減額	12,309
現金及び現金同等物の期首残高	201,385
現金及び現金同等物の期末残高	213,694

15,808

フリー・キャッシュ・フロー

↓

本業で稼ぎ出した営業キャッシュ・フローから事業維持のために必要な設備投資等の支出を差し引いたキャッシュ・フロー

↓

稼いだお金のうち自由に使うことができる部分

■フリー・キャッシュ・フローの使い道

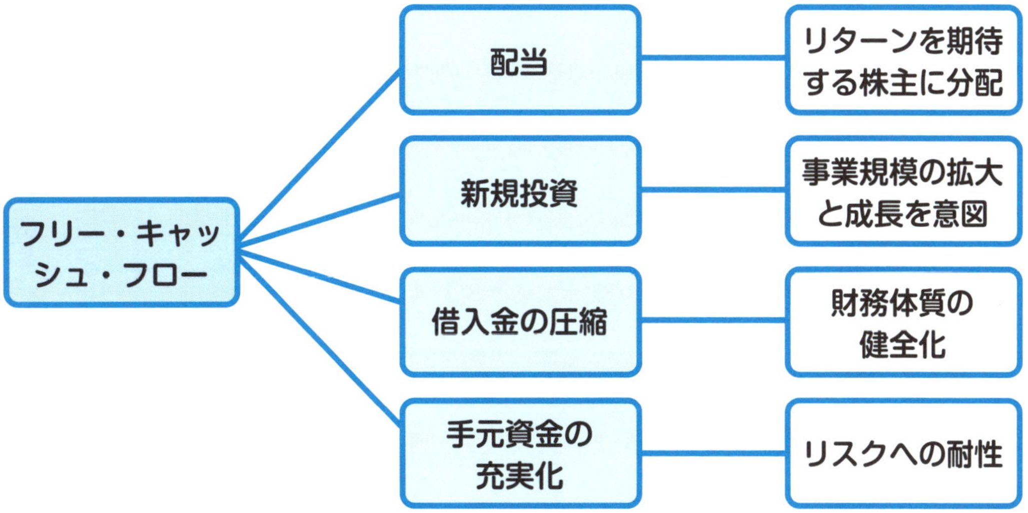

30

実践！

キャッシュ・フロー計算書の読み方

実際の企業のキャッシュ・フロー計算書を見て構造を理解しよう

実際のＣＦ計算書を分析する

ここでは、これまでの知識を踏まえて実際のキャッシュ・フロー計算書を見てみましょう。左ページにはセイコーの連結キャッシュ・フロー計算書を示しました。ここでは、いくつかのポイントに絞って簡単にみていきます。

活動ごとの合計金額に注目

まずは、営業活動、投資活動、財務活動それぞれの区分で見てみると上のようになります。

営業活動によるＣＦ	＋92億円
投資活動によるＣＦ	△155億円
財務活動によるＣＦ	△105億円

その結果、１年間でキャッシュが54億円増加し、期首には３０７億円あったキャッシュが期末には３６２億円となっています。

本業ではしっかり稼げている

営業活動の区分は税金等調整前当期純利益96億円がスタートで、ここに減価償却費１２３億円などの非現金支出費用を加算し、運転資本の増減、その他の調整を加えて、小計欄の金額が１２０億円となっています。この金額が、**純粋な意味で、本業で稼ぎ出したキャッシュ・フロー**です。

ここから法人税等の支払い28億円などを差し引いて、最終的には営業ＣＦとして92億円を確保しています。ですから、本業でしっかりとキャッシュを稼げているといえるでしょう。

ＦＣＦはマイナスに

次に投資活動ですが、有形固定資産の取得１２１億円など積極的な投資を行なっていることが表れています。その結果、投資ＣＦは１５５億円の支出となり、**本業で稼いだ営業ＣＦ92億円を超えて投資を行なっている**ことがわかります。つまり、フリー・キャッシュ・フローという観点でみると、マイナスになっているということです。

ＦＣＦのマイナスを財務で補う

財務活動の区分は１０５億円のプラスとなっています。つまり、フリーＣＦのマイナス分を財務活動によって補っているということです。

内訳に目を通すと、配当金の支払額とその他以外はすべて有利子負債に関する入出金で、これをまとめると１３３億円の収入となります。それだけ**借金で資金調達**をし、積極的な投資でマイナスになったフリーＣＦの穴を埋めていることがわかります。

キャッシュ・フローによって企業活動の状況を把握するという視点が少しはわかっていただけたでしょうか。

プラス１　短期借入金の純増減額

財務活動の区分に「短期借入金の純増減額」と表示されることがあります。これは、短期借入金の場合、１年間の間に何度も借りたり返したりを繰り返すため、借入れによる収入と返済による支出を総額で表示してしまうと、やたらと収入、支出の金額が大きくなりすぎてしまい、かえって実態を反映しないことがあるためです。

このように、短期間で回転が速く、総額表示が実態を反映しない場合には、あえて純額でキャッシュ・フローを表示する場合があるのです。

■セイコーの連結キャッシュ・フロー計算書
（2022年4月1日から2023年3月31日まで）

連結キャッシュ・フロー計算書（単位：百万円）	
営業活動によるキャッシュ・フロー	
税金等調整前当期純利益	9,642
減価償却費	12,359
貸倒引当金の増減額（△は減少）	△14
退職給付に係る負債の増減額（△は減少）	△865
受取利息及び受取配当金	△970
支払利息	1,139
為替差損益（△は益）	18
持分法による投資損益（△は益）	△1,224
投資有価証券売却損益（△は益）	548
固定資産売却損益（△は益）	△228
固定資産除却損	270
売上債権の増減額（△は増加）	688
棚卸資産の増減額（△は増加）	△8,235
仕入債務の増減額（△は減少）	△3,399
その他	2,296
小計	12,025
利息及び配当金の受取額	971
持分法適用会社からの配当金の受取額	232
利息の支払額	△1,133
法人税等の支払額	△2,834
営業活動によるキャッシュ・フロー	9,261
投資活動によるキャッシュ・フロー	
有形固定資産の取得による支出	△12,182
有形固定資産の売却による収入	269
投資有価証券の取得による支出	0
投資有価証券の売却による収入	513
貸付けによる支出	△1,013
貸付金の回収による収入	733
連結の範囲の変更を伴う子会社株式の取得による支出	△1,428
その他	△2,427
投資活動によるキャッシュ・フロー	△15,535
財務活動によるキャッシュ・フロー	
短期借入れによる収入	1,408,747
短期借入金の返済による支出	△1,400,675
長期借入れによる収入	32,800
長期借入金の返済による支出	△25,629
リース債務の返済による支出	△1,895
配当金の支払額	△2,583
その他	△198
財務活動によるキャッシュ・フロー	10,564
現金及び現金同等物に係る換算差額	1,180
現金及び現金同等物の増減額（△は減少）	5,470
現金及び現金同等物の期首残高	30,738
現金及び現金同等物の期末残高	36,209

非現金支出費用

運転資本の増減

純粋な意味での営業CF

税金の支払いも考慮した後の営業CF

設備投資などの支出

営業CFの範囲を超えた設備投資の支出→FCFはマイナス

総額は大きいが短期間で回転しているはず

13,348

マイナスのFCFを財務活動によって穴埋め

ワンポイント・コラム

利益とキャッシュ・フローのズレ

損益計算書の利益とキャッシュ・フローは一致しないことがよくあります。利益だけでは、お金の動きは必ずしもわからないのです。だからこそ、キャッシュ・フロー計算書の重要性が叫ばれるわけですが、ここでは、利益とキャッシュ・フローがどのような場合に大きく乖離するのかについて考えてみます。

■売上の伸びが資金繰りを圧迫する？

よくあるケースの１つに、受注が好調でどんどん売上が伸びている場合が挙げられます。売上が伸びて業績好調なのに、本業のキャッシュ・フローがマイナスというのは違和感を覚えるかもしれませんが、その秘密が運転資本増減です。

つまり、売上がどんどん伸びていれば、利益は上がりますが、回収までに一定期間を要する売掛金も増加しますし、受注増に対応するために在庫も増やさなければなりません。このように利益が上がるとしても、資金回収まではかなりの時間がかかります。売掛金や在庫に眠る資金が増加することで、資金繰りを圧迫し利益が出ているのに、キャッシュ・フローのマイナスが続くことがあるのです。

■大幅な評価損（減損損失）を出した場合

決算で大幅な評価損を出した場合にも、利益とキャッシュ・フローが大きく乖離することがあります。たとえば、M&Aで計上した「のれん」について、買収後の業績が上向かず、M&Aは失敗だったと認めて、のれんについて減損処理を行ない、大幅な損失を計上したとしましょう。この場合、減損損失の計上により、決算は大幅な赤字に陥ることがあります。しかし一方で、この損失は資金の流出を伴うものではないため、キャッシュ・フローという視点からみれば、赤字ではないこともあるのです。

大幅な赤字というニュースをみた場合には、赤字の原因をきちんと分析して、キャッシュの流出があるのか、ないのか、の視点を持つことも大切です。

■架空取引による粉飾も乖離要因に

架空循環取引で粉飾を行なった場合にも、利益とキャッシュ・フローには大きな乖離が生じます。架空循環取引は、実態がないのに売上があったかのように装うもので、複数企業を経由して、再び自分が仕入れるという架空取引です。複数企業を経由する中で手数料分が上乗せされて、最初に架空販売した金額よりも高い金額で仕入れます。このため、常に支出が収入を上回る状態となり、構造的に営業キャッシュ・フローはマイナスとなってしまうのです。

このように、利益とキャッシュ・フローの乖離は危険シグナルとして機能することもあるため、十分に注意しましょう。

第V章

決算書分析のキホン！

31 決算書分析の着眼点

大きなところから分析して、徐々にブレークダウンしよう

決算書とストーリーをつなげる

決算書を分析するというと、複雑な財務指標を覚えなければいけないと身構えてしまう人もいるかもしれませんが、決してそんなことはありません。

決算書は企業活動の結果を反映したものですから、必ずその裏にはストーリーがあります。数字の動きを把握して、決算書の数字と企業のストーリーをリンクさせて考えることが、決算書分析の大きな第一歩となります。

常に「なぜ？」を考える

決算書の裏にあるストーリーを読み解くには、決算書の数字に対して常に「なぜ？」と問いかけることが重要です。「前期と比較して増えたのはなぜ？」「同業他社と比較して違うのはなぜ？」といった疑問をきっかけに、その「なぜ？」を解消するために考えるのです。

その際、ポイントになるのは、**企業のことを理解しようと努める**ことです。どんなビジネスを営んでいて、どこに特徴がある会社なのか、業界の特徴やライバル企業との違いは何か。こういったことを意識することで、決算書の数字が生きたものとして理解しやすくなってきます。

徐々にブレークダウン

決算書を分析するときのコツは、いきなり細かいところから入らずに、**まずは大きなところから見て、少しずつブレークダウンしていく**ことです。

たとえば、損益計算書について前年比較を行う場合、まずは大雑把に売上高と最終利益だけ見るということでもいいのです。「増収増益」「増収減益」「減収増益」「減収減益」のいずれなのか、まずはここを把握してから、その原因を探るべく徐々にブレークダウンしていけばよいわけです。

指標を用いる場合も同じ

決算書分析のレベルが上がってくると、さまざまな財務指標を駆使する場面も出てきます。各種財務指標を用いることで、企業の収益性、安全性、効率性、生産性、成長性といった視点から効果的な分析をすることができるため、基本的な指標はぜひ使えるようになりたいものですが、単に**計算して終わりでは何の意味もありません**。出てきた比率などから、どのようなことを読み取っていくのかがポイントです。

この章ではさまざまな切り口から決算書分析の方法を学びますが、すべてにおいて、企業のことをよく理解するように努めて、数字に対して「なぜ？」と疑問を抱き、数字と企業のストーリーをつなげていくという基本は変わらないことを意識しましょう。

プラス１　持続可能性

本文中では触れていませんが、昨今では海外の投資家などを中心に、企業の「持続可能性」という視点が注目を浴びています。

企業は社会の公器という側面もある以上、短期的に大きな利益を出すことだけを目的とするのではなく、長期間にわたって安定して役割を果たし続けていくことこそ本来の使命ではないか。

そんな視点のもと、売上や利益という財務数値だけでなく、社会や環境への配慮、ガバナンスの状況などさまざまな側面から企業を評価して、投資するかどうかを判断するということが、実際に行われています。

■いくつかの視点で考える決算書の比較分析

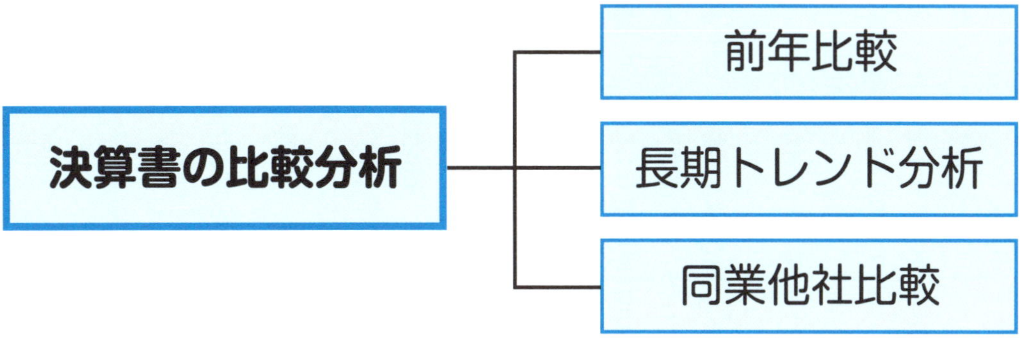

■大きなところから徐々にブレークダウンする

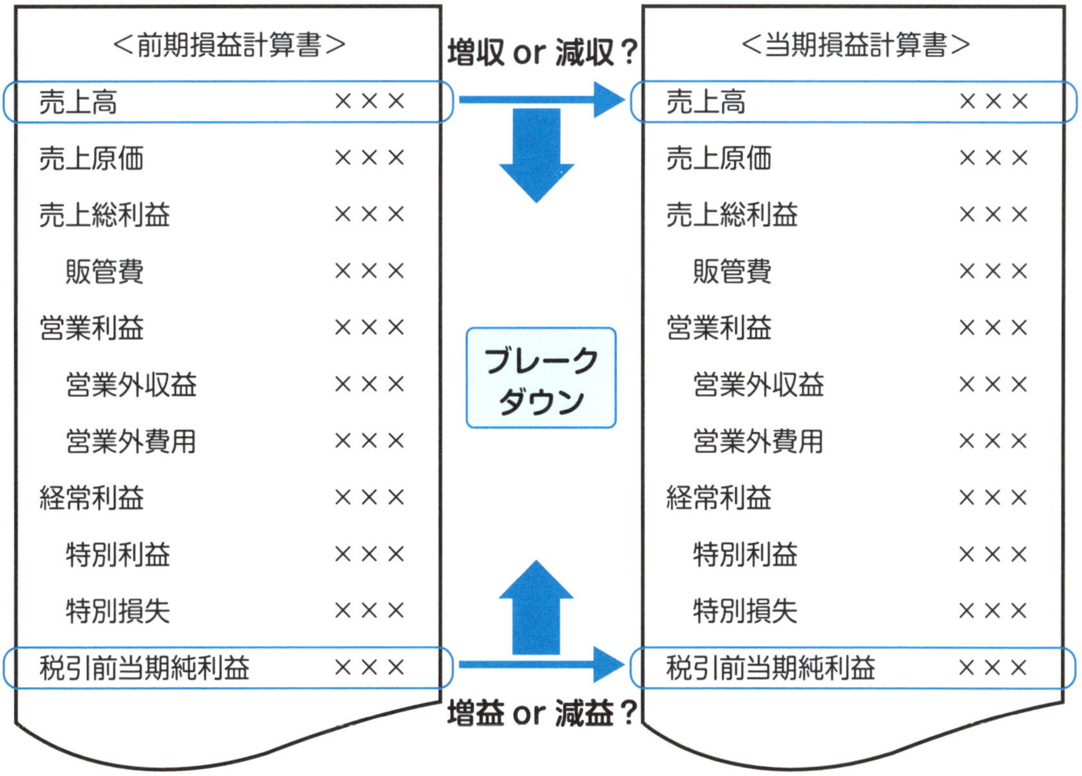

＜前期損益計算書＞		増収 or 減収？	＜当期損益計算書＞	
売上高	×××	→	売上高	×××
売上原価	×××		売上原価	×××
売上総利益	×××		売上総利益	×××
販管費	×××		販管費	×××
営業利益	×××	ブレークダウン	営業利益	×××
営業外収益	×××		営業外収益	×××
営業外費用	×××		営業外費用	×××
経常利益	×××		経常利益	×××
特別利益	×××		特別利益	×××
特別損失	×××		特別損失	×××
税引前当期純利益	×××	→	税引前当期純利益	×××

増益 or 減益？

32 いろいろある利益率

売上高に対して各段階利益はどのくらいの割合なのか

売上高に対して何%の利益？

経営分析の中で最もよく話題になるのが、収益性に関する指標です。その収益性分析の中でも基本的な分析指標の1つが「**売上高利益率**」です。

売上高利益率は、損益計算書における各段階利益の売上高に対する比率のことで、「各段階利益÷売上高」という算式で求めることができます。たとえば、売上高が100、売上総利益が40、営業利益が10の場合には、売上高総利益率40%、売上高営業利益率10%ということになります。

その他の経営分析指標も同様ですが、比率で分析することによって、企業規模が異なる企業間での比較を行なうことができるようになります。A社は売上高が800、営業利益が40、B社は売上高が400、営業利益が40とすると、両社とも営業利益の金額は同じですが、売上高営業利益率はA社が5%、B社が10%となり、B社のほうが高い収益性を誇っているといえるのです。

利益率を高めるには

売上高利益率を高めるには、どうすればいいのでしょうか。たとえば、1個当たり仕入原価が70の商品を、販売価格100で販売している場合、いくら販売数量を伸ばしても、売上高総利益率は30%で一定です。

売上高総利益率を高めたければ、**販売単価を上げる**必要があります。**販売数量を伸ばすことで仕入原価を引き下げる**ことができるかもしれませんから、その場合も売上高総利益率は高まります。また、製造業の場合には**数量を増やして、工場の操業度を高めることで、1個当たりの固定費負担が薄まり**、売上高総利益率は高まるでしょう。

売上高営業利益率はどうでしょうか。

売上高営業利益率を高めるには、まずは売上高総利益率を高めることです。ここを高めれば、当然その下の売上高営業利益率も高まります。また、売上高総利益率が同じであれば、あとは**販管費を削減し、販管費比率（販管費÷売上高）を引き下げる**ことで、やはり売上高営業利益率は高まるでしょう。

このように、売上高利益率を高めるには、まず利益率をいくつかの要素に分解したうえで、それぞれの要素について分析をする必要があります。これは、どのようにして売上高利益率を高めるかということを考える際だけではなく、企業の決算書を分析するにあたって、前期と何が変わったのか、同業他社と比較してどこが違うのかなどを分析する際も同じです。

この**分解の発想は、経営分析の基本**として、ぜひ頭に入れておきましょう。

プラス1　数字の分解

経営分析の上手な人が自然に行なっているのが「数字の分解」です。「売上高が増えた」というときに、売上高の構成要素である「販売数量」が増えたのか、「販売単価」が上昇したのかという発想を自然に持つことができれば、数字とストーリーがつながりやすくなってきます。

さまざまな財務指標でも発想は同じです。分数式で示される比率を上昇させたければ、分母を減らすか、分子を増やすという2つの要因に分けて考え、それぞれをさらにブレークダウンしていくのです。

有用な思考法ですので、ぜひ身につけてください。

■売上高を100として、どの程度の利益かを考える

$$\text{利益率}=\frac{\text{各段階利益}}{\text{売上高}}$$

科目	金額	対売上比率	
売上高	603,228	100.0%	
売上原価	386,066	64.0%	
売上総利益	217,162	36.0%	← 売上高総利益率
販売費及び一般管理費	155,030	25.7%	
営業利益	62,132	10.3%	← 売上高営業利益率
営業外収益	3,474	0.6%	
営業外費用	1,568	0.3%	
経常利益	64,038	10.6%	← 売上高経常利益率
特別利益	5,318	0.9%	
特別損失	4,133	0.7%	
税引前当期純利益	65,223	10.8%	
法人税等	20,219	3.4%	
当期純利益	45,004	7.5%	← 売上高当期純利益率

利益率を高めるには、まずは分解の発想で
(営業利益率を高めることを考える場合の例)

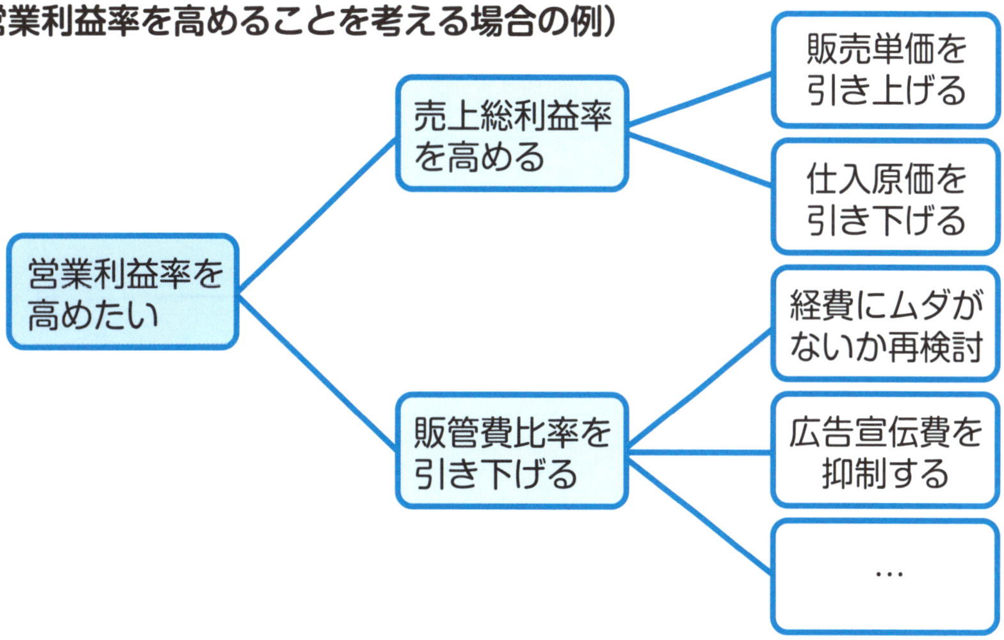

33

損益分岐点の発想

売上高が変化したときに利益がどのくらい変わるのか

変わる費用と変わらない費用

「変動費」と「固定費」という言葉を聞いたことがあるでしょうか。損益計算書を分析するうえでは非常に大切な分類です。具体的には、売上高に連動して変動する費用を「**変動費**」といい、売上高が変化しても変動しない費用のことを「**固定費**」といいます。

たとえば、仕入商品の原価は売上高に連動して変化しますし、販売手数料や販売促進費などの費用も売上高に連動することが多いでしょう。製造業の場合では、荷造運搬費や燃料代なども売上高に連動しやすい費用です。

一方で、人件費や支払家賃、減価償却費等の費用は、売上高が変化しても通常は一定です。売上高が著しく増加すれば人の採用やオフィスの拡張などで関連費用も増えますが、売上高の多少の増減に対しては固定的といえます。

売上高の増減と利益への影響

この発想で考えると、売上高の増減が利益にどの程度の影響をもたらすのかが見えてきます。仮に売上高が減少した場合、変動費は連動して減少しますが、固定費は一定ですから、減少した売上高から変動費を差し引いた分だけ、減益となってしまうのです。

極端な話をすれば、**売上高がゼロになっても固定費はかかります。**給料を下げるといっても簡単ではありませんから、一度決まった固定費の水準を引き下げるには相当のエネルギーを必要とします。損益計算書を見るときには、こういった固定費の性格を十分に理解しておきましょう。

どのくらいの売上で利益が出る?

この発想でもう一歩前に進むと、ゼロからビジネスをスタートさせた場合に、最初は売上ゼロで赤字ですが、どのくらいの売上高を稼ぎ出せば黒字転換するかを割り出せるようになります。

売上高がゼロでも固定費は発生し、その分が赤字です。売上高が増えるにつれて、売上高から変動費を差し引いた分（これを「**限界利益**」といいます）だけ利益が生じますから、少しずつ固定費を回収し、赤字幅は縮小していきます。その勢いで売上が増えていけば、どこかで固定費をすべて回収して、黒字に転換するポイントがあるはずです。

このポイントを「**損益分岐点**」といい、この分岐点に達するために必要な売上高のことを「**損益分岐点売上高**」といいます。損益分岐点をクリアすれば、その後の売上高の増加は利益の増加に直結していくため、損益分岐点がどこにあって、現状は損益分岐点に対してどのくらいの売上高なのかを意識することは非常に大切なことなのです。

プラス1　損益分岐点比率

現在の売上高を100%とした場合に、損益分岐点売上高が何%なのかを示すのが「損益分岐点比率」です。

本文中の例をとると、現在の売上高が10,000で、損益分岐点売上高が7,500ですから、損益分岐点比率は75%ということになります。

この割合が低ければ低いほど、現在の売上高に対して損益分岐点は低い水準にあり、多少売上高が落ち込んでも赤字にはなりにくいとみることができます。

一方、損益分岐点比率が高いと、ちょっと売上高が落ち込んだだけで赤字に転落するリスクがあるといえます。

■損益分岐点売上高はいくら？

売上高	10,000
売上原価（変動費）	6,000
変動費率 （変動費÷売上高）	60%
限界利益	4,000
固定費	3,000
営業利益	1,000

売上高が50%伸びた場合

売上高	15,000
売上原価（変動費）	9,000
変動費率 （変動費÷売上高）	60%
限界利益	6,000
固定費	3,000
営業利益	3,000

売上が伸びても固定費は増えないため、売上の伸び以上に利益の伸びが大きくなる。

損益分岐点は？

売上高	7,500
売上原価（変動費）	4,500
変動費率 （変動費÷売上高）	60%
限界利益	3,000
固定費	3,000
営業利益	0

損益分岐点売上高

固定費3,000を限界利益率（＝１－変動費率）40%で割り戻した金額が、損益分岐点売上高となる。

売上高が50%落ちた場合

売上高	5,000
売上原価（変動費）	3,000
変動費率 （変動費÷売上高）	60%
限界利益	2,000
固定費	3,000
営業利益	△1,000

売上が落ちても固定費は減らないため、売上の落ち込み以上に利益は落ち込み、赤字に転落。

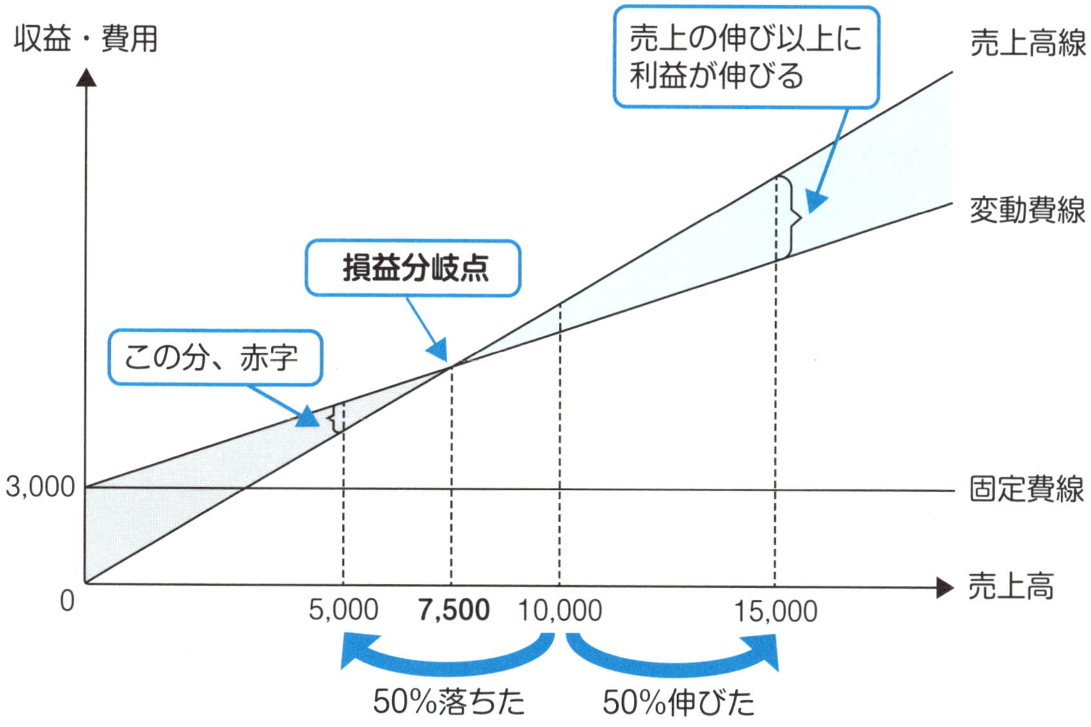

34 ROEとは？

株主の持分に対してどれだけの利益を稼げているのか

新聞でもよく目にするROE

ROEは、「Return On Equity」の頭文字をとった略称で、日本語にすると「**自己資本利益率**」（株主資本利益率）といわれ、通常は「アール・オー・イー」と発音します。

ROEは、左上の式に示すとおり、当期純利益を自己資本で割ることによって算出されます。経営者が株主に対する責任を果たすうえで、（株主にとっての）**自己資本に対して何％程度の利益を上げることができたのか**を示します。

$$ROE = \frac{当期純利益}{自己資本}$$

なお、ROEの「E」であるEquityは資本という意味で、通常は貸借対照表の純資産の部に相当します。しかし純資産の部には、「新株予約権」や「非支配株主持分」（連結決算書の場合）といった項目があり、「自己資本」と「純資産の部」は一致しないのが通常です。

ですから、ROEを計算する際には、純資産の部合計を使わないように注意しましょう。

分母の自己資本は期中平均で

少し細かい話ですが、分母の自己資本の数字は、本来は「（期首＋期末）÷2」として計算された期中平均の数値を使用します。これは、**分子の当期純利益がフローの金額であることに対応**したものです。この考え方は、経営分析全般に共通なので覚えておきましょう。

分母、分子ともに貸借対照表の数値を使用する場合は、期末の数値をそのまま使えばいいのですが、片方が損益計算書の数値の場合には、貸借対照表の数値は期中平均にするのが原則です。

ただし、簡易的に算出する場合には、貸借対照表の数値についても、期末の数値のみしか考慮しない場合もあります。本書の分析でも、計算を簡単にするために、基本的には簡易的に期末の数値のみを用いています。

日本企業のROEはどの程度？

日本企業のROEの平均は、**一般的に5～8％程度**といわれています。これに対して、欧米企業は約15％程度といわれており、日本企業のROEは世界的に見て低いと批判されることがよくあります。そのため、新聞紙上などでも、企業のROEに関する報道が盛んになされているのです。

では、ROEを向上させるにはどうすればよいのか。この点は36項で改めて考えます。

プラス１　ROI

行なった投資に対してどの程度のリターンが得られたのかを把握する指標に、「ROI」(Return On Investment) があります。株主としての投資持分に対して、どのくらいのリターンなのか、という点でいえば、ROEの考え方も根本は同じです。

しかし、ROIの場合は決算書分析で利用するというよりは、投資するかどうかの意思決定を行なう場合や、行なった投資の採算性を評価する際に用いられます。たとえば、新しい工場を建設するかどうかを決めるために、設備投資額と想定リターンから算出されるROIの水準を判断材料にするといった具合いです。

■ROE＝自己資本に対してどの程度のリターンを生んだのか

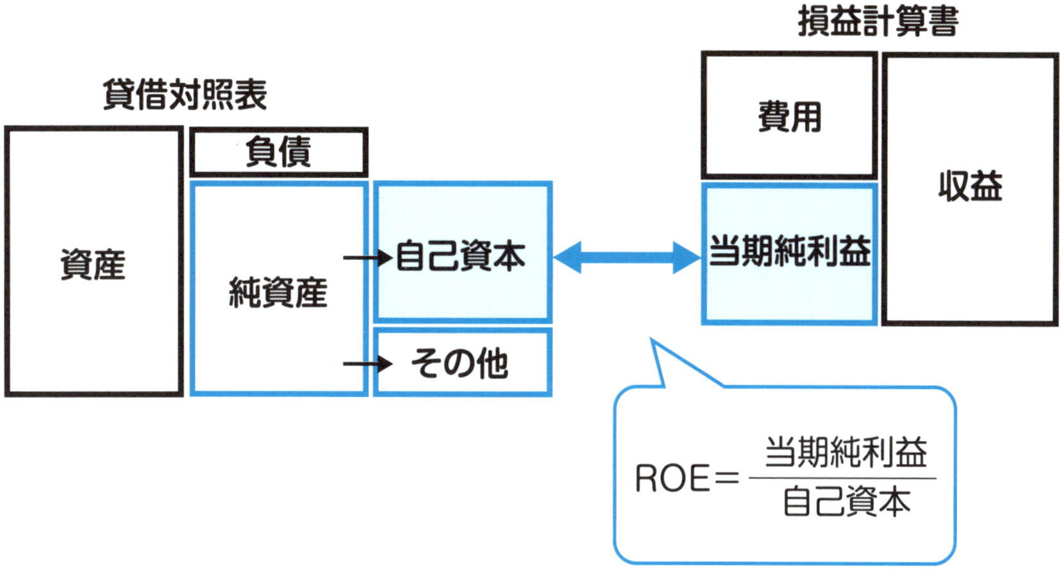

■ROEの算定

科目	金額
連結貸借対照表	
純資産の部	
株主資本	
資本金	5,000
資本剰余金	24,850
利益剰余金	442,821
自己株式	△ 2,350
株主資本合計	470,321
その他の包括利益累計額	3,050
新株予約権	3,400
非支配株主持分	10,067
純資産合計	486,838

純資産合計 486,838 → この数字は使わない！

株主資本合計＋その他の包括利益累計額 → 473,371

科目	金額
連結損益計算書	
⋮	
当期純利益	45,004

$$\mathrm{ROE}=\frac{\text{当期純利益}\quad 45{,}004}{\text{自己資本}\quad 473{,}371}=9.5\%$$

※B/S 数値は簡便的に期末のみを使用

※ROE算定上の自己資本
＝純資産合計－新株予約権－非支配株主持分

35 ROAとは?

➡総資産に対してどれだけの利益を稼いでいるのか

総資産に対する指標

前項で説明したROEは、自己資本に対してどのくらい稼いだのかを示す指標でしたが、次に考えるのは「総資産に対してどのくらい稼いだのか」を示す「ROA」です。

ROAは「Return On Assets」の頭文字をとった略称で、日本語では「**総資産利益率**」といわれます。発音は「アール・オー・エー」で、左上の算式で求められます。

ROEでは、分母に自己資本を使用しましたが、ROAの場合は総資産（資産合計）を使用します。貸借対照表の左側、つまり、資金の運用結果である資産のすべてを使って、どのくらい効率よく利益を上げているのかを評価します。

$$ROA = \frac{当期純利益}{総資産}$$

厳密には「事業利益」で考える

以上がROAの基本的な説明ですが、実は厳密にはROAの算出にあたっては、当期純利益ではなく「事業利益」を用います。

事業利益は、「**営業利益＋受取利息・配当金**」で算定される利益です。

貸借対照表の総資産は「営業資産」と「営業外資産」から構成されます。

当期純利益では、支払利息や税金などの影響も含まれていますが、純粋に「営業資産」から生み出されるのが「営業利益」、「営業外資産」から生み出されるのが「受取利息・配当金」であると考えて、総資産から生み出される利益の水準を評価するのです。この場合は、「総資産事業利益率」といわれます。

$$ROA = \frac{事業利益}{総資産} = \frac{営業利益＋受取利息・配当金}{総資産}$$

売上高をかませて分解してみる

ここで、ROAを左上の式のように分解してみます。

左側はすでに学んだ「売上高利益率」の事業利益版です。右側は「**総資本回転率**」といい、どのくらい効率的に総資産を活用できているのかを表す指標です（37項参照）。

ROAを高めるには、売上高利益率を高めるか、総資本回転率を高める必要があることがわかると思います。やはり、ここにも分解の発想が重要となるのです。

$$ROA = \frac{事業利益}{売上高} \times \frac{売上高}{総資産}$$

プラス1　企業価値と事業価値

きちんと整理できていない人も多いのですが、「企業価値」と「事業価値」は別物です。なぜなら、企業は投資不動産や投資有価証券などの事業活動に直接関係のない資産などを保有する場合もあるからです。

つまり、純粋に事業だけを見た「事業価値」に、事業とは関係のない「非事業資産」を足したものが、企業全体の価値という意味での「企業価値」になるのです。

ちなみに、「企業価値」と「株主価値」も別物です。これは簡単です。借金があるからです。「企業価値」から他人資本である「有利子負債」を差し引いてはじめて「株主価値」となります。

■ROA＝総資産に対してどの程度のリターンを生んだのか

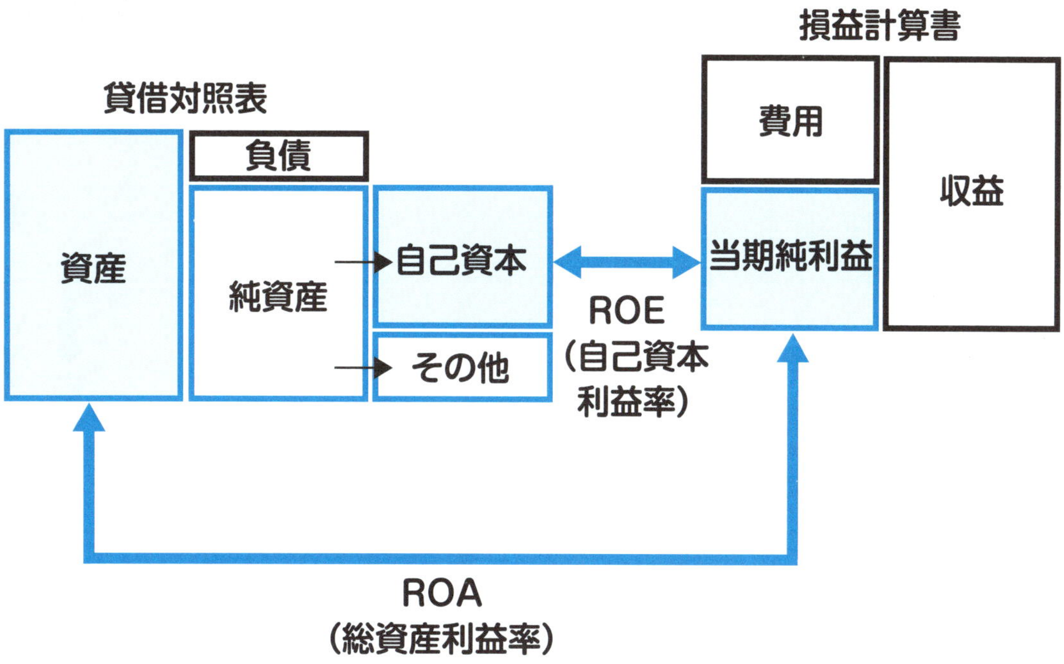

■厳密には事業利益で考える

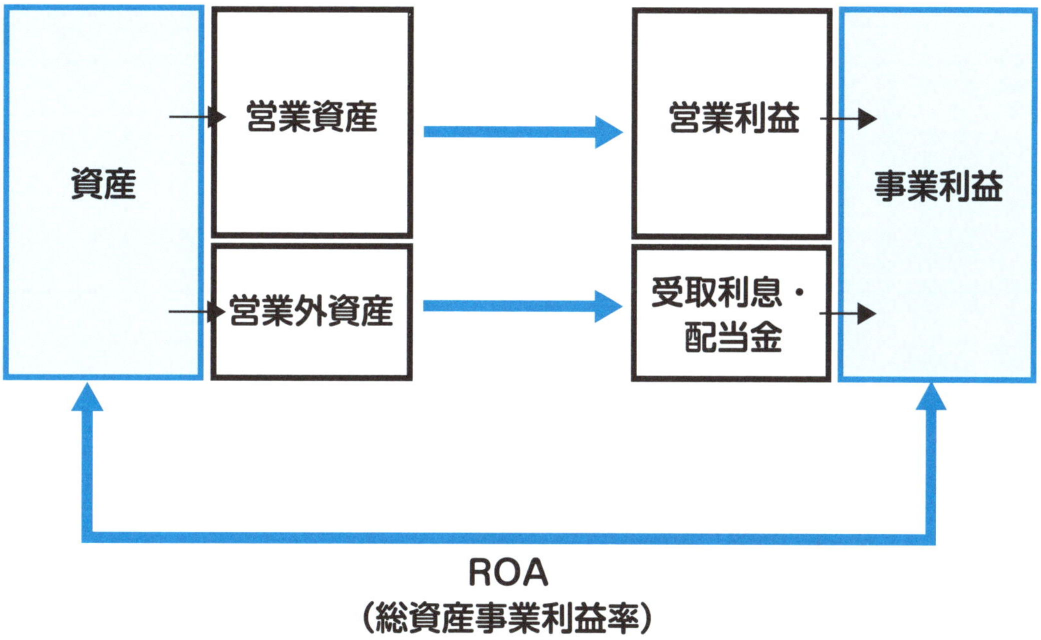

36

ROEを高めるには？

借金を増やせば上昇するのはホント？

ROEも分解してみる

一般にROEが低いといわれる日本企業ですが、ROEを高めるにはどうすればよいのでしょうか。これまでみてきたように、ROEを分解してみて、どこを高めればよいのかを考えてみましょう。

$$ROE = \frac{当期純利益}{売上高} \times \frac{売上高}{総資産} \times \frac{総資産}{自己資本}$$

総資産と売上高をうまく使いながらROEを分解すると、上のようになります。

分解された3つの分数のうち、最初が「売上高当期純利益率」、次が「総資本回転率」でした。この2つをまとめればROAになります。最後の「総資産÷自己資本」は初めて登場しますが、これは「**財務レバレッジ**」といい、「負債の利用度合い」を示す指標です。負債への依存度が高くなればなるほど、総資産と自己資本の差は大きくなりますから、財務レバレッジの値も大きくなります。

このことから、**ROEを高めるには、ROAを高めるか、財務レバレッジを高める、つまり、負債の利用度を高めればよい**ということになります。

適正な財務レバレッジとは

ROAを「事業利益」で考えた場合、違った分解のしかたがあります。ここでは、詳細は割愛して右下のように分解できることだけを示しておきます。

ここでのポイントは、（ROA－負債利子率）という部分です。財務レバレッジを高めることでROEは向上すると説明しましたが、あまりにも財務レバレッジを高めすぎると、財務健全性が損なわれてしまい、お金を貸す銀行としてはリスクが高まったと判断し、金利（負債利子率）のアップを要求してくるかもしれません。

$$ROE = （ROA + （ROA - 負債利子率） \times \frac{負債}{自己資本} \times （1 - 法人税率）$$

算式をみると、（ROA－負債利子率）がプラスであれば、負債の活用でROEも上昇しますが、仮に**負債利子率が高くなりすぎて、（ROA－負債利子率）がマイナスになってしまうと、負債比率を高めるほどROEは下がってしまう**ということがわかります。

つまり、あるところまでは、負債の活用がROEを高めることに寄与しますが、負債に過剰に依存しすぎると、倒産リスクが高まり、かえってROEの低下につながることもあるということです。

プラス1　負債の節税効果

事業に必要な資金は、自己資本で調達するよりも他人資本である負債で調達したほうが、結果的に資金の出し手（株主と債権者）に対して、より多くの分配ができるようになります。なぜなら、株主への分配金である支払配当金は利益の処分であるため費用とはなりませんが、債権者へ支払う支払利息は費用となるため利益が圧縮され、その分、税金の支払額が減少するためです。これを「負債の節税効果」といいます。

財務レバレッジを高めることでROEが高まる理由の1つには、この負債の節税効果もあるのです。

■ROEをまずは3つに分解して考える

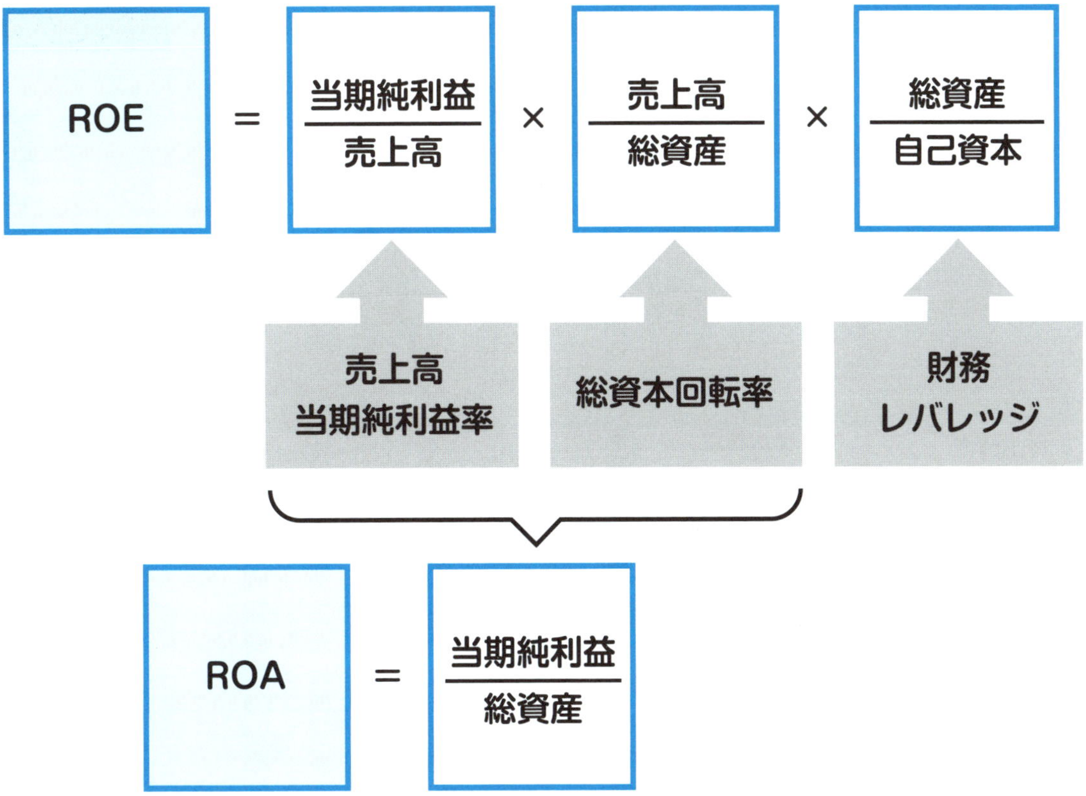

■ROAを事業利益で考えて分解してみる

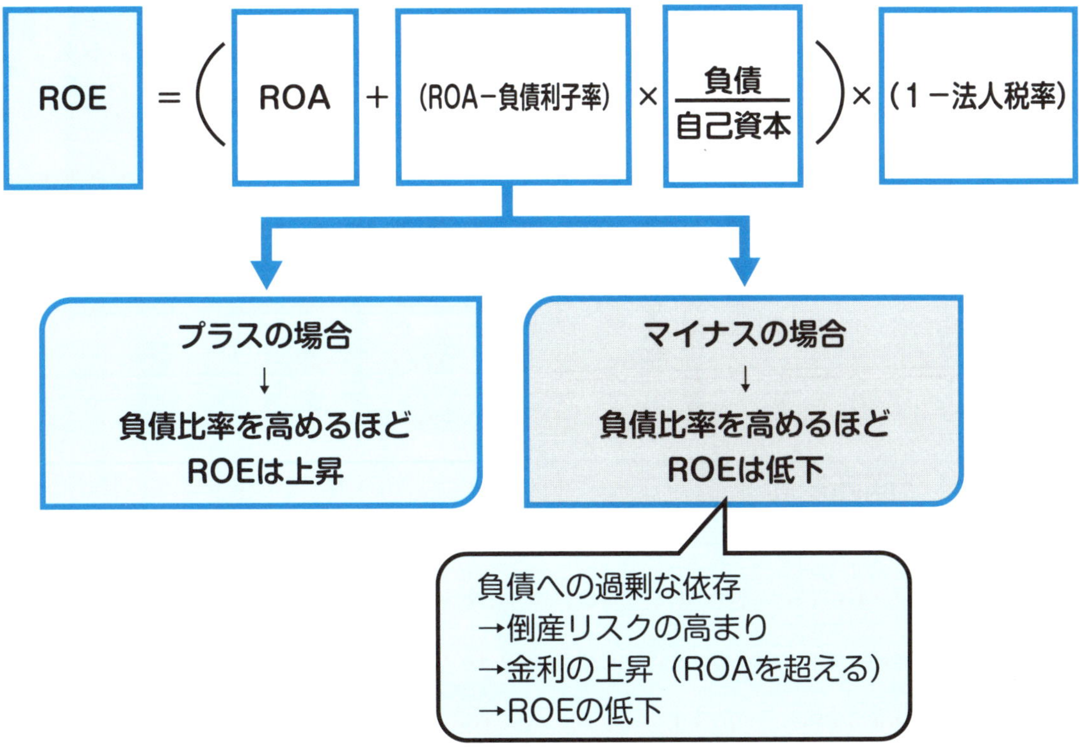

37

資産効率を高めるには？

現金化のスピードアップが改善の鍵

資産効率を図る総資本回転率

総資本回転率は、「売上高÷総資産」で算定されますが、これは**どのくらい資産を効率的に用いることができているかを示す指標**です。つまり、より少ない資産で、より多くの売上を獲得しているほうが、効率よく資産を活用できていると考えます。

この指標は、**業種によってその傾向が大きく異なってきます**。製造業の場合には、工場設備など多くの資産を保有する必要があるため、通常は1・0回程度のケースが多いといえます。卸売業などの場合は、資産を多く保有するというよりは薄利多売で回転を速めて売上を上げていくため、回転率は2・0倍程度のケースもあります。ビジネスの特性が色濃く表れる指標であるともいえるでしょう。

売上債権と棚卸資産の効率性

資産全体の効率性を分解して考える場合に、ビジネスそのものに関わる重要な資産として、売上債権（受取手形＋売掛金）と棚卸資産が挙げられます。ここでは、売上債権や棚卸資産が「月平均売上高の何か月分残っているのか？」を表す「**売上債権回転期間**」と「**棚卸資産回転期間**」について考えましょう。

$$\text{売上債権回転期間（月）} = \frac{\text{売上債権残高}}{\text{月平均売上高}}$$

$$\text{棚卸資産回転期間（月）} = \frac{\text{棚卸資産残高}}{\text{月平均売上高}}$$

＊月平均売上高 ＝ 売上高 ÷ 12

たとえば、年間売上高が1200（つまり、月平均売上高は100）の企業に売上債権の残高が200あれば、売上債権200÷月平均売上高100＝2・0となり、月平均売上高の2か月分の売上債権が残っていることになります。これは、**企業がお客さんに商品や製品を販売してから代金を回収するまで、どのくらいの期間がかかるのか**を意味します。

同じようなことが棚卸資産についてもいえます。いま示した数字例が棚卸資産であったとすると、月平均売上高の2か月分の棚卸資産が残っていることになります。これは、**商品を仕入れたり製品を製造してから、実際にお客さんに販売するまでの期間**が2か月くらいかかることを意味しているのです。

ビジネスサイクルの中で、これらの資産の現金化のスピードを上げる努力をすることで、回転期間が短縮化され、結果、全体としての資産効率も改善していくことになるのです。

プラス１　回転期間

本文中では「回転期間」について月数で示しました。しかし、必ず月数で示すと決まっているわけではなく、日数で示す場合もあります。この場合は、売上高を365日で割った１日平均売上高の何日分残っているのか、という目線になります。

いずれにせよ、少し気をつけたいのが季節性です。３月決算企業で３月末に売上が集中する場合、年間でならした平均売上高に対して３月末の売掛金が多額となり、回転期間が実態よりも長期化して見えてしまうということもあるのです。

指標はビジネスの特性を理解したうえで利用しましょう。

■収益性を高めるか、効率性を高めるか

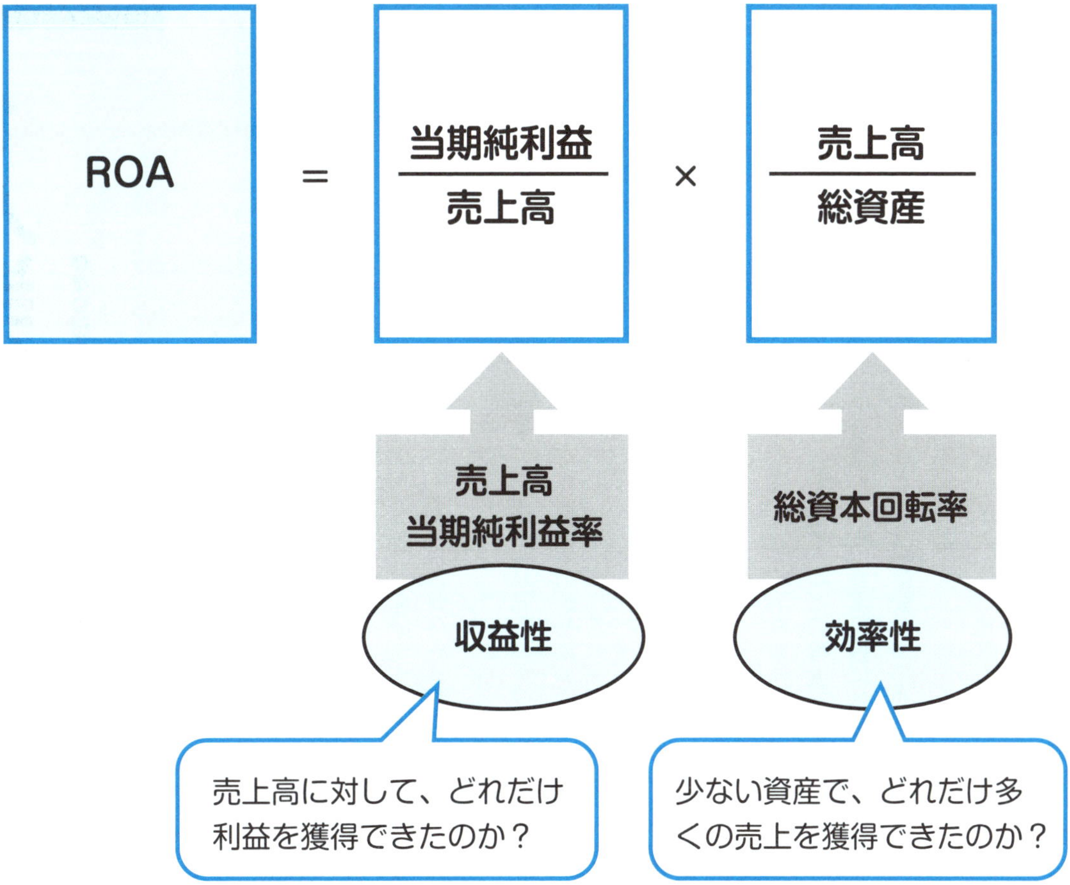
ROA
=
当期純利益
売上高
×
売上高
総資産
売上高
当期純利益率
総資本回転率
収益性
効率性
売上高に対して、どれだけ利益を獲得できたのか？
少ない資産で、どれだけ多くの売上を獲得できたのか？

■ビジネスサイクルの中でどれだけ効率を高められるか？

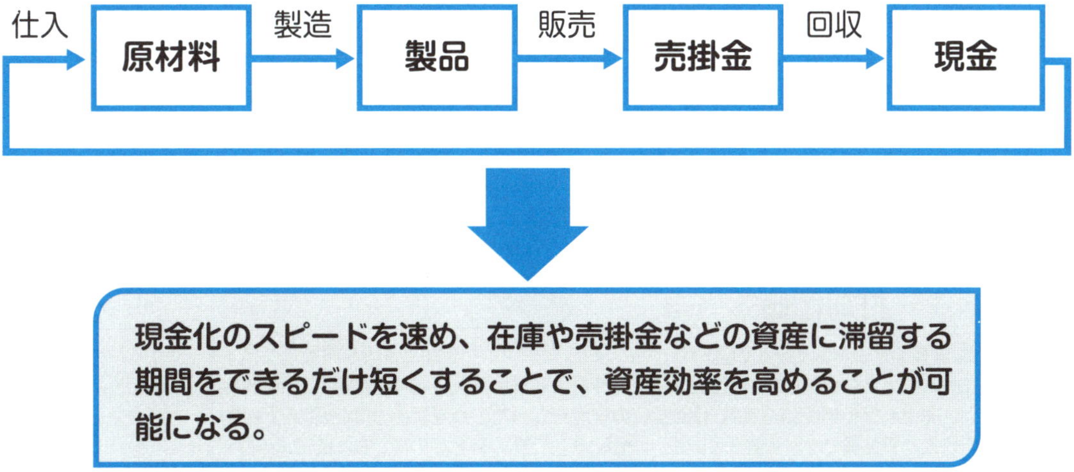
仕入
原材料
製造
製品
販売
売掛金
回収
現金
現金化のスピードを速め、在庫や売掛金などの資産に滞留する期間をできるだけ短くすることで、資産効率を高めることが可能になる。

38 1人当たり分析の発想

1人当たりの生産性を上げれば企業は伸びる

生産性は従業員1人当たりで

「生産性の向上」を決算書の視点から考えると、従業員1人当たりが生み出す付加価値を増大させることといえます。

企業が生み出す付加価値に直結するのは売上高ですから、生産性を評価する最もわかりやすい分析指標として、「**1人当たり売上高**」がよく用いられます。

たとえば、A社とB社の売上高は両社とも1000あるとして、A社の従業員数は250人、B社の従業員数は200人の場合、1人当たり売上高はA社が4、B社が5となり、B社の生産性のほうが高いと評価されます。

$$\text{1人当たり売上高} = \frac{\text{売上高}}{\text{従業員数}}$$

＊従業員は原則、期中平均

1人当たり売上高は分配の原資

粗利率や固定費が一定とすると、1人ひとりの従業員への給与や賞与を増やすためには、従業員数を増やさずに売上高を増やす必要があります。

つまり、1人ひとりの生産性を向上させ、1人当たり売上高を伸ばすことが、従業員への分配を増やすことにもつながっていきます。

業種によって水準は異なる

1人当たり売上高は、業種によってその水準が大きく異なります。具体的には、**外部仕入がどの程度あるのかという点と、どの程度設備に依存しているのかという点で変わってきます。**

従業員数が同じだと仮定して、売上高1000、仕入原価700の卸売業を営む企業と、売上高300で仕入原価ゼロのコンサルティング業を営む企業を比較すると、売上総利益は同水準ですが、売上高のボリュームが異なるため、1人当たり売上高は大きく異なります。このように、外部仕入割合が大きく、売上高のボリュームが大きいビジネスほど1人当たり売上高も大きく算出されるため、基本的には異業種での比較には不向きといえます。

また、設備への依存度合いはどうでしょう。同じような製品を製造する製造業で、片方はオートメーション化を進めて少ない従業員で製造可能であるのに対し、もう片方は人手への依存が高く従業員数も多い場合、明らかに前者のほうが1人当たり売上高は高いはずです。もちろん、設備が多いと減価償却費負担も大きいため、利益面で必ず優れているとはいい切れません。

このように、1人当たり売上高は、業種ごとに特性が異なることを踏まえて、上手に使っていきたいものです。

プラス1　付加価値

売上高は、業種やビジネスモデルの違いで、そのボリュームに大きな違いが生じることもありますが、売上高から外部調達費用（原材料や商品の仕入や外注費など）を差し引いた「付加価値」であれば、同じ土俵で比較することができます。1人当たり売上高と比較して、業種の特性が出にくいのです。

また、この付加価値の金額を原資として、従業員に対する分配（給与等の支払い）をどの程度行なったのかを評価する指標が「労働分配率」です。有名なので、聞いたことのある人も多いでしょう。「人件費÷付加価値額」で算定されます。

■生産性は従業員１人当たりで考える

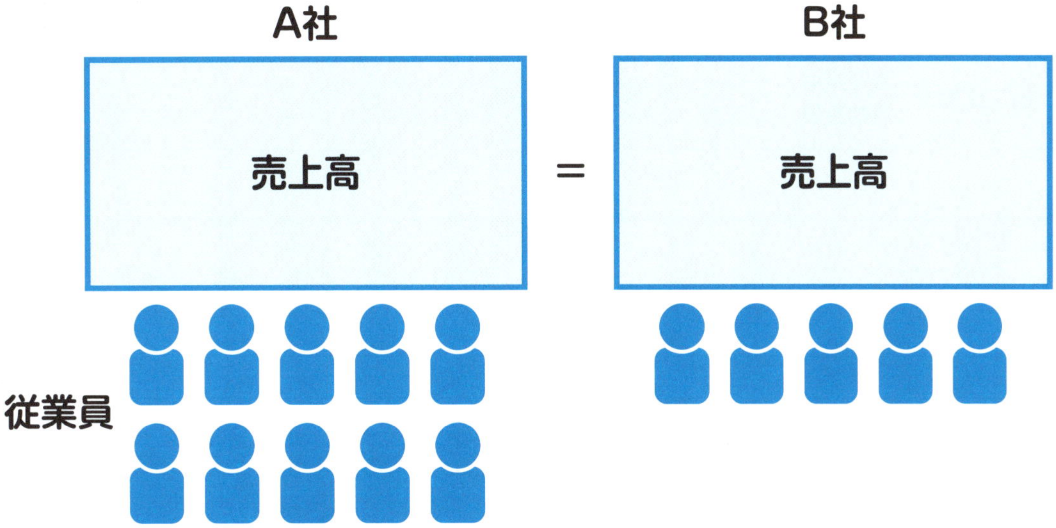

A社とB社の売上高は同じ。しかし、生産性は？

■設備への依存度合いによっても変わる

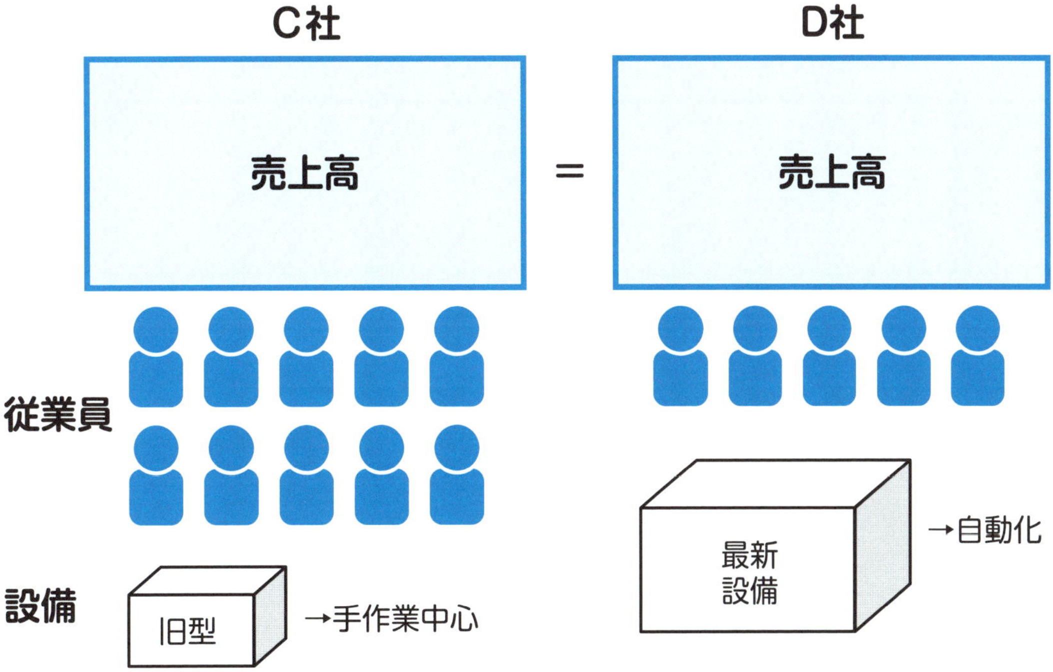

D社のほうが１人当たり売上高は高いが、
減価償却負担は？

39 短期と長期の視点で見る安全性

➡ 貸借対照表の資金バランスはうまくとれているか

支払能力をB/S目線で考える

ここでは、貸借対照表の資金バランスに関する指標を紹介しましょう。

まずは「**流動比率**」。短期的な支払能力を測る指標の1つです。

流動負債よりも、流動資産のほうが小さいと、支払いが滞る可能性があるため、流動比率は100%を超えているほうが安全といわれています。

しかし、**流動比率は万全ではありません**。流動資産の中には、必ずしも短期的に現金化されるとは限らない在庫なども含まれているからです。

$$流動比率 = \frac{流動資産}{流動負債}$$

$$当座比率 = \frac{当座資産}{流動負債}$$

そこで、より厳しく見るために、流動資産の中でも①現金預金、②受取手形、③売掛金、④有価証券（すぐに現金化できるもののみ）といった、特に現金化までの時間が短いものに限定した「当座資産」に注目した「**当座比率**」があります。

この比率も100%を超えていたほうが、短期的な支払能力という点からは望ましいのですが、現実には80%程度にとどまる企業も多く存在します。

長期の資産は長期の資金で賄う

固定資産を保有するために必要な資金は、短期資金でなく、長期資金で調達できているかという視点も重要です。

$$固定比率 = \frac{固定資産}{自己資本}$$

$$固定長期適合率 = \frac{固定資産}{自己資本+固定負債}$$

この視点で考える指標が、「**固定比率**」と「**固定長期適合率**」です。

固定比率が100%未満であれば、固定資産をすべて自己資本でまかなっている状況ですので安全といえます。また、固定長期適合率が100%未満であれば、固定資産を自己資本と固定負債でまかなっているので、たとえ自己資本ですべてまかない切れていなくても、長期資金でカバーしており比較的安全な状態といえます。

貸借対照表はあくまで静的分析

ただし、これらの指標には、実は、大きな落とし穴があります。貸借対照表のみを使った分析は、あくまで「静的」な分析であるということです。

当座比率が100%超であったとしても、**入出金のタイミングによっては、資金ショートを起こすこともあり、絶対に安全とはいい切れません**。これらの指標はこのような特徴を理解したうえで活用することが大切です。

プラス1　手元流動性

経営環境が急速に悪化した場合などにおける企業の支払能力は、つまるところ、どのくらい潤沢な資金を確保しているかということになります。その観点から、現金預金とすぐに換金可能な短期所有の有価証券を合わせた「手元流動性」という概念で、企業の支払能力を評価する場合もあります。

手元流動性の水準を測る指標として、「手元流動性比率」があります。「手元流動性÷月平均売上高」で算出され、ある時点における手元流動性が月平均売上高の何か月分あるかを示します。

比較的よく使われる指標ですから、覚えておいて損はないでしょう。

■短期の支払能力に問題はないか？

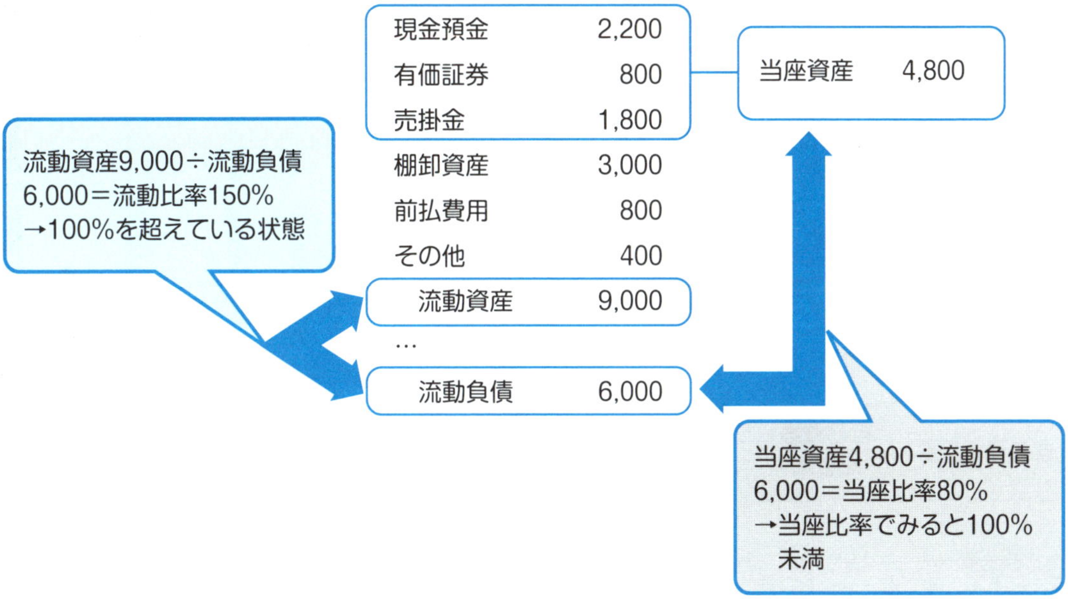

■長期の資産を長期資金でまかなえているか？

	A社	B社	C社
流動資産	4,000	3,000	2,000
固定資産	1,000	2,000	3,000
資産合計	5,000	5,000	5,000
流動負債	2,000	2,000	2,500
固定負債	1,500	1,500	1,500
負債合計	3,500	3,500	4,000
自己資本	1,500	1,500	1,000
固定比率	67%	133%	300%
固定長期適合率	33%	67%	120%

	A社	B社	C社
	固定資産をすべて純資産でまかなっている →極めて健全な状態	固定資産を「固定負債＋純資産」でまかなっている →まあまあの状態	固定資産の一部を流動負債によってまかなっている →資金バランスが崩れた不健全な状態

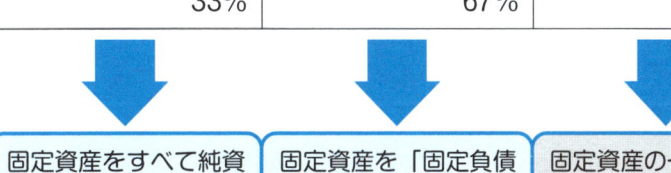

40

自己資本比率で測る安全性

資金の調達源泉は偏っていないか

資金調達のバランスはどうか?

この項で考えるのは、貸借対照表の右側のバランスについてです。

他人資本と自己資本のバランスをどのように考えるかは、企業の財務健全性という観点から非常に重要なテーマであるといえます。

他人資本である負債は、いつかは返済をしなければならないものです。これに対して、自己資本は返済の必要がありません。ですから、経営環境の変化によって業績が悪化した場合などは、あまり他人資本への依存度が高いと、一気に経営が不安定になってしまうリスクもあるのです。

だからといって、無借金経営が必ずよい方向に作用するとも限りません。自己資本だけで必要資金をすべてカバーできれば、理想的かもしれませんが、ときには借金をしてでも成長分野への投資を積極的に行なわなければ、ライバル企業に出し抜かれてしまうことだってあるでしょう。

要はバランスの問題なのです。借金をすることが悪いわけではなく、その結果、**調達バランスが偏ったものになっていないかどうかを評価することが重要**なのです。

自己資本比率で測る財務安定性

資金調達のバランスを評価するうえで、最も基本となる分析指標が「**自己資本比率**」です。

負債と純資産の合計のうち、自己資本が占める割合がどの程度あるのか、つまり、貸借対照表の右側の調達総額のうち、返済不要の自己資本によってどの程度をまかない切れているのかという視点で評価する指標です。

$$\text{自己資本比率} = \frac{\text{自己資本}}{\text{総資本}}$$

自己資本比率が高ければ高いほど、財務的には安定しているといえます。業種にもよりますが、**50〜60%程度を超えていれば良好な状態**といえ、少なくとも30%程度は確保しておきたいと一般的にはいわれています。

その他の調達バランス関連指標

調達バランスをみるための指標としては、自己資本比率以外にも、上記のような指標があります。

いずれも、貸借対照表の右側のバランスを見るという点で共通しています。

$$\text{負債比率} = \frac{\text{負債合計}}{\text{自己資本}}$$

$$\text{有利子負債依存度} = \frac{\text{有利子負債}}{\text{総資産}}$$

$$\text{財務レバレッジ} = \frac{\text{総資産}}{\text{自己資本}}$$

プラス１　有利子負債

貸借対照表の科目としては出てきませんが、経営分析などではよく「有利子負債」という言葉が登場します。これはその名のとおり、企業が利子を付けて返済しなければならない負債のことを指します。

代表例は銀行からの借入金ですが、そのほかにも社債や、リース会社に対するリース債務、割賦購入をした場合の割賦未払金など、利子が発生する負債はいろいろあります。

貸借対照表では、それぞれの科目で表示されていますが、分析を行なうときには、利子付きで返済しなければならないという性質の類似性に注目してまとめることが多いのです。

■資金調達のバランスをみてみよう

科目	金額
流動資産	392,661
有形固定資産	228,737
無形固定資産	11,107
投資その他の資産	45,719
資産合計	678,224
買掛金	81,263
短期借入金	33,632
その他	41,911
流動負債	156,806
長期借入金	27,540
その他	7,040
固定負債	34,580
負債合計	191,386
資本金	5,000
資本剰余金	24,850
利益剰余金	442,821
自己株式	△ 2,350
株主資本合計	470,321
その他の包括利益累計額	3,050
新株予約権	3,400
非支配株主持分	10,067
純資産合計	486,838
負債・純資産合計	678,224

有利子負債　61,172

自己資本　473,371

自己資本比率	自己資本 / 総資本	473,371 / 678,224	＝	70%
負債比率	負債合計 / 自己資本	191,386 / 473,371	＝	40%
有利子負債依存度	有利子負債 / 総資産	61,172 / 678,224	＝	9%
財務レバレッジ	総資産 / 自己資本	678,224 / 473,371	＝	1.43倍

41 キャッシュ・フロー分析の視点

損益では見えないものを見えるようにする

CFは操作しにくい

これまでの説明で経営分析の有用性はご理解いただけたと思いますが、決算操作の余地があったり、会計方針によって差が生じやすい利益をベースとして経営分析を行なった場合、適正な形で企業間比較ができなくなってしまう場合がある点には注意が必要です。

この点、キャッシュ・フローをベースとして分析を行なえば、そういったことはありません。どのような減価償却方法を採用したとしても、キャッシュ・フロー自体は不変ですから、会計方針の違いによる影響を気にする必要はありません。

また、利益は出ていても、キャッシュ・フローはマイナスというケースもあります。企業の支払能力などを評価する場合、利益ベースの評価で過大評価をしてしまうリスクがありますが、キャッシュ・フローを使えば、そういったおそれもありません。

CFだから見えること

ここで、キャッシュ・フロー版経営分析の代表的な指標として「**キャッシュ・フロー・マージン**」を紹介しておきましょう。

$$\text{キャッシュ・フロー・マージン} = \frac{\text{営業キャッシュ・フロー}}{\text{売上高}}$$

キャッシュ・フロー・マージンは、営業利益率のキャッシュ・フロー版とでもいうべき指標です。

営業キャッシュ・フローの代わりに「フリー・キャッシュ・フロー」を用いる場合もあります。

この指標の意味は、**売上高に対してどのくらい効率的に営業キャッシュ・フローを稼ぎ出すことができているか**、という点です。

たとえば、ライバル企業2社の営業利益率が同じ10%であった場合（会計方針は同一）に、キャッシュ・フロー・マージンがA社は12%、B社は5%だとします。両社ともに営業利益率で見た収益性は同水準ですが、キャッシュ・フロー・マージンは大きな差がついています。これは、キャッシュ・フロー・マージンが単純に収益性だけではなく、どれだけ効率的に資金回収をできているのかという視点も含んでいるためです。

つまり、B社は同じだけの営業利益率にもかかわらず、資金回収の効率が悪いために、キャッシュ・フロー面ではA社に劣っているという評価になるのです。これはキャッシュ・フローだからこそ見える側面といえます。

プラス1　CCC

最近よく登場する経営指標に「CCC（キャッシュ・コンバージョン・サイクル）」があります。これは、仕入から販売後の回収までの日数を意味するもので、日数が短ければ短いほど、売掛金や在庫といった運転資本の負担は少なく、資金面でみれば効率的であるといえるわけです。

この指標自体はキャッシュ・フロー指標ではないのですが、企業のキャッシュ・フローの大きな要素である運転資本にスポットを当てたという意味では、キャッシュ・フロー分析の1つといってもよいでしょう。

■キャッシュ・フローで分析することの利点は？

損益計算書	キャッシュ・フロー計算書
決算操作の余地がある	決算操作の余地がほとんどない
会計方針によって利益が大きく変動する	会計方針による違いは出ない
支払能力を過大評価するケースあり	キャッシュ・フローに基づくので過大評価しない

●減価償却方法の影響に左右されない。
●運転資本増減も加味するので資金効率の実力も評価。

■キャッシュ・フロー・マージン≒営業利益率

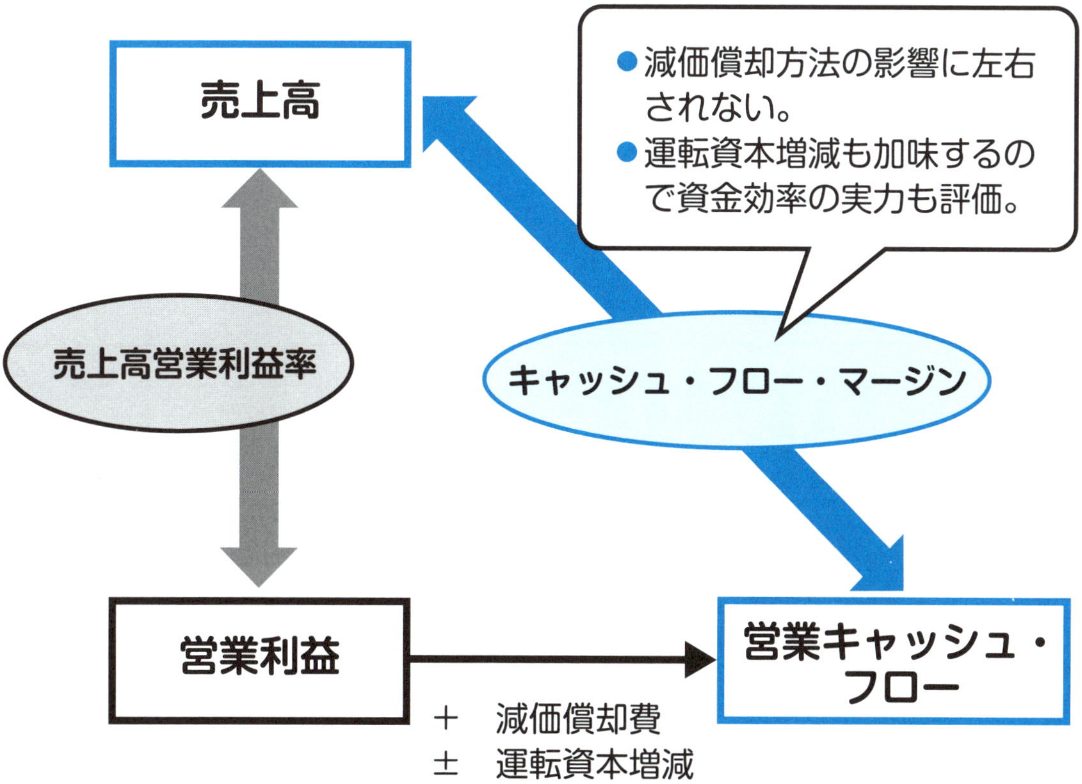

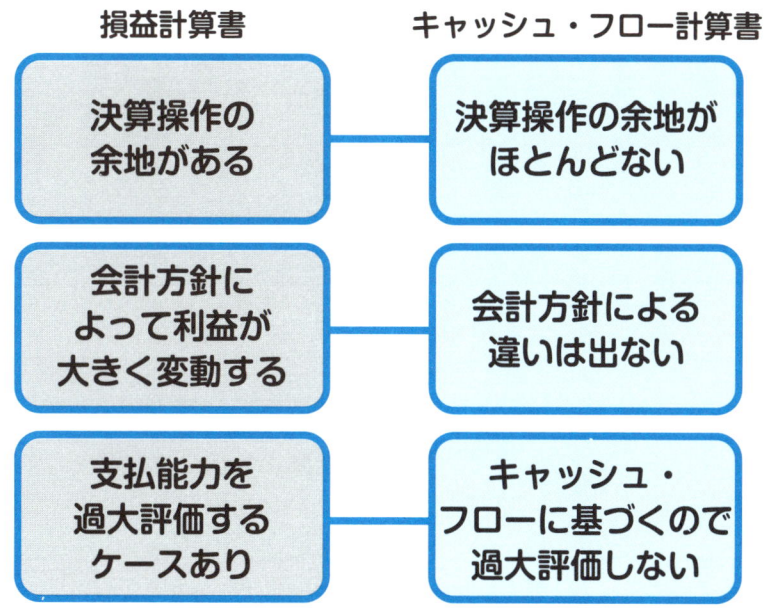

42

キャッシュ・フローで測る安全性

キャッシュ・フローでより正確に安全性を診断できる

CF版当座比率

　ここでは、金融機関なども重視する安全性を測るためのキャッシュ・フロー版経営指標をいくつか紹介します。

　まずは、キャッシュ・フロー版当座比率ともいうべき「**営業キャッシュ・フロー対流動負債比率**」です。貸借対照表の資金バランスで安全性を測るのが「当座比率」の役割でした（㊴項参照）が、キャッシュの動きを考慮していないという欠点もありました。

　一方、この指標は「営業キャッシュ・フロー÷流動負債」という計算によって、実際のキャッシュ獲得能力と比較して、短期的な支払いにどれだけの余裕があるのかを測るのがポイントです。

何年で借入金を返済できるか

　企業の財務健全性を評価するには、どのくらいの借入金であれば適正水準なのかを考える必要があります。

　ここで紹介するのは、今のキャッシュ・フロー水準で見て、あと何年で債務を返済できるのかを評価する「**債務償還年数**」といわれる指標です。

$$\text{債務償還年数} = \frac{\text{要返済債務}}{\text{営業キャッシュ・フロー}}$$

　「要返済債務」は、借入金等の有利子負債から、営業のために必要となる正常運転資本を差し引いて算定します。

　また、より厳格に見る意味で、営業キャッシュ・フローをフリー・キャッシュ・フローに置き換える場合もあります。

　債務償還年数が10年を超えてくると要注意と判断されることが多いようです。

利払余力はどの程度あるか

　利息の支払能力を測る指標に「**インタレスト・カバレッジ・レシオ（ICR）**」という指標があります。損益計算書ベースで考える場合は左上の式のように計算し、支払利息の支払原資が、実際の利払額の何倍程度あるのかを測ることで、利払余力を評価します。

　キャッシュ・フロー版でも同様の考え方ができます。

$$\text{ICR} = \frac{\text{営業利益＋受取利息配当金}}{\text{支払利息}}$$

$$\text{CF版ICR} = \frac{\text{営業キャッシュ・フロー小計欄＋利息配当の受取額}}{\text{利息の支払額}}$$

　5倍程度あれば良好ですが、これが**1倍に近づいていくほど、稼いだキャッシュ・フローの大半を利払いに回す余裕のない状況と**なっていきます。

プラス1　正常運転資本

　正常運転資本は、その企業の正常な売上水準を前提とした場合の運転資本（売掛金＋在庫－買掛金）の水準をいいます。

　必要な運転資本は短期借入金などでまかなわれていることが多いですが、この借入金については、正常にビジネスを回していくために必要となる部分ですし、短期間のうちに回転していくものであるため、要返済債務からは除外して考えることにしています。

　一方で、長期で借り入れた設備投資資金などは、まさに本業で稼ぎ出したキャッシュ・フローで弁済していく必要があるため、何年で返済できるかをシビアに評価するのです。

■キャッシュ・フロー版当座比率で短期支払能力を評価

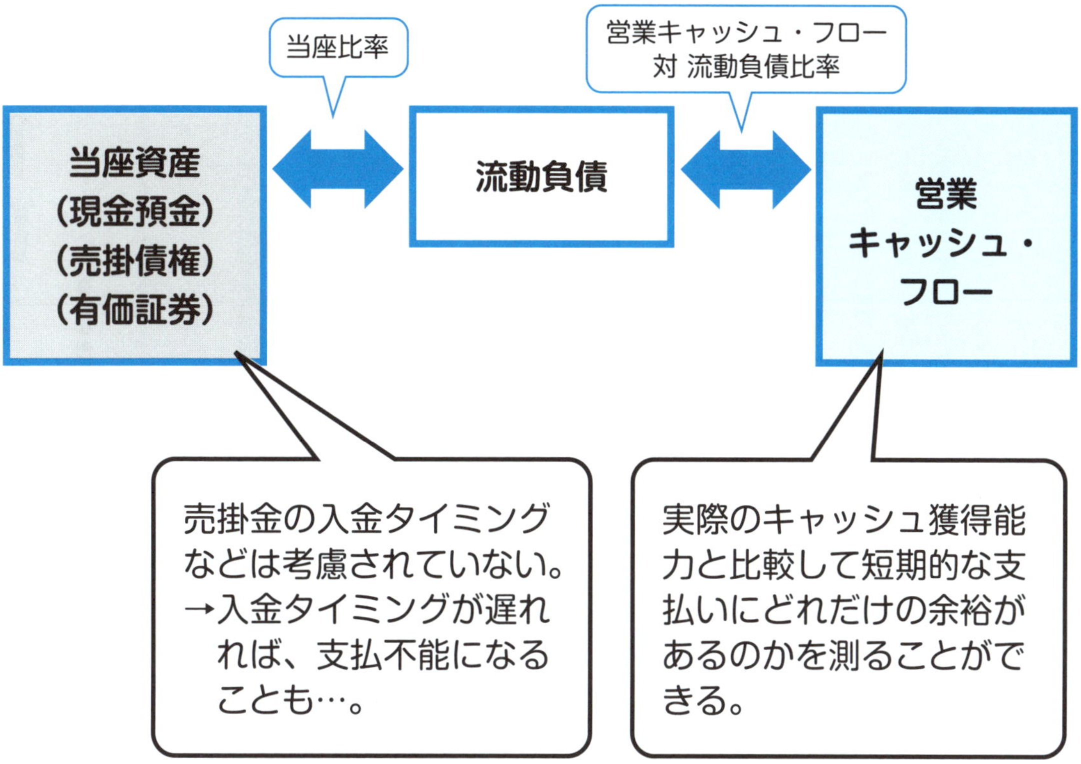

■金融機関も注目する債務償還年数

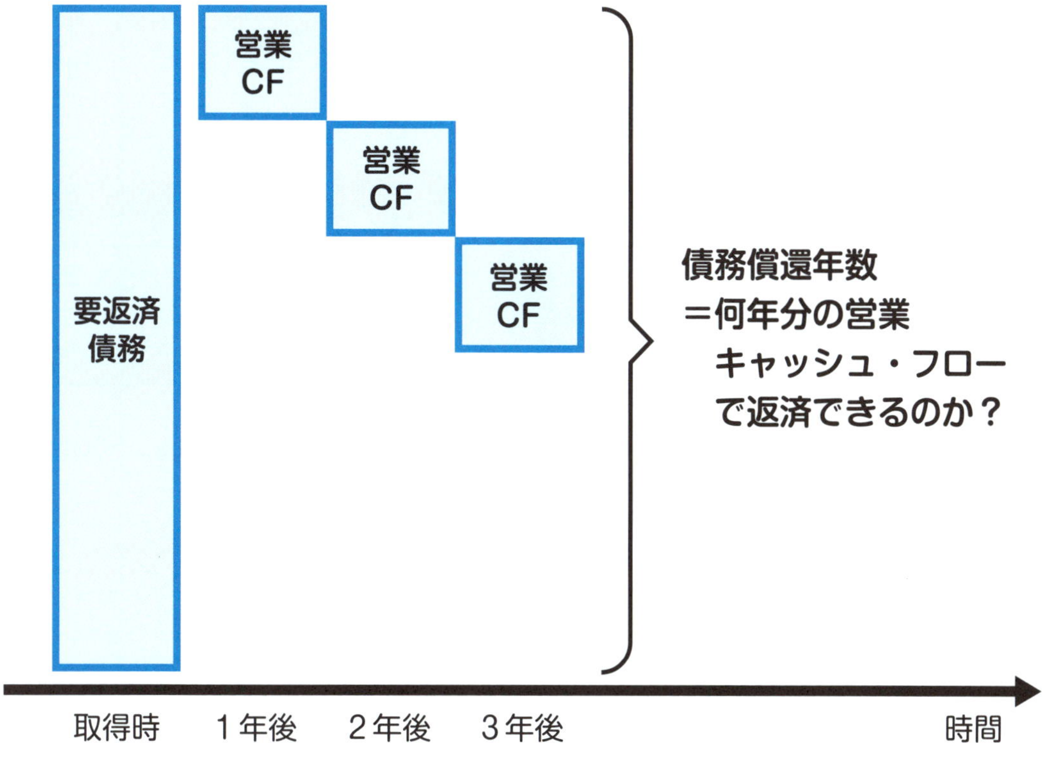

43

EBITDAとは？

キャッシュ・フロー利益ともいわれる、本業の実力値

国ごとの違いによる影響を排除

みなさんは「EBITDA」という言葉を聞いたことがあるでしょうか。

これは、Earnings Before Interest, Taxes, Depreciation and Amortizationの頭文字をとったもので、日本語でいえば「**利払前・税引前・減価償却前利益**」となります。

発音のしかたは「イービットダー」や「イービットディーエー」などといわれることが多いようです。

グローバルに投資活動を行なうために、さまざまな国の決算書を分析するときに問題となるのが、金利水準や税制、また減価償却方法などが各国ごとに異なるという点です。そこで、国ごとの違いがもたらす影響を除外して、各企業の本業の実力値を同じ土俵で比較することができるように考案されたのが、このEBITDAなのです。

支払利息を考慮外とすることで、**企業の資本構成（他人資本か自己資本か）の違いにかかわらず、純粋に企業全体の価値の評価につながる**という意味合いもあります。

キャッシュ・フロー利益？

EBITDAは、営業利益に非現金支出費用である減価償却費を加算して算定することから、営業キャッシュ・フローに近似する利益指標であるともいわれます。実際の営業キャッシュ・フローは、運転資本の増減も考慮するため、その意味では**EBITDAは運転資本増減考慮前の営業キャッシュ・フローといってもよい**でしょう。

営業キャッシュ・フローは運転資本増減を考慮するため、たとえば、期末日が休日であったために売掛金や買掛金の水準が大きく変動したといった影響も受けてしまいます。一方で、EBITDAはそういった影響を受けませんから、運転資本増減の影響を受けない簡易版の営業キャッシュ・フローとして利用されることもあります。

EBITDAの落とし穴

EBITDAには落とし穴もあります。

資産の修繕費などは、資産価値の向上に寄与すれば資産計上しますが、そうでなければ費用として処理します。ここで、**本来は費用として処理すべき修繕費を不当に資産に計上した場合には、EBITDAが実態よりもよく見える**ことにつながってしまいます。

営業利益であれば、その後の減価償却費に影響しますが、EBITDAの場合は、減価償却費を考慮外とするために、このようなことが起こるのです。

どのような指標も万能というわけにはいかないのです。

プラス1　NOPAT

EBITDA以外に見かける横文字の利益指標に「NOPAT」という指標があります。Net Operating Profit After Taxの頭文字をとったもので、税引後営業利益と訳され、営業利益×（1－実効税率）で計算されます。

営業利益から税金を控除して税引後の営業利益とすることで、企業に対する資金の出し手である株主や債権者に帰属する利益のうち、純粋に本業から生み出された付加価値を測ろうという発想で計算される指標です。

NOPATそれ自体でも利用されますし、このNOPATを活用して計算される指標などもありますので、知っておいて損はないでしょう。

■国ごとの事情の違いで事業自体の正当な評価が難しい？

売上高	603,228
売上原価	386,066
売上総利益	217,162
販売費及び一般管理費	155,030
営業利益	62,132
営業外収益	3,474
営業外費用	1,568
経常利益	64,038
特別利益	5,318
特別損失	4,133
税引前当期純利益	65,223
法人税等	20,219
当期純利益	45,004

減価償却のルールなどが各国によって異なる

各国の経済情勢によって金利水準は大きく異なる

各国の税制の違いによって税負担は大きく異なる

国ごとの影響を大きく受けてしまっているので、多国間の評価に際して、純粋に事業自体を正当に評価することが難しい。

■国ごとの影響を排除したキャッシュ・フローに近い利益で評価

Earnings Before Interest, Taxes, Depreciation and Amortization

利払前・税引前・減価償却前利益

営業利益 → EBITDA → 営業キャッシュ・フロー

＋減価償却費　　± 運転資本増減

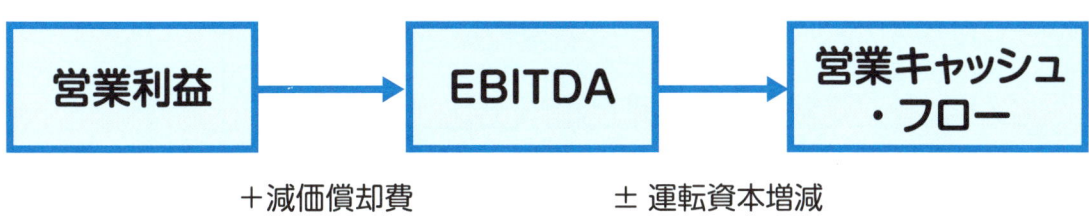

44

セグメント分析の視点

事業ごとの収益性を理解する

連結決算書ではわからないこと

　グループで複数の事業を営んでいる場合、連結決算書だけを見ても、どの事業で儲かっているのかがよくわかりません。その点を見るために、事業別の売上高や利益が記載されたセグメント情報も重要となってきます。

まずは事業別に利益を把握

　左の要約表は、最もシンプルなセグメント情報のイメージです。この情報から何を読み取れるでしょうか。

（セグメント情報の要約）

	A事業	B事業
売上高	2,000	8,000
営業利益	800	200
総資産	1,500	5,000
減価償却費	200	300
資本的支出	100	400

　売上高規模ではＢ事業のほうがはるかに大きいものの、利益でみると、売上高規模が小さいＡ事業が圧倒的に稼いでいることがわかります。このように、**グループのどの事業で売上、利益を上げているのかが一目瞭然**です。

　また、各事業の売上高と営業利益、総資産が示されているので、売上高営業利益率、事業ごとのＲＯＡ（営業利益を用いたＲＯＡ）、総資本回転率などを知ることができ、各事業別の業績動向や収益性、効率性などを大まかに把握することもできます。

CF情報も読み取る

　セグメント情報には、必ず「減価償却費」と「資本的支出」（有形固定資産の増加額）が記載されています。これらはどう使えばよいのでしょうか。

　まず、減価償却費は、すでに把握している営業利益に加算することで、**ＥＢＩＴＤＡを算出できます**。このＥＢＩＴＤＡは、運転資本の増減を考慮する前の営業キャッシュ・フローを意味しますから、事業ごとの簡易版営業キャッシュ・フローといえます。

　また、資本的支出の部分には、設備投資額が記載されています。つまり、簡易版営業キャッシュ・フローから資本的支出を差し引くことで、**事業別のフリー・キャッシュ・フローを、大ざっぱに算定することができる**のです。

　Ａ事業でいえば、営業利益８００に減価償却費２００を加えた１０００がＥＢＩＴＤＡ≒簡易版営業キャッシュ・フローで、そこから資本的支出１００を差し引いた９００が簡易版フリー・キャッシュ・フローです。

　ぜひ、このような切り口でセグメント情報を読み取り、事業別のキャッシュ・フロー情報まで把握できるようになりましょう。

プラス1　マネジメント・アプローチ

　事業ごとの業績を把握することのできるセグメント情報ですが、どのような切り口でセグメントを区分するかについては、「マネジメント・アプローチ」という考え方によって、企業の判断に委ねられています。

　これは、経営者がどのような切り口で事業を区分して経営を行なっているのかを踏まえて、経営者目線と同じ切り口で区分したセグメントを投資家に対しても開示するのが、情報としてはよりよいものになるはずだという発想によるものです。

　ですから、経営方針の変更などによって、セグメントの区分が変更になることもしばしば起こります。

■セグメント情報はこう読もう

セグメントごとの売上高、利益、資産規模、設備投資動向などを把握
→どの事業でどれだけ稼いで、どれだけ儲かっているのか、またどの事業に投資しているのか等

独立したセグメントにならないような事業をその他に集約

本社経費などの共通費用やグループ間取引の消去

連結グループ全体の数値

グループ外部向け売上高と、グループ間売上高を区別して把握
→グループ内における各セグメントの位置づけや、グループ内における事業構造をより明確に理解

総資本回転率

売上高利益率

総資産利益率

非現金支出費用を把握（のれん償却費が記載されることもある）

設備投資額を把握（資本的支出）

	報告セグメント			その他	合計	調整額	連結財務諸表計上額
	X事業	Y事業	計				
売上高							
外部顧客への売上高	100,000	60,000	160,000	5,000	165,000	–	165,000
セグメント間の内部売上高又は振替高	–	8,000	8,000	–	8,000	△8,000	0
売上高合計	100,000	68,000	168,000	5,000	173,000	△8,000	165,000
セグメント利益	12,000	15,000	27,000	400	27,400	△7,000	20,400
セグメント資産	65,000	70,000	135,000	3,000	138,000	15,000	153,000
その他の項目							
減価償却費	8,500	3,000	11,500	500	12,000	–	12,000
有形固定資産及び無形固定資産の増加額	16,000	4,500	20,500	300	20,800	–	20,800

事業ごとのCF状況

営業利益
＋減価償却費
EBITDA
（簡易営業CF）
△資本的支出
FCF
（フリー・キャッシュ・フロー）

セグメント情報により事業別の業績、資産状況、収益性、効率性、CF状況などの分析が可能に

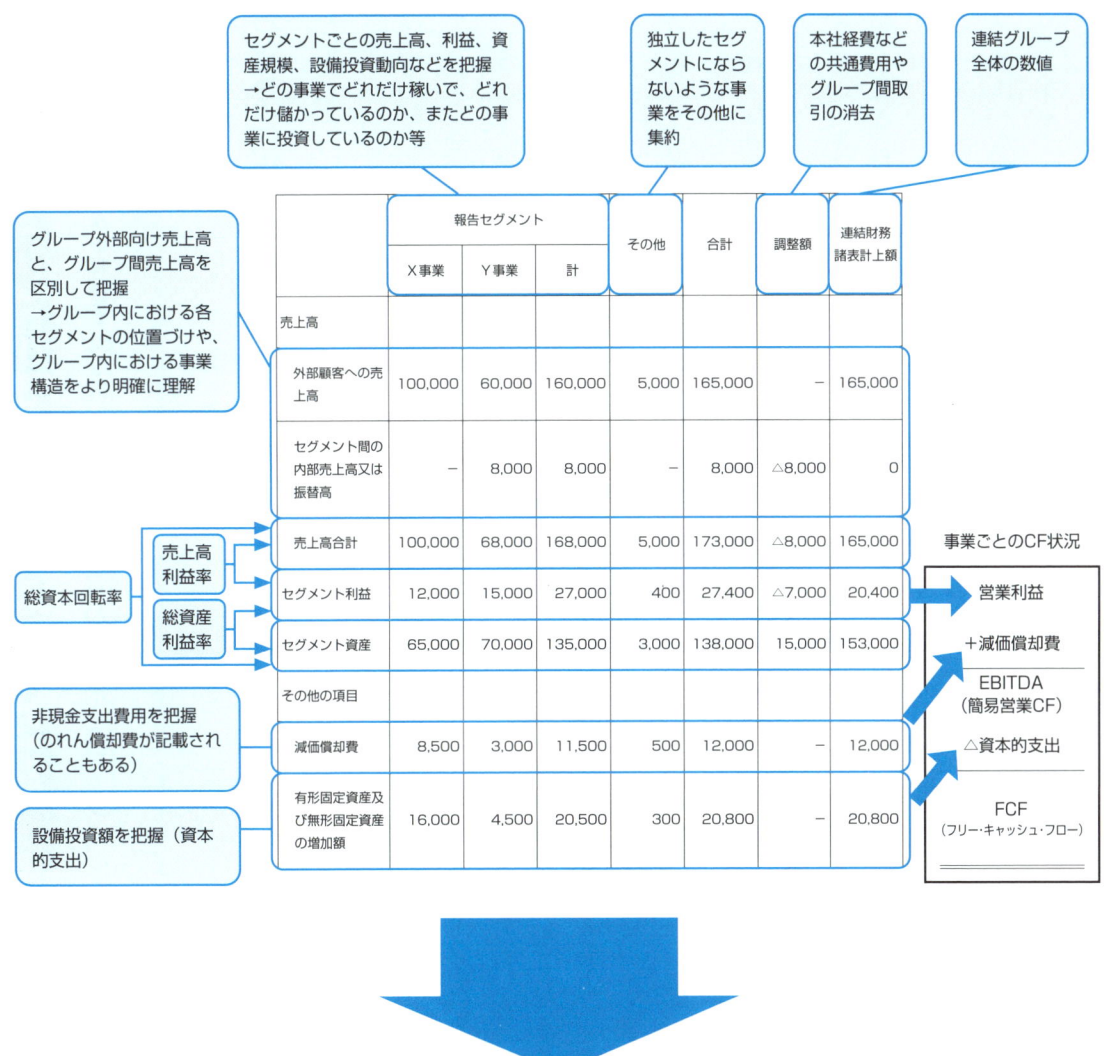

45

企業価値に関する指標

株価と財務指標の関係性について理解する

決算書から企業の価値を考える

決算書を利用する目的はさまざまありますが、大事な目的の1つに、決算書から企業の価値を考えるという点があります。そのために知っておきたい指標などについて紹介しましょう。

利益の何倍の価値？

株式市場で、最終利益の何倍の価値で評価されているのかという指標を「**株価収益率**」（ＰＥＲ）といいます。

株価に発行済株式数を乗じた株式時価総額を最終利益で割るか、株価を1株当たり当期純利益で割るか、いずれかによって計算します。例えば、ある会社の株価が1万円で、1株当たり当期純利益が５００円であれば、ＰＥＲは20倍となり、最終利益の20倍の価値があるものとして市場では評価されていることを意味します。

成長性や将来性などを加味した業種ごとのＰＥＲの目安などを想定したうえで、評価したい会社のＰＥＲがその想定ＰＥＲより高いか低いかで、現在の株価が割高なのか割安なのかを検討するといった形で利用されます。

純資産の何倍の価値？

ＰＥＲと似たような指標に「**株価純資産倍率**」（ＰＢＲ）があります。これは、株式市場では純資産の何倍の価値で評価されているのかという指標です。

株式時価総額を純資産額で割るか、株価を1株当たり純資産額で割るかのいずれかによって計算し、使い方としてはＰＥＲと同じような感じです。

たまにＰＢＲが1倍未満の会社がありますが、これは、その会社の純資産価値（つまり、いま会社を解散してしまった場合の価値）よりも低い株価で市場では評価されていることであり、将来性に乏しい等の理由で市場での評価が低いということを意味します。

ＥＢＩＴＤＡの何倍の価値？

よくＭ＆Ａなどで利用される指標に、「**ＥＢＩＴＤＡ倍率**」があります。株価が存在しない非上場企業の価値評価でよく利用される手法で、評価をしたい非上場企業と同じ業界で上場している会社の株価がＥＢＩＴＤＡの何倍で評価されているのかを調べて、その倍率を非上場企業にも適用して、企業価値を推測するという方法です。

類似上場企業がＥＢＩＴＤＡの10倍の価値があるのなら、評価対象となる非上場企業もＥＢＩＴＤＡの10倍の価値があるはずだと考えるわけです。

以上のように、決算書のデータを用いて企業の価値を考えるという発想も大切ですから、ここで紹介した指標はぜひ知っておきましょう。

プラス１　希薄化

さまざまな視点で１株当たりの価値を考えることを本文中で学びましたが、株価には希薄化という考え方もあることを知っておきましょう。希薄化とは、価値が薄まることを意味します。

たとえば、現在の株価よりも安い株価で出資をして株主になる人がいれば、企業全体の価値は変わらないとすると、既存の株主に帰属する価値が薄まってしまうことになります。

そのため、本文中で触れた１株当たり当期純利益などの指標は、ストック・オプションなどが行使されて希薄化が起こったと仮定した場合の１株当たり当期純利益なども計算することになっています。

■PERとPBRのイメージ

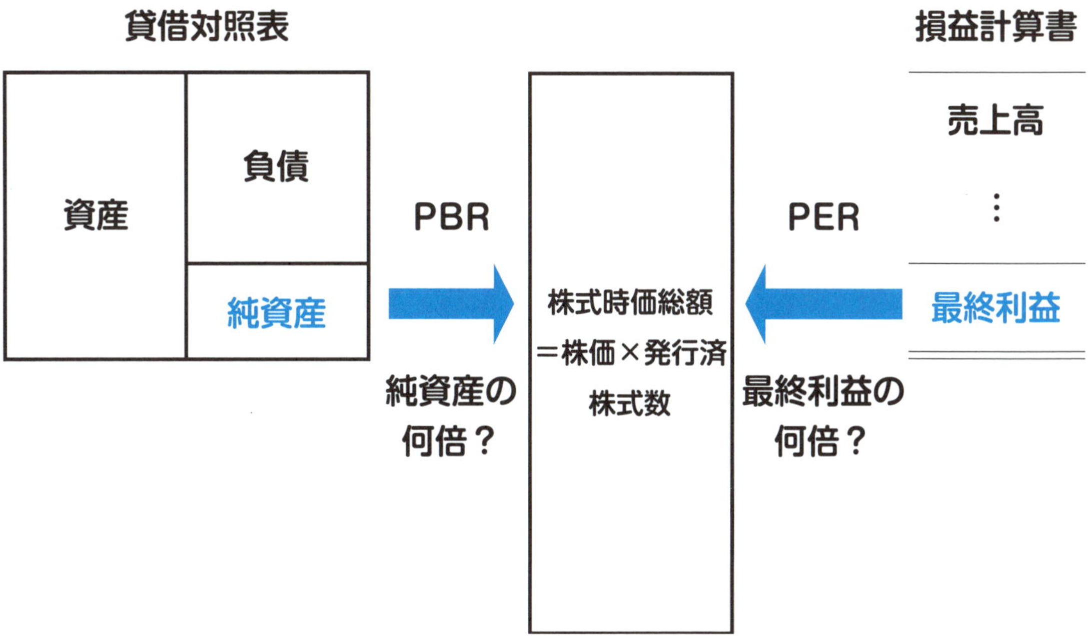

■セイコーのPERとPBR

（前提条件）

- 2023年３月31日時点の株価：　2,895円
- 2023年３月期における１株当たり当期純利益：　121.86円
- 2023年３月期における１株当たり純資産額：　3,144.81円

（PERの算定）

$$\frac{\text{株価}}{\text{１株当たり当期純利益}} = 23.75\text{倍}$$

（PBRの算定）

$$\frac{\text{株価}}{\text{１株当たり純資産額}} = 0.92\text{倍}$$

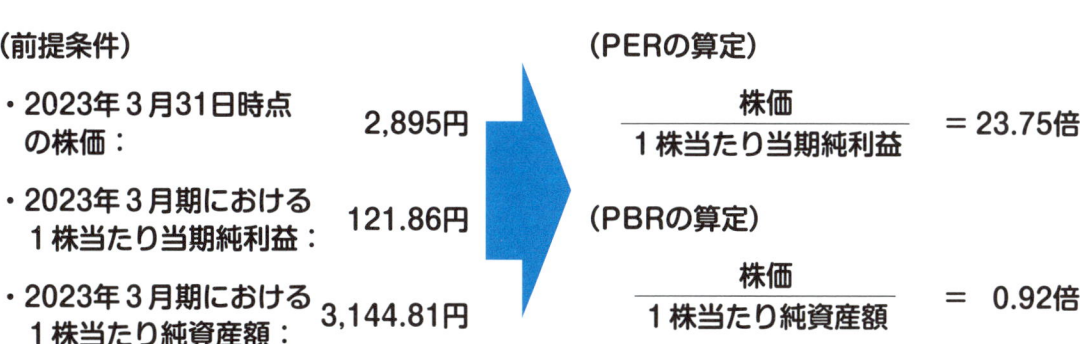

46 有価証券報告書も貴重な情報源

…決算書だけでは見えない企業情報の宝庫

決算書だけではわからない？

ここまで決算書をどのように読み解いていくのかについて、さまざまな観点から解説してきました。しかし、貸借対照表、損益計算書、キャッシュ・フロー計算書といった決算書だけでは、その企業のことを必ずしも十分に理解することはできません。

決算書の数値を企業のストーリーとつなげ合わせながら理解するためには、ストーリーの背景にある企業活動に関するさまざまな情報を得ておく必要があるのです。では、そのような情報はどう入手すればよいのでしょうか。

有価証券報告書とは？

企業のことを知ろうと思ったら、ホームページなどインターネット上の情報を調べてみるのが最も手っ取り早いと考えるのではないでしょうか。これだけの情報化社会ですから、企業に関する情報はインターネットを通じてさまざまな形で入手することが可能です。

しかし、インターネット上には信憑性の低い情報が混ざっていることもありますし、企業自身が公表している情報も、各企業によって情報開示の基準がまちまちだったりして、決算書分析を行なうにあたっての補足情報としては使いづらいこともしばしばです。

そこで注目して欲しいのが、有価証券報告書（略して有報）です。上場企業などの企業は、金融商品取引法において、有価証券報告書という書類を、事業年度が終了してから3か月以内に内閣総理大臣に提出しなければならないとされており、この中には企業に関するさまざまな情報が散りばめられています。しかも、**有報の記載内容は細かく定められています**から、企業間比較をするのにも適しています。

有報は、その企業の沿革や事業内容の詳細、業績動向や設備投資の状況、株主構成や役員プロフィールなど、企業を分析するのに有用な情報が満載です。もちろん、決算書本体や決算書に係る詳細な注記情報も充実しています。

有報はどうやって入手する？

このように便利な有報ですが、誰でもインターネットで簡単に入手することができます。公式には、金融庁が運営する電子開示システムである**EDINET**というプラットフォーム上でデータとして入手可能です。また、上場企業によっては、有報のPDFデータを自社のホームページでダウンロード可能な状態にしている場合もあります。

ぜひみなさんも、決算書だけでなく、有報から有用な情報を入手することで、一段レベルアップした決算書分析にトライしてみてください。

プラス１　金融商品取引法

有価証券報告書は金融商品取引法によって提出が義務づけられる書類です。

金融商品取引法は、有価証券の発行や金融商品の取引を公正にし、有価証券の流通を円滑にすること等を通じて、経済の健全な発展や投資者保護を行なうことを目的とした法律であるため、有価証券の発行とは無縁の非上場企業（一部を除く）は、有価証券報告書を提出する必要はありません。

ですから、残念ながら有価証券報告書を入手することができる企業は上場企業と一部の非上場企業（株主数が多い等）に限られてしまうのです。

有価証券報告書の主な記載内容

第１　企業の概況

1　主要な経営指標等の推移

> ５期分の業績概況を把握（ハイライト情報）

2　沿革

> 設立からの歴史を知ることができる貴重な情報源

3　事業の内容

4　関係会社の状況

> 主なグループ会社の一覧を所在地別に把握可能

5　従業員の状況

> 事業ごとの従業員数や、従業員の平均年齢、勤続年数などの情報を入手可能

第２　事業の状況

1　経営方針、経営環境及び対処すべき課題等

> 経営環境に対する認識を踏まえた課題とそれに対する施策など、経営方針への理解を進めるなら必ず目を通そう

2　事業等のリスク

> 多面的なリスク分析について知ることができる

3　経営者による財政状態、経営成績及びキャッシュ・フローの状況の分析

4　経営上の重要な契約等

5　研究開発活動

> 研究開発に対するスタンスや研究開発費などの情報

第３　設備の状況

1　設備投資等の概要

2　主要な設備の状況

> グループ会社別、拠点別などの主要設備の内訳がわかる

3　設備の新設、除却等の計画

> 今後の設備投資計画までわかってしまう

第４　提出会社の状況

1　株式等の状況

> 大株主（上位10位）が誰なのかが気になったらここ

2　自己株式の取得等の状況

3　配当政策

4　コーポレート・ガバナンスの状況等

> ガバナンスに対する方針、役員のプロフィール、監査の状況などについて詳細に理解しよう

第５　経理の状況

> 決算書に関する情報、詳細な注記情報はここから入手

1　連結財務諸表等

2　財務諸表等

第６　提出会社の株式事務の概要

第７　提出会社の参考情報

1　提出会社の親会社等の情報

2　その他の参考情報

47

実践！ 前期比較

数字の変化に「なぜ？」という感覚を持つのがスタート

実際に前期比較をしてみる

ここでは、これまでも例に挙げているセイコーの2期分の連結損益計算書を使って、前期比較を行なってみましょう。31項のポイントを意識しながら、まずは自分で数字を眺めてみてください。以下では、いくつかのポイントに絞って簡単に見ていきます。

増収減益の決算に

まずは大きなところで、売上高と最終利益（親会社株主に帰属する当期純利益）から見てみましょう。

売上高は前期が2373億円、当期が2605億円と、**231億円（9・7%）の増収**となっています。一方の最終利益は、前期の64億円に対して当期は50億円と、**14億円（21%）の減益**となっていることがわかります。増収減益の決算ですね。

増収分が営業増益に寄与

売上高は9・7%の増収でしたが、営業利益ベースでは28%の大幅な増益となっています。売上高の増加に伴い売上原価も増えますが、**販管費の多くは固定費であるため、売上高の増加ほどには費用がかさみません**。そのため、売上高の増加分の多くが営業利益の増加につながったと見てよいでしょう。

税引前利益までは増益を維持

営業利益段階での増益は税引前利益の段階まで維持されています。特別損失を見ると、感染症拡大に伴う損失が前期は9億円計上されていたのに対し当期は1億円に満たない水準となっている一方、前期には2億円だった事業構造改善費用が9億円に増加しています。このほか、当期は投資有価証券売却損5億円といった一過性の損失を出しており、前期よりは特別損失が目立ちます。しかし、営業利益段階で大幅な増益だったこともあり、税引前利益段階で減益に至るほどではありません。

税金負担の影響で最終減益に

税引前利益段階まで増益となっているのに、最終利益段階で減益となってしまう理由は、法人税等の負担にあるようです。前期は税引前利益88億円に対して22億円（25%）の税負担だったのが、当期は同96億円に対して43億円（45%）もの税金を負担する結果となり、この影響で最終段階では減益となってしまっています。**税負担の変化がここまで大きな影響をもたらす場合もある**ことを知っておきましょう。

ここでは損益計算書を例にしましたが、貸借対照表でも、**大きなところから見ていくという基本的な視点は同じ**です。チャレンジしてみてください。

プラス1　会計方針の変更

一度採用した会計方針は、利益操作を防ぐためにも、継続して適用しなければなりません。ただし、正当な理由がある場合に限って、変更することも認められます。

このような「会計方針の変更」が行われると、２期分の決算書を比較しても、前提となる会計方針が異なるため、正しい比較ができません。そこで最近では、会計方針を変更した場合、以前から新しい会計方針を採用していたかのように、さかのぼって数値を修正します。

これは上場企業など限られた場合なので、大半のケースでは、会計方針の変更で利益がどう変わるのかに注意しましょう。

■セイコーの2期分の連結損益計算書

連結損益計算書（単位：百万円）	2022年3月期	2023年3月期
売上高	237,382	260,504
売上原価	138,203	148,706
売上総利益	99,178	111,798
販売費及び一般管理費	90,408	100,564
営業利益	8,770	11,233
営業外収益		
受取利息	67	199
受取配当金	774	771
持分法による投資利益	898	1,224
為替差益	699	
受取ロイヤリティー	420	
その他	696	858
営業外収益合計	3,557	3,053
営業外費用		
支払利息	896	1,139
その他	1,492	1,980
営業外費用合計	2,388	3,119
経常利益	9,939	11,167
特別利益		
固定資産売却益		228
補助金収入	133	
特別利益合計	133	228
特別損失		
投資有価証券売却損		548
代理店契約解約損		147
感染症拡大に伴う損失	974	90
事業構造改善費用	221	968
特別損失合計	1,196	1,753
税金等調整前当期純利益	8,876	9,642
法人税、住民税及び事業税	2,138	2,995
法人税等調整額	125	1,350
法人税等合計	2,264	4,346
当期純利益	6,611	5,295
非支配株主に帰属する当期純利益	196	267
親会社株主に帰属する当期純利益	6,415	5,028

9.7%の増収

増収効果により、営業利益段階では28%の増益

関連会社も増益となったため、取り分が増加

投資有価証券売却による一過性の損失

コロナ関連損失はおさまった一方、リストラ関連損失が大幅に増加

税負担が大幅に増加

特別損失と税負担の影響により最終損益では減益に

48

実践！

同業他社比較

同じようなビジネスなのに、業績に差が出る理由はどこにある？

実際に同業他社比較をしてみる

ここまで例として取り扱っているセイコーと、同じ時計業界の有名企業であるシチズン時計（以下、シチズン）を例に、両者の決算書を用いた同業他社比較を行なってみましょう。

左ページには、セイコーとシチズンの連結決算書の概要を示しました。同じ業界に属する両社の違いはどのようなものなのでしょうか。いくつかのポイントについて見ていきましょう。

売上、利益ともにシチズンが上

両社の連結損益計算書を比較すると、売上高は、セイコーの２６０５億円に対してシチズン３０１３億円と、シチズンが1・15倍ほど上回っていることがわかります。これが営業利益になると、セイコー１１２億円、シチズン２３７億円となり、２倍ほどの差に拡大します。売上規模の差以上に営業利益の差が拡大するということは、**シチズンのほうが収益性が高く、効率よく利益を稼ぎ出している**といえそうです。

この影響は経常利益、税引前利益と続いていきます。シチズンのほうが営業外収益が多額ということもあり、より差が拡大しています。さらに最終利益段階になると、セイコーは高い税金負担の影響もあって50億円、シチズンは２１８億円と、両社の差は4倍以上に拡大することとなります。

手許キャッシュもシチズンが潤沢

次に両社の連結貸借対照表をチェックしましょう。総資産はセイコー３５５９億円、シチズン３８９９億円と、シチズンがやや上回っています。

まず一番上にある現金及び預金に着目すると、セイコー３６３億円、シチズン８２４億円ですから、２・３倍ほどシチズンが上回り、手許キャッシュはより潤沢です。また、有形固定資産は、セイコー１１１１億円、シチズン７９５億円と、利益規模で劣るセイコーのほうが多く抱えている状況ですから、**設備効率の面でもシチズンに軍配**が上がる結果となっています。

財務健全性もシチズンに軍配

財務体質という面ではどうでしょうか。有利子負債はセイコーの１３８２億円に対して、シチズンはその半分以下の６５１億円となっています。

内部留保を示す**利益剰余金については、両社ともにある程度積み上げています**が、セイコー８１５億円に対してシチズンは１５０４億円と大幅に上回っています。結果としての純資産の水準などを見ても、シチズンのほうが、財務健全性の観点からも良好な内容であることがよくわかります。

プラス１　金額単位

通常の決算書の金額単位は、百万円単位か千円単位のいずれかが大半です。決算書を読むに際しては、できるだけ早く、この感覚に慣れるように頑張ってください。

たとえば「10,000百万円」をそのまま「１万百万円」などと読んではいけません。ぱっと「100億円」と出てくるまで訓練しましょう。

また、本文を読んでいて気づいたかと思いますが、金額を大ざっぱに捉えることも大切です。「10,341百万円」であれば、ざっくりと「100億円」と考えておけば十分です。本書を通じて、ぜひそのような感覚を身につけてください。

■セイコーとシチズンの連結決算書概要

連結損益計算書（単位：百万円）

	セイコー（2023年3月期）	シチズン（2023年3月期）
売上高	260,504	301,366
売上原価	148,706	179,186
売上総利益	111,798	122,180
販売費及び一般管理費	100,564	98,472
営業利益	11,233	23,708
営業外収益	3,053	6,248
うち受取利息配当金	970	2,414
営業外費用	3,119	860
うち支払利息	1,139	297
経常利益	11,167	29,096
特別利益	228	3,719
特別損失	1,753	4,576
税金等調整前当期純利益	9,642	28,240
法人税等	4,346	7,210
当期純利益	5,295	21,029
非支配株主に帰属する当期純利益	267	△807
親会社株主に帰属する当期純利益	5,028	21,836

売上高はシチズンのほうが若干上回る（1.15倍程度）

しかし

営業利益では差が拡大し、シチズンがセイコーの2倍の水準に

営業外収益の影響で、経常利益ベースではさらに差が拡大

最終利益ではシチズンがセイコーの4倍の水準に

連結貸借対照表（単位：百万円）

	セイコー（2023年3月期）	シチズン（2023年3月期）
現金及び預金	36,324	82,490
受取手形及び売掛金	38,249	55,799
棚卸資産	83,775	108,490
流動資産	173,410	259,642
有形固定資産	111,149	79,521
無形固定資産	15,522	4,751
投資その他の資産	55,833	46,066
固定資産	182,505	130,340
資産合計	355,915	389,982
流動負債	162,157	79,317
固定負債	62,009	77,889
負債合計	224,166	157,206
うち有利子負債	138,207	65,115
資本金	10,000	32,648
資本剰余金	7,245	33,740
利益剰余金	81,520	150,483
自己株式	△248	△28,581
株主資本合計	98,517	188,290
その他の包括利益累計額	31,275	35,888
非支配株主持分	1,956	8,596
純資産合計	131,748	232,775
負債・純資産合計	355,915	389,982

手許キャッシュはシチズンが2.3倍程度

売上規模の大きいシチズンが若干多く抱える

設備等の有形固定資産はセイコーのほうが多く抱えている状況

売上規模と同様、シチズンが若干上回る

借入水準はシチズンがセイコーの半分程度

内部留保はシチズンのほうが上回る

49

実践！

各種指標分析

実際の企業の決算書からさまざまな分析をしてみよう

実際に財務指標を使ってみる

ここまでで学んだ主な財務指標をうまく使いながら、実際の決算書の分析を行なってみましょう。48項でも紹介したセイコーとシチズンの連結決算書概要を左のページに示し、その下に、各種財務比率の計算結果を載せてあります。

収益性の高さはシチズン

まずは注目度の高いROEです。セイコーの3・87%に対してシチズンは9・74%ですから、シチズンが倍以上の差をつけて勝っています。36項で学んだようにこれを3つに分解してみると、下のようになります（四捨五入の関係で、端数のずれが生じます）。

こうしてみると、総資本回転率は同水準、財務レバレッジはセイコーが上回る一方で、**売上高利益率で3倍以上の差**がついており、利益率が高いシチズンのほうがセイコーと比べて高い収益性を誇っていることがわかります。

セイコー　ROE3.87%＝
売上高利益率×総資本回転率×財務レバレッジ
1.93%　0.73回　2.74倍

シチズン　ROE9.74%＝
売上高利益率×総資本回転率×財務レバレッジ
7.25%　0.77回　1.74倍

販管費の差で利益率が逆転

本業の収益力を示す売上高営業利益率を比較してみると、違いは明らかです。セイコーが4・31%であるのに対して、シチズンは7・87%となっており、2倍まではいきませんが、かなりの差がついています。一方、売上総利益率の段階でみると、セイコー42・92%、シチズン40・54%とセイコーのほうが勝っています。

売上総利益率と売上高営業利益率で逆転が生じるということは、**売上高に対する販管費の水準をシチズンのほうが低く抑えることができており**、その結果が営業利益での収益性の差になって表れているといえます。

財務安全性でもシチズンに軍配

流動比率、当座比率、自己資本比率など安全性に関連する指標についても比較してみると、短期の支払能力からみた安全性、負債と自己資本のバランスからみた安全性ともにシチズンのほうが良好な結果となっており、財務安全性の面でもシチズンに軍配が上がると考えてよいでしょう（セイコーも一定水準は確保しており、危険領域にあるわけではありません）。

以上のように、財務比率をうまく使うと同業他社の違いが浮き彫りになるので、ぜひトライしてみてください。

プラス1　ROIC

最近よく使われる指標に「ROIC」という指標があります。

Return On Invested Capitalの頭文字をとったもので、企業に対する資金の出し手である株主や債権者から調達した資金を事業に投下して、その投下資本からどれだけのリターンを得たのかを測ります。具体的には、NOPAT（税引後営業利益）を投下資本（有利子負債＋株主資本）で割って算出します。

ROEはあくまで株主資本に対してどれだけの収益性かを測る指標ですが、ROICの場合は株主だけでなく、他人資本である有利子負債まで含めてトータルの投下資本に対する収益性をみる点が相違点となります。

■セイコーとシチズンの連結決算書概要と各種財務比率

連結損益計算書（単位：百万円）

	セイコー（2023年3月期）	シチズン（2023年3月期）
売上高	260,504	301,366
売上原価	148,706	179,186
売上総利益	111,798	122,180
販売費及び一般管理費	100,564	98,472
営業利益	11,233	23,708
営業外収益	3,053	6,248
うち受取利息配当金	970	2,414
営業外費用	3,119	860
うち支払利息	1,139	297
経常利益	11,167	29,096
特別利益	228	3,719
特別損失	1,753	4,576
税金等調整前当期純利益	9,642	28,240
法人税等	4,346	7,210
当期純利益	5,295	21,029
非支配株主に帰属する当期純利益	267	△807
親会社株主に帰属する当期純利益	5,028	21,836

連結貸借対照表（単位：百万円）

	セイコー（2023年3月期）	シチズン（2023年3月期）
現金及び預金	36,324	82,490
受取手形及び売掛金	38,249	55,799
棚卸資産	83,775	108,490
流動資産	173,410	259,642
有形固定資産	111,149	79,521
無形固定資産	15,522	4,751
投資その他の資産	55,833	46,066
固定資産	182,505	130,340
資産合計	355,915	389,982
流動負債	162,157	79,317
固定負債	62,009	77,889
負債合計	224,166	157,206
うち有利子負債	138,207	65,115
資本金	10,000	32,648
資本剰余金	7,245	33,740
利益剰余金	81,520	150,483
自己株式	△248	△28,581
株主資本合計	98,517	188,290
その他の包括利益累計額	31,275	35,888
非支配株主持分	1,956	8,596
純資産合計	131,748	232,775
負債・純資産合計	355,915	389,982

各種財務比率

		セイコー（2023年3月期）	シチズン（2023年3月期）
売上総利益率	%	42.92%	40.54%
売上高営業利益率	%	4.31%	7.87%
売上高当期純利益率	%	1.93%	7.25%
ROE（株主資本利益率）	%	3.87%	9.74%
ROA（総資本利益率）	%	1.41%	5.60%
ROA（総資本事業利益率）	%	3.43%	6.70%
総資本回転率	回	0.73	0.77
財務レバレッジ	倍	2.74	1.74
売上債権回転月数	月	1.76	2.22
棚卸資産回転月数	月	3.86	4.32
流動比率	%	106.94%	327.35%
当座比率	%	45.99%	174.35%
固定比率	%	140.61%	58.14%
固定長期適合率	%	95.15%	43.15%
自己資本比率	%	36.47%	57.48%

※各種財務比率のB/S項目は、期中平均ではなく、簡便的に期末の金額を用いている。

50

実践！ セグメント分析

どの事業で稼ぎ、どこに投資しているのかを理解する

実際にセグメント分析する

セイコーのセグメント情報を使って、実際にセグメント分析をしてみましょう。セイコーの2023年3月期のセグメント情報を左のページに示し、その下にセグメント情報から得られる情報を少し整理して載せています。セイコーの事業構造にはどんな特徴があるのかを考えながら見ていきましょう。

時計以外の事業も結構ある

セイコーのセグメントは、時計や高級宝飾品などを中心とした「エモーショナルバリューソリューション事業」、マイクロ電池などの電子デバイス、さまざまな用途に使われる精密部品などを手がける「デバイスソリューション事業」、ITシステムやIoTソリューションなどを提供する「システムソリューション事業」の3つに区分されています。時計のイメージが強いセイコーですが、実は時計以外の事業もしっかり確立していることがわかります。

最初に事業ごとの売上高を見てみましょう。売上高構成比を見ると、時計事業を中心としたエモーショナルバリューソリューション事業が売上高の6割以上を占める一番の稼ぎ頭であることがわかります。利益面でも、同事業が半分以上を占めています。やはりセイコーに対するみなさんのイメージどおり、**半分以上は時計関連の事業が占めている**構造であることがわかります。

収益性はシステムソリューション

一方、収益性という視点で、セグメントごとの売上高利益率や総資産利益率に目を移すと、規模の面では最も小さいシステムソリューション事業が唯一、売上高利益率、総資産利益率ともに10%を超えており、3事業の中で最も収益性が高いことがわかります。

本社共通費の負担は重め

調整額という項目は、主に本社共通費や本社資産などを表しています。利益を見ると、3セグメントの単純合計では210億円ですが、最終的な連結営業利益は112億円となってしまいます。この差の主要因が本社共通費です。**セグメント利益の半分が吹っ飛んでしまう**わけですから、かなり重たい負担であるといえます。別の見方をすれば、各セグメントがもっと収益性を上げることで、この本社共通費の負担を薄めなければならないともいえます。

なお、セイコーは、セグメントごとの減価償却費などを記載していないのでキャッシュ・フロー情報を得ることはできませんが、以上のようにセグメント情報を活用して、グループの事業構造の理解にトライしてみましょう。

プラス1　セグメント間振替

セグメント情報の売上高を見ると、「外部顧客に対する売上高」と、「セグメント間の内部売上高又は振替高」に区分して表示されています。

セグメント間振替は、簡単にいえば連結グループ内部での取引です。あくまで内部取引ですから、最終的には消去されて連結決算書には残りません。

しかし、セグメント情報であえてこのような内部取引も示すことで、グループ内における各セグメントの位置づけや、グループ内における事業構造をより明確に理解することができるようにしているのです。

■セイコーのセグメント情報（2023年３月期）

（単位：百万円）

	報告セグメント				その他	合計	調整額	連結財務諸表計上額
	エモーショナルバリューソリューション事業	デバイスソリューション事業	システムソリューション事業	計				
売上高								
外部顧客への売上高	167,742	58,428	33,554	259,726	367	260,093	411	260,504
セグメント間の内部売上高又は振替高	3,053	6,101	3,071	12,226	741	12,968	△12,968	－
計	170,795	64,530	36,626	271,952	1,109	273,061	△12,557	260,504
セグメント利益	11,575	5,059	4,367	21,002	171	21,173	△9,940	11,233
セグメント資産	143,181	82,714	29,747	255,642	23,605	279,248	76,667	355,915

売上高の６割以上、利益の半分以上を時計を中心とするエモーショナルバリューソリューション事業で稼ぐグループ構造

各セグメントに直接紐付かない本社共通費の負担がかなり大きい

	エモーショナルバリューソリューション事業	デバイスソリューション事業	システムソリューション事業	計	その他	合計	調整額	連結財務諸表
外部売上高構成比	64%	22%	13%	100%	0%	100%	0%	100%
売上高構成比（内部売上高含む）	66%	25%	14%	104%	0%	105%	−5%	100%
セグメント利益構成比（対連結営業利益）	103%	45%	39%	187%	2%	188%	−88%	100%
セグメント利益構成比（対セグメント利益合計）	55%	24%	21%	2276%	210%	2486%	683%	3168%
売上高利益率	6.78%	7.84%	11.92%	7.72%	15.42%	7.75%	79.16%	4.31%
総資産利益率	8.08%	6.12%	14.68%	8.22%	0.72%	7.58%	−12.97%	3.16%
総資本回転率	1.19	0.78	1.23	1.06	0.05	0.98	−0.16	0.73

売上、利益規模で最も小さいシステムソリューション事業が最も高い収益性を誇る

デバイスソリューション事業は資産効率が他に比べると低め

ワンポイント・コラム

なぜROEが重視されるのか？

最近、ROEを重視する日本企業が増えていますが、これはどのような背景によるものなのでしょうか。また、ROEを重視するとしても、落とし穴などはないのでしょうか。そういった視点を切り口に、ROEについて、もう少し深く考えてみたいと思います。

■ROE重視の経営＝株主重視の経営？

企業の周辺には、株主や銀行などの債権者、また従業員など、さまざまな利害関係者が存在するわけですが、そのような中で最も注目が集まりやすいのが株主であるといえるでしょう。法律上、株式会社の所有者は出資者である株主ですから、当然といえば当然のことかもしれません。そして、その株主を重視した経営とセットのように語られる財務指標が、自己資本利益率、すなわちROEなのです。

なぜROEを重視することが、株主重視の姿勢と捉えられることになるのでしょうか。株主にとっての経済的な利益は、株価の値上がりを背景とした売却利益（キャピタル・ゲイン）か、配当金の受取りによる利益（インカム・ゲイン）のいずれかです。実はこのような株主利益に直結する指標がROEなのです。

■利益獲得と株主還元とROE

すでに学んだように、ROEは当期純利益を自己資本で割ることで求められますが、このROEを高めたい場合、単純に考えれば、分子の当期純利益を増やすか、分母の自己資本を減らすかのどちらかです。

株価の値上がり要因にはさまざまなものがありますが、やはりしっかりと利益を稼いでいる企業かどうかは非常に大きな要素です。ですから、利益を増やしてROEを高めれば、株主利益につながりやすいと理解されるわけです。

また、配当や自社株買いで株主還元を行なうと、分母の自己資本が小さくなり、やはりROEが向上します。つまり、高いROEを維持するには積極的な株主還元も必要なのです。

このように、株主利益につながる企業行動を行なえば、自然とROEが高まることになるため、株主重視の姿勢を示すためには、ROEを重視するのが一番の近道であり、そのような理由から重視する企業が増えているといえます。

■自己資本が薄いとROEは高まる？

ただし、気をつけなければならないのが、財務体質が悪いという理由で、自己資本が非常に薄い状態である場合にも、ROEが高く算出されることがあるという点です。財務レバレッジを高めればROEも高まることを学びましたが、それが極端なケースです。

ですから、ROEだけを盲信するのではなく、自己資本比率など企業の安全性も同時に検討しながら、うまく活用していくことがポイントです。

ここまでお読みいただき、ありがとうございます。
巻末からは、実際の決算書を使った「分析レクチャー」を
ご用意しました。
最初はレクチャー内容を見ないで、自分で分析してみてくださいね。

ぜひ、チャレンジしてみてください！

日、一方のパイロットは106.2日ですから、**パイロットのほうが57.7日分も在庫を多く抱えている**という計算になり、在庫の効率化という観点ではコクヨに軍配が上がります。このあたりが効いてきて、最終的なCCCについてもコクヨのほうが勝るという結果になっているようです。

❺ 財務健全性にどのような違いがあるのか

最後に、両社の財務健全性について見てみましょう。両社の内部留保について把握するために**利益剰余金**の金額を確認すると、コクヨは2,079億円、パイロットは1,194億円となっており、コクヨの内部留保のほうが厚めであることがわかります。

また、自己資本比率についてもチェックしておくと、コクヨ70.6%、パイロット74.5%となっており、こちらはパイロットのほうが上回っていますが、わずかな差であり、**両社ともに高い水準**を確保しているといってよいでしょう。

両社の連結貸借対照表をよく見ると、借入金はそう多く計上されていません。保有する現金及び預金や短期の有価証券といった手許流動性から有利子負債合計を控除して算出した**ネットキャッシュ**を両社について算出しておきます。

（単位：百万円）

	コクヨ	パイロット
現金及び預金	68,467	46,128
短期有価証券	29,996	－
小計	98,463	46,128
有利子負債	9,467	4,465
差引：ネットキャッシュ	88,996	41,663

上記のとおり、両社ともネットキャッシュは大幅にプラスとなっており、**実質無借金経営**をしているといってよいでしょう。

このように財務の面からみると、両社で若干の差はありますが、いずれも一般的な水準からすればかなり健全な内容であるということができます。

売上高営業利益率：$\dfrac{\text{営業利益}19{,}321}{\text{売上高}300{,}929} = 6.42\%$

パイロット

売上総利益率　　：$\dfrac{\text{売上総利益}60{,}112}{\text{売上高}112{,}850} = 53.27\%$

売上高営業利益率：$\dfrac{\text{営業利益}21{,}244}{\text{売上高}112{,}850} = 18.82\%$

本業の収益力を示す売上高営業利益率を比較してみると違いは明らかです。コクヨは6.42%、パイロットは18.82%となっており、コクヨの３倍近い水準です。では、この差はどこで生じているのでしょうか。

売上総利益率について見てみると、コクヨ38.77%、パイロット53.27%となっていますから、ここですでに14.5ポイントもの差がついています。売上総利益率でこれだけの差がつくということは、**パイロットのほうが製品そのものの付加価値を高めることができている**ということになり、その差がそのまま収益性の差になって表れているといえます。販売費及び一般管理費を差し引く前の純粋な販売利益だけでここまでの差がついてしまっているというのは驚きですね。

❹ CCCで資金化のスピードをチェック

次は少し視点を変えて、CCC（キャッシュ・コンバージョン・サイクル）を算出して、資金化のスピードについて確認してみましょう。CCCは、売上債権回転日数（日）に棚卸資産回転日数（日）を足して、仕入債務回転日数（日）を差し引くことによって求められます。両社について算出したのが次の表です。

◆売上債権回転日数（日）　＝　売上債権　÷　売上高　×　365日
◆棚卸資産回転日数（日）　＝　棚卸資産　÷　売上高　×　365日
◆仕入債務回転日数（日）　＝　仕入債務　÷　売上高　×　365日

（単位：日）

	コクヨ	パイロット
売上債権回転日数	83.7	73.5
棚卸資産回転日数	48.5	106.2
仕入債務回転日数	65.5	46.4
CCC	66.7	133.3

コクヨのCCCが66.7日、パイロットのCCCが133.3日ですから、運転資金から見た資金効率という観点では、コクヨのほうがパイロットよりも効率的であるといえます。中身についてみると、**棚卸資産の部分での差が大きい**ようです。棚卸資産回転日数を比較すると、コクヨは48.5

$$\text{ROE} = \text{売上高当期利益率} \times \text{総資本回転率} \times \text{財務レバレッジ}$$

$$\left(\frac{\text{当期純利益}}{\text{売上高}}\right) \quad \left(\frac{\text{売上高}}{\text{総資産}}\right) \quad \left(\frac{\text{総資産}}{\text{自己資本}}\right)$$

コクヨ

$$\text{売上高当期利益率}：\frac{\text{親会社株主に帰属する当期純利益18,375}}{\text{売上高300,929}} = 6.11\%$$

$$\text{総資本回転率}：\frac{\text{売上高300,929}}{\text{総資産337,166}} = 0.89\text{回}$$

$$\text{財務レバレッジ}：\frac{\text{総資産337,166}}{\text{純資産合計239,745}-\text{非支配株主持分1,873}} = 1.42\text{倍}$$

パイロット

$$\text{売上高当期利益率}：\frac{\text{親会社株主に帰属する当期純利益15,773}}{\text{売上高112,850}} = 13.98\%$$

$$\text{総資本回転率}：\frac{\text{売上高112,850}}{\text{総資産156,542}} = 0.72\text{回}$$

$$\text{財務レバレッジ}：\frac{\text{総資産156,542}}{\text{純資産合計117,989}-\text{非支配株主持分1,436}} = 1.34\text{倍}$$

こうしてみると、売上高当期利益率でパイロットが倍以上の差をつけて上回っており、収益力に大きな開きがある様子がわかります。総資本回転率、財務レバレッジについては、いずれもコクヨのほうがやや上回っていますから、これによってROEの差は若干ですが縮まっているといえます。ただ、売上高当期利益率の差がかなり大きいため、結果として、純粋に売上高に対して稼ぎ出す利益という意味での収益性の差が、そのままROEの差となって反映されているとみてよいでしょう。

❸ 利益率の差はどこで生まれているのか？

売上高当期利益率の差について分析をするには、損益計算書のどの段階で差が生じているのかを考えていかなければなりません。ここでは、売上総利益率と売上高営業利益率の２つに注目してみましょう。

コクヨ

$$\text{売上総利益率}：\frac{\text{売上総利益116,671}}{\text{売上高300,929}} = 38.77\%$$

解答例

❶ まずは大まかに業績の比較をしてみよう

連結損益計算書の**売上高**を比較すると、コクヨは3,009億円、パイロットは1,128億円ということですから、売上規模の面で見ると、**コクヨのほうが2.7倍程度の差をつけて上回っている**ことがわかります。

一方、利益面については、**最終利益**を比較するとコクヨは183億円、パイロットは157億円となっており、**規模で劣るパイロットがコクヨに肉薄**しています。本業の利益である**営業利益**について確認をすると、コクヨ193億円、パイロット212億円となっており、本業の収益力の点でみると、**規模で劣るパイロットが逆転**する結果となっているようです。

つまり、売上高規模の面では2.7倍の差があるものの、売上高規模の小さいパイロットが営業利益では勝っているわけですから、本業の収益力という面ではパイロットのほうがずいぶんと優位に立っている様子が伝わってきます。

❷ ROEの分析をしてみよう

〈ROEはどちらに軍配？〉

ROEは次の算式で算定することができました。この算式を踏まえて、両社のROEを算定すると以下のようになります。

$$\text{ROE（自己資本利益率）} = \frac{\text{親会社株主に帰属する当期純利益}}{\text{純資産合計－新株予約権－非支配株主持分}}$$

コクヨ

$$\frac{\text{親会社株主に帰属する当期純利益}\mathbf{18,375}}{\text{純資産合計}\mathbf{239,745}\text{－非支配株主持分}\mathbf{1,873}} = \mathbf{7.72}\%$$

パイロット

$$\frac{\text{親会社株主に帰属する当期純利益}\mathbf{15,773}}{\text{純資産合計}\mathbf{117,989}\text{－非支配株主持分}\mathbf{1,436}} = \mathbf{13.53}\%$$

このようにROEでは、パイロットがコクヨに対して5.8ポイント程度の差をつけて上回っており、収益性の違いが反映されているといえます。では、この違いはどこから生まれるのかについて、少し分解して考えてみましょう。

〈ROEを３つに分解してみる〉

ROEは次のように、売上高当期利益率、総資本回転率、財務レバレッジの３つに分解して考えることができるので、以下のとおり分解してみましょう。

❹ CCCで資金化のスピードをチェック

CCC（キャッシュ・コンバージョン・サイクル）を算出して，運転資金の資金効率の観点からどのようなことがいえるか考えてみましょう。

	コクヨ	パイロット
売上債権回転日数（日）		
棚卸資産回転日数（日）		
仕入債務回転日数（日）		
CCC（日）		

以上の計算結果からどのようなことがいえるでしょうか。

❺ 財務健全性にどのような違いがあるのか

最後に，両社の財務の特徴や自己資本比率などについて比較をして，どのような違いがあるのかについて考えてみましょう。

パイロット

売上高当期利益率：$\dfrac{\square}{\square} = \square$

総資本回転率　　：$\dfrac{\square}{\square} = \square$

財務レバレッジ　：$\dfrac{\square}{\square} = \square$

以上のとおりROEを分解した結果、両社のROEの差についてどのようなことがいえるでしょうか。

❸ 利益率の差はどこで生まれているのか？

両社の利益率の差がどこで生まれているのかを把握するために、段階利益を使って売上総利益率と売上高営業利益率を計算してみましょう。

コクヨ

売上総利益率：$\dfrac{\square}{\square} = \square$

売上高営業利益率：$\dfrac{\square}{\square} = \square$

パイロット

売上総利益率：$\dfrac{\square}{\square} = \square$

売上高営業利益率：$\dfrac{\square}{\square} = \square$

以上のとおり売上総利益率と売上高営業利益率を計算した結果、両社の利益率の違いについてどのようなことがいえるでしょうか。

解答欄

❶ まずは大まかに業績の比較をしてみよう

両社の連結損益計算書を見て、業績面の比較をした場合にどんなことがいえるでしょうか。

❷ ROEの分析をしてみよう

次は両社のROEを自分で計算し、さらにそのROEを分解することにより、どういった違いがあるのかを考えてみましょう。

〈まずはROEを計算〉

両社の決算書から必要な数値を集計して、まずはそれぞれROEを算定してみましょう。

コクヨ

ROE　：　――――　＝

パイロット

ROE　：　――――　＝

〈次はROEの分解〉

ROEを売上高当期利益率、総資本回転率、財務レバレッジの３つに分解してみましょう。

コクヨ

売上高当期利益率：　――――　＝

総資本回転率　：　――――　＝

財務レバレッジ　：　――――　＝

負債の部		
流動負債		
❹ 支払手形及び買掛金	53,971	14,354
❺ 短期借入金	4,329	4,441
❺ １年内返済予定の長期借入金	138	8
未払費用		2,755
未払法人税等	818	4,691
賞与引当金	1,158	665
役員賞与引当金		77
環境対策引当金		266
その他	19,077	9,531
流動負債合計	79,494	36,792
固定負債		
❺ 長期借入金	5,000	16
長期預り保証金	5,450	
関係会社事業損失引当金	20	
役員退職慰労引当金		119
環境対策引当金		49
役員株式給付引当金		24
退職給付に係る負債	82	670
繰延税金負債	4,232	85
その他	3,141	794
固定負債合計	17,927	1,760
負債合計	97,421	38,552
純資産の部		
株主資本		
資本金	15,847	2,340
資本剰余金	18,127	7,923
❺ 利益剰余金	207,910	119,401
自己株式	△19,215	△10,858
株主資本合計	222,670	118,806
その他の包括利益累計額		
その他有価証券評価差額金	13,109	659
繰延ヘッジ損益	△34	
為替換算調整勘定	1,745	△2,587
退職給付に係る調整累計額	380	△324
その他の包括利益累計額合計	15,201	△2,252
❶❷❺ 非支配株主持分	1,873	1,436
❶❷❺ 純資産合計	239,745	117,989
負債純資産合計	337,166	156,542

連結貸借対照表（単位：百万円）

		コクヨ 2022年12月期	パイロット 2022年12月期
	資産の部		
	流動資産		
❺	現金及び預金	68,467	46,128
❹	受取手形、売掛金及び契約資産	68,997	22,738
❺	有価証券	29,996	
❹	商品及び製品	31,822	21,354
❹	仕掛品	2,394	6,922
❹	原材料及び貯蔵品	5,789	4,558
	その他	7,639	4,987
	貸倒引当金	△106	△84
	流動資産合計	215,001	106,606
	固定資産		
	有形固定資産		
	建物及び構築物（純額）	20,569	12,286
	機械装置及び運搬具（純額）	6,399	5,687
	建物及び構築物		27,243
	減価償却累計額		△14,956
	機械装置及び運搬具		37,266
	減価償却累計額		△31,579
	その他		20,221
	減価償却累計額		△17,596
	土地	28,298	7,549
	建設仮勘定	710	2,874
	その他（純額）	5,126	2,624
	有形固定資産合計	61,105	31,023
	無形固定資産		
	のれん	7,145	
	ソフトウエア	5,339	
	借地権		5,355
	その他	3,648	913
	無形固定資産合計	16,133	6,268
	投資その他の資産		
	投資有価証券	35,574	5,728
	長期貸付金	332	
	退職給付に係る資産	4,002	1,635
	繰延税金資産	800	4,421
	その他	4,589	891
	貸倒引当金	△373	△32
	投資その他の資産合計	44,926	12,643
	固定資産合計	122,165	49,936
❷❺	資産合計	337,166	156,542

連結損益計算書（単位：百万円）

	コクヨ 2022年12月期	パイロット 2022年12月期
❷❸❹ 売上高	300,929	112,850
売上原価	184,258	52,738
❸ 売上総利益	116,671	60,112
販売費及び一般管理費	97,350	38,867
❸ 営業利益	19,321	21,244
営業外収益		
受取利息	131	320
受取配当金	735	271
不動産賃貸料	879	
持分法による投資利益	570	
為替差益	162	705
その他	373	274
営業外収益合計	2,853	1,571
営業外費用		
支払利息	183	110
不動産賃貸費用	196	
固定資産廃棄損	178	
控除対象外消費税等	104	
その他	158	72
営業外費用合計	820	183
経常利益	21,355	22,633
特別利益		
持分変動利益	33	
投資有価証券売却益	1,946	1
固定資産売却益	376	492
貸倒引当金戻入額	13	
関係会社事業損失引当金戻入額	8	
補助金収入	108	
特別利益合計	2,487	493
特別損失		
固定資産解体費用	186	
減損損失	30	
投資有価証券評価損	63	
貸倒引当金繰入額	140	
関係会社株式評価損	55	
固定資産売却損		0
固定資産除却損		117
環境対策費		369
特別損失合計	477	487
税金等調整前当期純利益	23,364	22,638
法人税、住民税及び事業税	3,808	8,303
法人税等調整額	996	△1,520
法人税等合計	4,805	6,782
当期純利益	18,559	15,855
非支配株主に帰属する当期純利益	184	82
❶❷ 親会社株主に帰属する当期純利益	18,375	15,773

理解度テスト2

コクヨとパイロットの決算書比較

次ページ以降に示したのは、いずれも文具業界を代表する企業であるコクヨとパイロットコーポレーション（以下、パイロット）の決算書です。両社の決算書を比較して、読者のみなさん自身でも決算書の分析にトライしてみましょう。

決算書の次に、分析指標やあなたが考えたことを記入する欄も設けておきましたので、まずはじっくりと考えて、ご自身で決算書の分析を行なってみてください。

同じ内容について異なる表示科目が使用されている場合には、比較しやすくするために、筆者の判断で表示科目を一部変更または集約している場合があります。また、各種財務比率の貸借対照表項目は、期中平均ではなく、簡便的に期末の金額を用いて算定することとします。

注目点に番号と青色を付しましたので、後述する「分析レクチャー」の番号の解説を参考にしてください。

〈財務指標に会計処理変更の影響〉

最後に、これら売上債権や棚卸資産に関して、回転日数を計算して５期間の中で顕著な変化があるかどうかについて確認しておきましょう。ここでは、１日平均売上高を使って、それぞれの回転日数を算出してみます。

（単位：日）

	2019年２月期	2020年２月期	2021年２月期	2022年２月期	2023年２月期
売上債権回転日数	46.8	46.0	54.0	46.1	118.1
棚卸資産回転日数	18.2	18.3	23.2	18.8	29.9

こうしてみると、２つの特徴があることがわかります。

まず、コロナ禍の影響が最も大きかった2021年２月期は、それまでの期と比較して、売上債権回転日数、棚卸資産回転日数ともに若干長期化しているものの、その後の2022年２月期には再び従前の水準に落ち着いているということがわかります。

しかし、それ以上に目立つのが、**2023年２月期の変化**です。この表をみると、いずれの日数も劇的な変化があったように見えます。これには理由があります。すでに説明した**会計処理の変更による影響**です。消化仕入を総額表示から純額表示に変更したことなどの理由で、見た目の売上高が大きく減少しました。実態に大きな変化があったわけではないのですが、会計処理の変更の影響により決算書の数値が大きく変わる場合、このように財務分析の指標にも重大な影響を及ぼす場合があるので注意が必要です。

では、このような場合にどうすればよいかというと、**同じ土俵で比較することができるように数字を調整して分析**すればよいのです。2023年２月期の会計処理の影響を調整した後の売上高の金額を算出したうえで、先ほどと同様の分析を再度行なってみましょう。

（単位：日）

	2019年２月期	2020年２月期	2021年２月期	2022年２月期	2023年２月期
売上債権回転日数	46.8	46.0	54.0	46.1	59.4
棚卸資産回転日数	18.2	18.3	23.2	18.8	15.0

今度は上記ほどの**大きな差ではなくなりました**。売上債権回転日数がやや長期化しているのが気になりますが、百貨店のビジネスにおいて売上債権が回収不能になるリスクは低いと考えられますから、そう心配することではないでしょう。もしかしたら、世の中のキャッシュレス決済がより進んだ影響かもしれませんし、単純にカード会社などからの入金タイミングといった条件に何かしらの変更があったのかもしれません。

このように、時として会計処理の変更は財務分析の指標にも重要な影響を与えます。決算書を利用する時には、できれば注記情報にまで目を通し、会計基準の新設や改正、それ以外でも何か会計処理の変更がなされていないかどうかに注意を払い、仮に変更がなされている場合には、同じ土俵で比較をするための調整をしてあげることが大事になるということを、この機会に知っておきましょう。

実は、**日本においても、同じような会計基準が導入されることがすでに予定**され、新会計基準の案が公表されていますので、２～３年後にはIFRSと同じような取扱いになることが想定されています。髙島屋の場合、日本国内の主要な百貨店店舗については、自社で土地や建物を所有しているケースも多く、そのような店舗については新しい会計基準の影響はありませんが、一部について賃借している店舗は、海外子会社と同じように使用権資産の計上を行なうことになると見込まれます。

〈圧倒的に大きい固定資産〉

次に、資産の構成について確認しておきましょう。５期間で重大な変動もないため、直近2023年２月期を例に確認してみます。

総資産は1.1兆円、このうち約４分の３の8,766億円を固定資産が占めており、さらに内訳について見ると、有形固定資産7,055億円が圧倒的に目立ちます。主な有形固定資産は、やはり建物と土地です。**建物及び構築物**が1,843億円、**土地**が4,199億円となっており、**百貨店を運営するにあたっての不動産が資産の大半を占めている**ということですね。不動産を賃借している店舗については、敷金などの保証金を差し入れており、これは投資その他の資産の**差入保証金**270億円が該当します。**店舗不動産については圧倒的に自社所有の割合が高い**という様子が、こういった数値にも反映されています。

また、ある程度の大型店舗を運営する事業形態ですから、やはり固定資産の負担が重くなってきます。このような回収に長期間を要する固定資産をきちんと長期資金でまかなうことができているかという視点でみた場合、固定資産8,766億円に対して純資産4,364億円、固定負債3,759億円を合計した金額が8,124億円ですから、完全ではないですが、ある程度は長期資金でカバーすることができているといえそうです。

〈軽めの流動資産〉

一方、流動資産は3,015億円と固定資産に比べれば軽めです。主な内訳としては、現金及び預金が908億円、売上債権が1,434億円、棚卸資産が363億円となっています。

百貨店は消費者相手の商売ですから、**販売代金は比較的早めに回収**することができます。最近は現金払いの人よりもクレジットカードを中心にキャッシュレスで支払う人の割合が多いと思われますが、その場合、クレジットカード会社などから入金がなされるまでの間は、売上債権として計上しておくことになります。

棚卸資産については、百貨店の店舗にあれだけ多種多様な商品が並んでいる割には、意外と少ないという印象を持った方もいるかもしれません。ここで思い出して欲しいのが、**消化仕入**という取引形態です。販売されて始めて仕入れたことにするという取引形態であれば、**百貨店としては在庫を保有する必要がありません**。百貨店のビジネスにおいては、もちろん自社で在庫を抱える場合もありますが、一方で自社在庫を抱えない消化仕入のような取引形態もかなりあるため、思ったよりは棚卸資産の金額が膨らまないといえます。

機会がなかなか訪れないという状況ですから、**売上は上がらずに営業赤字となる一方で、毎月の積立分だけキャッシュは流入してくるという構図**が生まれることになります。

決算書の項目だけでは、これ以上の詳細は見えない部分がありますし、積立制度の金額規模も見えないため、実際にどのくらいの影響があったかはわかりません。ただ、もしかしたら、こういった積立制度の特徴も、コロナ禍の時期のキャッシュ・フローに対して一定の影響を与えたのかもしれないと推測することはできます。

❸ 資産の動きと資産構成に注目してみよう

〈総資産増加の要因〉

まず、連結貸借対照表の総資産の推移を確認しましょう。

（単位：百万円）

	2019年２月期	2020年２月期	2021年２月期	2022年２月期	2023年２月期
総資産	1,078,130	1,168,503	1,150,506	1,144,335	1,178,201

５期分を並べると、１兆円から1.1兆円という水準で推移しています。少し大きな変動を見せているのが、**2019年２月期から2020年２月期にかけて**です。この１年間だけで900億円ほど総資産が増加し、その後は多少の変動はありますが、ある程度安定的に推移しています。

この大幅な増加の理由にも、実は会計処理の変更が影響しています。有形固定資産と無形固定資産の中にそれぞれ計上されている「**使用権資産**」という科目に注目してみましょう。

2019年２月期はまったく残高がないのに対して、2020年２月期になったら突如として有形固定資産に884億円、無形固定資産に51億円の残高が登場しています。総資産の増加額はほとんどこの使用権資産という新しい科目の登場によって説明ができそうですね。

〈海外子会社の会計処理〉

では、この使用権資産という科目は何を表しているのでしょうか。これは、**髙島屋の海外子会社が契約しているリース契約（賃貸借契約）に関するもの**です。髙島屋は日本国内だけではなく、シンガポール、上海、ホーチミンといった海外でもいくつかの店舗を運営しています。それら店舗を運営するために、海外子会社が土地や建物などを賃貸借契約によって借りています。そして、この**海外子会社はIFRSを採用している**ところがミソです。

こういった賃貸借契約はリース契約ともいわれますが、日本では普通、契約で定められた賃借料（リース料）を支払い、支払った分だけを費用に計上するという会計処理を行ないます。しかし、この当時、IFRSでは新しい会計基準ができました。その新しい会計基準の中では、リース契約を結んだ場合、**一定期間にわたってその土地や建物を「使用する権利」を得た**のであって、それは企業にとって資産価値が認められるものだという考え方に基づき、「使用権資産」として資産計上を義務づけることとなったのです。髙島屋の海外子会社は、店舗の賃貸借契約に関して日本国内とは異なる会計処理がなされることとなり、その結果として、髙島屋の連結貸借対照表にも「使用権資産」という新たな資産が計上されることとなりました。

これを考えるにあたっては、**カレンダーがヒント**となります。2021年２月28日は日曜日、2022年２月28日は月曜日なのです。**期末日が休日**となる場合に、取引先への各種支払いを前倒しで金曜日に済ませてしまうか、それとも週が明けてから行なうのか。これはそれぞれの企業のスタンスによります。この未払金の動きを見ると、おそらく髙島屋は、期末日が休日の場合には、週明けに支払いを行なっている可能性があります。**あくまでも決算書からの推測**になる部分もありますが、その影響もあって、2021年２月28日時点では未払金の支払いが留保されている分、キャッシュ・フローとしては125億円のプラスの影響が生じている可能性があるといえます。

〈積立制度の効果〉

その他、キャッシュ・フローとしてプラスの影響となっているのは、**前受金の増加額**と**その他の増減額**です。両方を合わせると284億円ものプラス影響が出ています。決算書の情報のみからこの理由を知るには限界があるのも事実ですし、これだけの金額ですから、おそらく複数の要因が重なっていると考えられます。

ひとついえるのは、連結貸借対照表の流動負債の「**その他**」に目をやると、2020年２月期は325億円であった残高が、**2021年２月期には519億円**に膨らんでいますから、負債側の影響による部分が大きいということです。

さまざまな要因があるのでしょうが、背景の１つとして考えられるのが、**百貨店特有の積立制度**です。みなさんは百貨店の積立制度をご存じでしょうか。髙島屋の場合は「タカシマヤ友の会」という名称がついているようですが、例えば毎月１万円を１年間積み立てると、１年後に満期がやってきた時に、積立合計額12万円に１万円プラスした13万円のお買い物券（最近は13万円の残高が入ったお買い物カードになっているようです）がもらえるという制度です。もらえるのは現金ではなく、あくまでもお買い物券やお買い物カードなので、髙島屋で使うことが前提となるのですが、髙島屋でよく買い物をする人にとっては非常にお得な制度ですし、投資商品として考えればなかなかの利回りになるということで、人気を集めている制度のようです。

この制度は百貨店にとっては非常によい制度で、**キャッシュを先取り**することができますし、そうやって積み立てた人は**必ず髙島屋で買い物をしてくれる**わけです。ボーナスで１万円プラスしている分は値引きのようなものと考えても、資金繰りに寄与しつつ、将来の販売機会を確保できるだけのメリットがあるということなのでしょう。

こういった形で先にお客さんから現金をもらった場合、**すぐに売上に計上するのではなく、**あくまでもお客さんがお買い物カードを使って商品を購入した時に売上を計上することになりますから、それまでの間は**何らかの負債として計上しておく**ことになります。

ここまででも説明したとおり、コロナ禍では店舗営業ができなかった時期もありましたし、その後も時短営業などの影響もあって売上高は大きく落ち込みました。一方で、コロナ禍前にこの積立制度に加入していた人たちは、コロナ禍の時期も継続的に毎月お金を積み立てます。それに対して、すでに満期が来てお買い物カードを手に入れた人たちにとっては、お店で使う

増でカバーしていくためには、**単純に計算して40億円ほど（＝17億円÷42%）売上を増やさなければなりません**。いかに大きなインパクトであるかが理解できるのではないでしょうか。

❷ キャッシュ・フローについて分析してみよう

次はキャッシュ・フローについて考えてみましょう。連結キャッシュ・フロー計算書の中からまずは大きなところということで、各活動区分のキャッシュ・フローについてまとめてみました。

（単位：百万円）

	2019年２月期	2020年２月期	2021年２月期	2022年２月期	2023年２月期
営業活動によるCF	67,913	40,608	43,720	21,044	36,497
投資活動によるCF	△85,815	△23,434	△27,034	△37,120	△10,707
FCF	△17,902	17,174	16,686	△16,076	25,790
財務活動によるCF	17,226	△23,483	2,303	△4,758	△32,428
キャッシュ残高	94,692	88,411	105,320	88,996	88,631

こうしてみると興味深いことに、**営業キャッシュ・フロー**はコロナ禍で赤字に陥った期も含めて、**５期間連続でプラス**になっています。しかも、業績が大きく回復した直近**2023年２月期と比較して**、コロナ禍の影響を最も大きく受けて営業赤字に転落した**2021年２月期のほうが多く稼いでいる**のです。これは一体どういうことなのでしょうか。

〈なぜ営業赤字で営業CFが多く稼げたのか〉

そのことを確認するために、営業キャッシュ・フローの中身について分析をしてみましょう。

2021年２月期の営業赤字は△134億円です。ここに非現金支出費用である**減価償却費**279億円を足すと、この段階で145億円のプラスにはなりますが、実際の営業キャッシュ・フローとはかなり乖離があります。

そこでもう少し詳しく見るために、次は**運転資本の増減**に目を通しましょう。2021年２月期はコロナ禍の影響で売上は減っていますから、取引量の減少により、売上債権、棚卸資産、仕入債務ともに減少している可能性が高いと思われます。実際に連結キャッシュ・フロー計算書を見るとそのとおりになっていて、売上債権と棚卸資産が減少したことで資金回収が進みプラスの影響が出る一方で、仕入債務の減少は支払いが進んだことを表しますから、マイナス影響となります。この３つをまとめると、**23億円ほどのプラスの影響が生じている**ことがわかります。

しかし、これでもまだ説明がつきません。そこで、次は**未払金の増減額**に注目してみましょう。未払金の増減額は、2021年２月期は未払金が増加したことで125億円のプラス影響、一方、翌2022年２月期は反対に未払金が減少したことで125億円のマイナス影響となっています。未払金は、通常は固定費の未払分などが含まれているのに、２期間でこんなにもブレるものなのでしょうか。

	2023年２月期
売上高	443,443
会計処理変更の影響	438,319
会計処理変更前の売上高	881,762

連結損益計算書の売上高に注記されている会計処理変更による影響額4,383億円を足し戻してあげると、仮に会計処理の変更がなかった場合の売上高が8,817億円と算定されることになります。コロナ禍前の2020年２月期が9,190億円ですから、**同じ土俵で比較してあげると、2023年２月期はコロナ禍前までもう少しのところまで回復してきている**ことがわかります。

〈新型コロナウイルス感染症による損失〉

また、ちょっと気にしておきたい科目があります。特別損失に計上されている「**新型コロナウイルス感染症による損失**」です。特に目立つのが2021年２月期で、この期は100億円を超える損失が計上されています。髙島屋の2021年２月期有価証券報告書の注記には、次の記載があります。

> 政府や地方自治体の要請を受け、グループ商業施設を臨時休業したことにより発生した固定費（人件費、賃借料、減価償却費等）であります。

コロナ禍の緊急事態宣言下においては、一時期、百貨店も休業を余儀なくされましたが、休業している間も人件費や賃借料をはじめとする固定費は発生し続けます。しかし、こういった状況下において発生する固定費は、**もはや正常な営業活動を行なうことができていない期間において発生した損失のようなもの**ですから、このような費用については、通常の人件費などの科目から特別損失に振り替えるという会計処理を行なっているのです。

このような会計処理は、小売業や飲食業などを中心に、緊急事態宣言下においてはよく見られたので、この時期としては一般的な取扱いだったといえます。

〈光熱費〉

最後にもう１つ。細かい部分ではありますが、販管費の中の「**光熱費**」に注目しましょう。

2021年２月期、2022年２月期はコロナ禍の影響で、必ずしも十分な営業ができなかったこともあり、光熱費はコロナ禍前の2020年２月期と比べて２割程度下がっています。しかし、直近**2023年２月期について確認すると124億円となっており、コロナ禍前と比べて16%ほど増加**する結果となっています。

昨今、電気代をはじめとしたエネルギーコストの上昇が非常に目立っていますから、おそらく髙島屋においてもその影響を受けているということではないでしょうか。コロナ禍前の107億円と比べると光熱費の増加は17億円であり、その分だけ利益を圧迫しています。2023年２月期における髙島屋の売上総利益率は42%となっていますから、17億円の光熱費増加を売上

商品を仕入れてから、それがいったん在庫となり、店頭に並んだ在庫を販売して売上が計上されます。仮に意図したとおりに商品が売れなければ、在庫が滞留してしまうリスクがあります。これに対して消化仕入という取引形態の場合、商品は百貨店の店頭に並んでいるものの、その段階ではまだ百貨店側は仕入れておらず、在庫にもなっていません。お客さんに**商品を販売して売上が計上されたタイミングで、仕入先から商品を仕入れたことにして**、その仕入代金を支払うという流れになります。お店で商品が消化されてから仕入れるというわけですね。

こういった取引形態をとれば、百貨店側としては、**不必要に売れない在庫を抱えてしまうリスクを負う必要がなくなります**。百貨店は、普段はなかなか売れないようなものも含めてバラエティ豊かな商品を店頭に取り揃えているところが１つの価値ですが、それら商品の在庫リスクをすべて負っていると経営が成立しない可能性もありますから、このような取引形態が生まれてきたのでしょう。

注記情報によれば、このような消化仕入について、従来は、売上高と売上原価を両建てで計上してきたものの、新しい会計基準の導入を踏まえて、**売上高と売上原価の差額である売上総利益部分だけを純額で売上高に計上する**ようにしたという説明がなされています。形の上では、仕入と売上という取引形態であるものの、実際には在庫リスクを負うこともないため、**髙島屋として生み出している付加価値は、あくまでも仕入原価と販売金額の差額の利益部分だけ**と考えるのが新しい会計基準に照らして妥当であるということで、このような変更がなされているのです。これまでは総額で計上してきたものを純額に変更したわけですから、**利益自体が変わるわけではないのですが、見た目の売上高は大幅に減少することになった**のです。時として会計基準の変更というのは、決算書の数値にこのような重要な影響をもたらすこともあることをぜひ知っておきましょう。

〈会計処理変更の影響〉

では、この会計処理の変更によってどれだけの影響が生じたのでしょうか。髙島屋が開示している注記情報に目を通すと、次のような記載があります。

> この結果、**当連結会計年度の営業収益は438,319百万円**、売上原価は426,577百万円、販売費及び一般管理費は13,268百万円それぞれ**減少**し、営業利益は1,525百万円、経常利益及び税金等調整前当期純利益は2,468百万円それぞれ増加しております。また、利益剰余金の期首残高は514百万円減少しております。

このように、会計処理の変更によってどのくらいの影響があったのかが示されていますから、この影響額の分を調整してあげれば、会計処理の変更がなかったとした場合の売上高の金額を算出することができます。そうすれば、前期以前と同じ土俵で比較をすることが可能となります。

費などが即座に削減できるわけではありません。売上は一瞬にしてなくなりますが、経費は固定費として重くのしかかってくるのです。

もちろん、髙島屋としても、経費を削減するような努力を相当行なったことと思います。実際に、販管費の中の「**役員報酬及び給料手当**」を確認すると、コロナ前の2020年２月期は698億円でしたが、コロナ禍となった2021年２月期では603億円と、**100億円近い人件費の削減**を行なっています。金額はそう大きくありませんが、「**役員賞与引当金繰入額**」も、**コロナ禍の２年間は発生していません**。つまり、役員へのボーナスはすべてカットし、人件費についても大幅に削減するという形で、まさに身を切ってコスト削減をすることで、こういった難局を乗り切ろうとした様子がよくわかります。

しかし、コロナ禍による売上高の落ち込みは、そういったことではカバーできないほどの規模となり、一気に赤字に転落してしまったということでしょう。

〈コロナ禍からの回復？〉

その後、**2022年２月期**は売上高、利益ともにかなりの回復を見せています。売上高は前年比11％増となり、営業黒字化も果たしました。

しかし、コロナ前である2020年２月期決算の水準と比較すると、やはり**回復は道半ば**といった状況がよくわかります。2022年２月期売上高の7,611億円という水準は、2020年２月期の9,190億円と比べれば８割程度の水準に留まっていますし、営業利益も2020年２月期の６分の１程度となっています。コロナ禍の影響がいかに長く続いたかがよくわかる決算といえます。

これが直近**2023年２月期**になると、**業績の急回復**が見られます。

ただ、ちょっと注意して見なければならない点があります。**売上高の水準だけを見ると、大幅な減少**となっているのです。回復道半ばであった2022年２月期の7,611億円に対して、40％以上も減となる4,434億円という水準になっています。これはいくらなんでもおかしいと思いませんか？

〈新しい会計基準〉

実は、この背景には会計処理の変更があります。資料として示した髙島屋が開示している注記情報を確認してみましょう。

注記によれば、「**収益認識に関する会計基準**」という新しい会計基準が適用されたことで、会計処理が一部変更になったことが読み取れます。特にポイントになるのが次の部分です。

> 当社グループが顧客への商品の販売と同時に取引先より商品を仕入れる、いわゆる消化仕入取引については、**これまで売上高及び売上原価のいずれにも取引額を計上しておりました**が、顧客への財又はサービスの提供における役割を判断した結果、**売上総利益相当額を売上高に計上する会計処理に変更**しております。

百貨店などの小売業界では、「**消化仕入**」という取引形態がしばしば見られます。普通は、

解答例

❶ まずは業績動向を把握してみよう

5期分の連結損益計算書を使って、まずは業績動向を大づかみしてみましょう。売上高、営業利益、経常利益、最終利益について、簡単にまとめると次のようになります。数字の下に前年比を示しておいたので、そちらも確認してください。なお、髙島屋のような小売業の場合、「営業収益」と「売上高」という科目を使い分けているケースもありますが、損益計算書のトップラインという意味での「売上高」としては「営業収益」を用いるのが適切です。以下では、これまでの解説を踏襲して「売上高」という用語を使いますが、これは連結損益計算書の「営業収益」を指していると考えてください。

（単位：百万円）

	2019年2月期	2020年2月期	2021年2月期	2022年2月期	2023年2月期
売上高	912,848	919,094	680,899	761,124	443,443
	—	0.7%	△25.9%	11.8%	△41.7%
営業利益	26,661	25,582	△13,496	4,110	32,519
	—	△4.0%	N/A	N/A	691.2%
経常利益	31,234	23,200	△13,637	6,903	34,520
	—	△25.7%	N/A	N/A	400.1%
税引前利益	24,476	24,957	△31,838	3,667	34,907
	—	2.0%	N/A	N/A	851.9%
最終利益	16,443	16,028	△33,970	5,360	27,838
	—	△2.5%	N/A	N/A	419.4%

〈コロナ禍による打撃〉

5期分並べてみると大きな変動が生じている様子がわかります。2020年2月期までは安定的に推移していた売上高、利益が、**2021年2月期決算では、売上高が大幅に落ち込むとともに営業赤字に転落**してしまっています。

2021年2月期というのは、2020年3月1日から始まり、2021年2月28日に終わる会計期間です。新型コロナウイルス感染症に関して、初めての緊急事態宣言が発令されたのが2020年4月のことでした。あの当時を思い出してもらえればわかると思いますが、世の中の経済活動がストップしてしまった時期ですから、百貨店を中心に営む髙島屋の業績がこれだけ落ち込んでしまったというのも納得です。緊急事態宣言などの影響で一時期は営業自体ができない期間もありましたし、営業再開後においても、すぐには客足が戻らなかったという状況は、読者のみなさん自身も消費者側の立場としてよくわかるのではないでしょうか。

〈人件費の大幅削減〉

そのような形で売上高が急に落ち込んだとしても、百貨店を運営するための固定費や本社経

解答欄

❶ まずは業績動向を把握してみよう

まずは５期分の連結損益計算書に目を通して、業績の動向について把握をした結果についてまとめてみましょう。売上高、営業利益、最終利益などの推移からどのようなことがいえるでしょうか。

❷ キャッシュ・フローについて分析してみよう

過去５期間のキャッシュ・フローの動向について連結キャッシュ・フロー計算書を使って分析してみましょう。それぞれの活動別にどのようなことがいえるでしょうか。

❸ 資産の動きと資産構成に注目してみよう

今度は連結貸借対照表に目を移して、この５期間での資産の動きから何を読み取れるか考えてみましょう。また、資産構成についてもどのような特徴があるか考えてみましょう。

髙島屋の注記事項（抜粋）

〈会計方針の変更に関する記載〉

（収益認識に関する会計基準等の適用）

「収益認識に関する会計基準」（企業会計基準第29号　2020年３月31日。以下「収益認識会計基準」という。）等を当連結会計年度の期首から適用し、約束した財又はサービスの支配が顧客に移転した時点で、当該財又はサービスと交換に受け取ると見込まれる金額で収益を認識することとしております。これによる主要な変更点は以下の通りであります。

当社グループが顧客への商品の販売と同時に取引先より商品を仕入れる、いわゆる消化仕入取引については、これまで売上高及び売上原価のいずれにも取引額を計上しておりましたが、顧客への財又はサービスの提供における役割を判断した結果、売上総利益相当額を売上高に計上する会計処理に変更しております。また、販売促進のためのポイント制度においては、これまで顧客に付与したポイントのうち将来使用見込み分を引当金に計上しておりましたが、顧客の購入金額に応じて付与するポイントを契約負債として計上し、履行義務が充足する時点で収益を認識する方法に変更しております。さらに、自社商品券について、これまで将来未使用見込み分を発行時に収益として認識しておりましたが、当該自社商品券が利用される可能性が極めて低くなった時点で収益を認識する方法に変更しております。

収益認識会計基準等の適用については、収益認識会計基準第84項ただし書きに定める経過的な取扱いに従っており、当連結会計年度の期首より前に新たな会計方針を遡及適用した場合の累積的影響額を、当連結会計年度の期首の利益剰余金に加減し、当該期首残高から新たな会計方針を適用しております。

この結果、当連結会計年度の営業収益は438,319百万円、売上原価は426,577百万円、販売費及び一般管理費は13,268百万円それぞれ減少し、営業利益は1,525百万円、経常利益及び税金等調整前当期純利益は2,468百万円それぞれ増加しております。また、利益剰余金の期首残高は514百万円減少しております。なお、１株当たり情報に与える影響は該当箇所に記載しております。

収益認識会計基準等を適用したため、前連結会計年度の連結貸借対照表において、流動資産に表示していた受取手形及び売掛金は、当連結会計年度より受取手形、売掛金及び契約資産に含めて表示することといたしました。また流動負債に表示していた前受金、商品券及びポイント引当金の一部は、当連結会計年度より契約負債として表示しております。なお、収益認識会計基準第89－２項に定める経過的な取り扱いに従って、前連結会計年度について新たな表示方法により組替えを行っておりません。

また、収益認識会計基準第89－３項に定める経過的な取扱いに従って、前連結会計年度に係る（収益認識関係）注記については記載しておりません。

投資活動によるキャッシュ・フロー					
定期預金の預入による支出	△2,513	△312		△188	△276
定期預金の払戻による収入	4,835	1,335	2		
有価証券及び投資有価証券の取得による支出	△13	△938	△32	△33	△1,737
資産除去債務の履行による支出			△1,847	△114	△171
関係会社株式の取得による支出			△2,409	△456	△836
有価証券及び投資有価証券の売却及び償還による収入	6,346	1,605	316	1,153	11,344
関係会社株式の売却による収入			378		
有形及び無形固定資産の取得による支出	△93,130	△44,540	△23,421	△32,939	△26,014
有形及び無形固定資産の売却による収入	285	20,145			6,756
長期貸付けによる支出					△2,016
関連会社への投資の払戻による収入		4,003			
連結の範囲の変更を伴う子会社株式の取得による支出	△1,466	△5,329			
連結の範囲の変更を伴う子会社株式の売却による支出			△638		
短期貸付金の純増減額（△は増加）				△2,772	978
その他	△160	597	618	△1,769	1,264
❷ 投資活動によるキャッシュ・フロー	△85,815	△23,434	△27,034	△37,120	△10,707
財務活動によるキャッシュ・フロー					
コマーシャル・ペーパーの増減額（△は減少）			10,000		
短期借入金の純増減額（△は減少）		1,700	7,500		△10,000
長期借入れによる収入	4,500	5,800	56,416	21,185	12,000
長期借入金の返済による支出	△4,520	△9,100	△34,665	△13,160	△3,160
コマーシャル・ペーパーの純増減額（△は減少）				△10,000	
社債の発行による収入	60,300			20,000	
社債の償還による支出	△40,000	△98	△25,105	△10,092	△60
リース債務の返済による支出		△7,471	△7,305	△8,319	△10,122
自己株式の取得による支出	△8	△9,816	0		△16,695
配当金の支払額	△4,193	△4,145	△4,001	△4,001	△4,001
連結の範囲の変更を伴わない子会社株式の取得による支出			△200		
非支配株主からの払込みによる収入	1,868				
その他	△719	△351	△336	△370	△388
❷ 財務活動によるキャッシュ・フロー	17,226	△23,483	2,303	△4,758	△32,428
現金及び現金同等物に係る換算差額	△2,226	28	△2,080	4,511	6,272
現金及び現金同等物の増減額（△は減少）	△2,902	△6,281	16,909	△16,323	△365
現金及び現金同等物の期首残高	95,120	94,692	88,411	105,320	88,996
新規連結に伴う現金及び現金同等物の増加額	2,474				
❷ 現金及び現金同等物の期末残高	94,692	88,411	105,320	88,996	88,631

髙島屋の連結キャッシュ・フロー計算書（単位：百万円）

	2019年２月期	2020年２月期	2021年２月期	2022年２月期	2023年２月期
営業活動によるキャッシュ・フロー					
税金等調整前当期純利益	24,476	24,957	△31,838	3,667	34,907
❷ 減価償却費	19,946	31,093	27,982	31,428	33,301
減損損失	1,259	8,980	6,846	2,619	5,018
のれん償却額	95	257	134	240	279
貸倒引当金の増減額（△は減少）	340	374	270	△329	234
退職給付に係る負債の増減額(△は減少)	△686	△2,167	△2,049	△2,661	△3,317
役員退職慰労引当金の増減額(△は減少)	△10	△9	33	△53	△8
ポイント引当金の増減額(△は減少)	△28	267	△369	△1,491	1,251
建物修繕工事引当金の増減額(△は減少)	△1,440	377	71	△3,661	
受取利息及び受取配当金	△2,135	△2,451	△1,666	△1,607	△1,951
支払利息	697	5,377	4,736	4,651	5,177
持分法による投資損益（△は益）	△2,988	△2,093	△1,012	△1,462	△2,689
固定資産売却損益（△は益）	14	△18,276			△4,800
固定資産除却損	4,014	2,055	629	2,883	1,906
助成金収入			△3,249	△1,110	△83
リース債務免除益			△1,680	△467	
新型コロナウイルス感染症による損失			10,321	2,207	46
投資有価証券売却損益（△は益）	△2,813	313	234	△2,501	△2,857
債務免除益				△313	
売上債権の増減額（△は増加）	24,178	△445	15,151	4,612	△47,295
棚卸資産の増減額（△は増加）	△829	△397	1,998	4,178	3,225
仕入債務の増減額（△は減少）	6,516	△6,055	△14,846	6,040	15,523
❷ 前受金の増減額（△は減少）			11,196	5,058	△118,420
預り金の増減額（△は減少）					31,407
❷ 未払金の増減額（△は減少）			12,571	△12,552	1,058
契約負債の増減額（△は減少）					97,056
❷ その他	4,251	6,283	17,280	△6,956	△9,624
小計	74,857	48,438	52,745	32,419	39,345
利息及び配当金の受取額	3,559	3,592	2,442	2,798	3,100
利息の支払額	△679	△5,364	△4,707	△4,665	△5,207
助成金の受取額			3,249	1,110	83
新型コロナウイルス感染症による損失の支払額			△7,160	△1,630	△65
法人税等の支払額	△9,823	△6,058	△2,848	△8,989	△759
❷ 営業活動によるキャッシュ・フロー	67,913	40,608	43,720	21,044	36,497

負債の部					
流動負債					
支払手形及び買掛金	108,560	102,626	86,965	93,698	110,663
短期借入金	13,320	42,185	28,220	18,160	9,660
１年内償還予定の社債	98	25,118	10,090	55	
コマーシャル・ペーパー			10,000		
リース債務	713	7,733	7,981	8,942	10,368
未払法人税等	5,052	5,076	8,356	1,040	3,219
前受金	100,593	101,717	112,897	118,105	
契約負債					96,912
商品券	52,503	53,037	54,074	58,206	43,571
預り金	31,693	24,000	26,030	23,936	55,543
ポイント引当金	2,530	2,796	2,427	944	2,201
役員賞与引当金	46	41			48
建物修繕工事引当金	3,207	74	3,661		
関係会社整理損失引当金		966			
❷ その他	30,895	32,539	51,918	29,726	33,542
流動負債合計	349,216	397,915	402,625	352,815	365,731
固定負債					
社債	95,554	70,394	60,277	80,203	80,173
長期借入金	85,809	55,344	98,565	116,345	123,750
リース債務	2,109	88,102	78,409	78,529	79,856
資産除去債務	2,027	3,524	5,028	5,451	5,872
退職給付に係る負債	50,890	56,137	53,083	51,556	50,206
役員退職慰労引当金	286	276	310	256	248
環境対策引当金	282	258	241	82	16
建物修繕工事引当金	5	3,516			
繰延税金負債	1,300	2,905	1,650	2,055	2,218
再評価に係る繰延税金負債	6,812	6,342	9,050	9,050	9,049
その他	22,248	27,914	26,153	27,499	24,593
❸ 固定負債合計	267,328	314,717	332,769	371,030	375,987
負債合計	616,545	712,632	735,395	723,846	741,718
純資産の部					
株主資本					
資本金	66,025	66,025	66,025	66,025	66,025
資本剰余金	55,026	55,026	54,790	54,790	54,790
利益剰余金	296,977	308,397	270,615	271,973	294,129
自己株式	△6,177	△15,993	△15,993	△15,994	△32,690
株主資本合計	411,851	413,456	375,437	376,795	382,255
その他の包括利益累計額					
その他有価証券評価差額金	10,821	5,990	8,873	7,429	8,366
繰延ヘッジ損益	0	0	1	0	△1
土地再評価差額金	6,993	5,926	2,945	2,945	3,972
為替換算調整勘定	8,723	8,948	5,969	10,995	19,811
退職給付に係る調整累計額	5,528	381	1,089	403	△1,079
その他の包括利益累計額合計	32,067	21,247	18,879	21,773	31,070
非支配株主持分	17,665	21,168	20,793	21,919	23,155
❸ 純資産合計	461,585	455,871	415,111	420,489	436,482
負債純資産合計	1,078,130	1,168,503	1,150,506	1,144,335	1,178,201

髙島屋の連結貸借対照表（単位：百万円）

		2019年２月期	2020年２月期	2021年２月期	2022年２月期	2023年２月期
	資産の部					
	流動資産					
❸	現金及び預金	97,090	89,820	106,675	90,672	90,841
❸	受取手形、売掛金及び契約資産	117,107	115,919	100,682	96,120	143,477
	有価証券			8		
❸	商品及び製品	43,802	44,374	41,843	37,867	35,201
❸	仕掛品	477	323	327	324	284
❸	原材料及び貯蔵品	1,240	1,276	1,139	1,107	869
	繰延税金資産	10,443				
	その他	37,740	36,704	33,595	44,424	31,625
	貸倒引当金	△335	△655	△664	△687	△770
❸	流動資産合計	307,568	287,764	283,607	269,828	301,530
	固定資産					
	有形固定資産					
❸	建物及び構築物（純額）	185,639	193,471	184,000	188,758	184,336
	機械装置及び運搬具（純額）	115	437	376	463	514
	工具、器具及び備品（純額）	14,313	15,973	13,610	11,971	11,340
❸	土地	411,507	412,051	411,031	418,387	419,938
	リース資産（純額）	2,758	2,876	3,139	2,569	1,625
	建設仮勘定	6,892	2,564	17,095	8,863	10,895
❸	使用権資産（純額）		88,429	77,281	75,291	76,867
❸	有形固定資産合計	621,228	715,804	706,535	706,306	705,517
	無形固定資産					
	借地権	10,671	10,567	10,070	10,603	11,125
	のれん	1,545	2,769	2,354	2,380	2,394
❸	使用権資産		5,193	4,673	5,973	6,477
	その他	16,734	19,409	19,341	16,973	17,086
	無形固定資産合計	28,951	37,939	36,439	35,931	37,084
	投資その他の資産					
	投資有価証券	81,743	76,598	75,222	74,563	78,699
❸	差入保証金	29,485	27,733	26,562	27,926	27,075
	繰延税金資産	6,102	20,112	19,959	26,375	23,746
	その他	5,301	4,856	4,740	5,614	6,909
	貸倒引当金	△2,250	△2,305	△2,562	△2,210	△2,361
	投資その他の資産合計	120,382	126,995	123,923	132,269	134,069
❸	固定資産合計	770,562	880,739	866,899	874,507	876,670
❸	資産合計	1,078,130	1,168,503	1,150,506	1,144,335	1,178,201

特別利益					
固定資産売却益		18,276		126	4,805
助成金収入			3,249	1,110	83
リース債務免除益			1,680	467	13
債務免除益				313	
その他		24	173	8	20
投資有価証券売却益	2,813	38		2,501	2,857
特別利益合計	2,813	18,339	5,104	4,527	7,781
特別損失					
固定資産除却損	7,708	5,432	1,868	2,883	1,906
投資有価証券評価損			3,348		
関係会社整理損失引当金繰入額		966			
減損損失	1,259	8,980	6,846	2,619	5,018
❶ 新型コロナウイルス感染症による損失			10,321	2,207	46
その他	603	1,202	921	52	423
特別損失合計	9,571	16,582	23,306	7,763	7,394
❶ 税金等調整前当期純利益	24,476	24,957	△31,838	3,667	34,907
法人税、住民税及び事業税	7,151	7,444	4,152	2,644	3,482
法人税等調整額	273	907	△2,869	△5,029	2,533
法人税等合計	7,425	8,351	1,282	△2,384	6,016
当期純利益	17,050	16,606	△33,121	6,052	28,891
非支配株主に帰属する当期純利益	607	577	849	691	1,052
❶ 親会社株主に帰属する当期純利益	16,443	16,028	△33,970	5,360	27,838

高島屋の連結損益計算書（単位：百万円）

	2019年2月期	2020年2月期	2021年2月期	2022年2月期	2023年2月期
❶ 営業収益	912,848	919,094	680,899	761,124	443,443
売上高	846,894	848,494	620,885	695,693	368,863
売上原価	629,490	633,368	471,620	527,980	182,262
❶ 売上総利益	217,403	215,125	149,265	167,713	186,601
その他の営業収入	65,953	70,599	60,013	65,430	74,579
営業総利益	283,357	285,725	209,278	233,143	261,180
販売費及び一般管理費					
広告宣伝費	27,166	26,426	17,231	23,050	9,097
ポイント引当金繰入額	2,530	2,796	2,427	944	2,201
配送費及び作業費	31,514	32,382	30,402	29,546	33,259
消耗品費	3,617	3,412	2,625	2,712	2,855
貸倒引当金繰入額	918	1,289	1,003	547	744
❶ 役員報酬及び給料手当	69,041	69,841	60,325	59,286	59,811
退職給付費用	2,970	1,628	1,960	1,473	1,129
❶ 役員賞与引当金繰入額	46	41			48
役員退職慰労引当金繰入額	57	60	58	46	54
福利厚生費	14,738	14,848	13,706	12,876	12,833
❶ 光熱費	10,501	10,745	8,636	8,914	12,494
支払手数料	7,364	7,600	5,903	7,302	8,318
不動産賃借料	34,993	24,280	20,473	21,937	22,825
機械賃借料	937	940	886	923	955
減価償却費	19,926	31,064	27,954	31,411	33,287
のれん償却額	187	349	227	240	279
その他	30,183	32,432	28,951	27,818	28,463
販売費及び一般管理費合計	256,695	260,142	222,775	229,033	228,660
❶ 営業利益	26,661	25,582	△13,496	4,110	32,519
営業外収益					
受取利息	1,034	1,281	517	425	810
受取配当金	1,100	1,169	1,148	1,181	1,141
助成金収入			1,629	3,076	389
持分法による投資利益	2,988	2,093	1,012	1,462	2,689
未回収商品券整理益					1,420
為替差益				1,023	614
固定資産受贈益	624	570			
その他	620	616	903	710	634
営業外収益合計	6,368	5,730	5,211	7,880	7,700
営業外費用					
支払利息	697	5,377	4,736	4,651	5,177
債務勘定整理繰戻損	234	247			
為替差損	399	166			
建物修繕工事引当金繰入額	192	2,115	145		
その他	271	207	470	436	522
営業外費用合計	1,795	8,113	5,351	5,087	5,699
❶ 経常利益	31,234	23,200	△13,637	6,903	34,520

理解度テスト 1

髙島屋の決算書分析

次ページ以降に示したのは、日本を代表する百貨店のひとつ、髙島屋の５期分の連結決算書（連結損益計算書、連結貸借対照表、連結キャッシュ・フロー計算書）と注記事項の抜粋です。

決算書の次に、分析指標やあなたが考えたことを記入する欄も設けておきましたので、まずはじっくりと考えて、ご自身で決算書の分析を行なってみてください。

注目点に番号と青色を付しましたので、後述する「分析レクチャー」の番号の解説を参考にしてください。

３期間について確認すると、**売上高は年間20％弱ずつ成長**していますし、**セグメント利益**については毎期安定して**200億円～250億円の利益を稼ぎ出しています**。サイバーエージェントにとってインターネット広告事業の歴史は古く、事業としてしっかりと確立しているということがよくわかる内容になっています。

〈ゲーム事業〉

最後にゲーム事業についても見ておきましょう。

ゲーム事業は、インターネット広告事業以上に大きな利益をもたらしています。特に**2020年９月期から2021年９月期の伸びが顕著**です。**売上高成長率は69％という驚異的な伸び**を見せていますし、**セグメント利益も303億円から３倍以上の964億円へとジャンプアップ**しています。しかし、翌2022年９月期については、売上高は13％減、セグメント利益は４割近く減少し605億円にとどまっています。とはいえ、2020年９月期と比べれば利益ベースで倍の水準ですし、インターネット広告事業以上に利益貢献している事実は変わりません。

インターネット広告事業は安定利益を計上していたのに対して、ゲーム事業においては、ユーザーは常に新しいものを求めますから、**ニーズに応じてヒットを生み出し続けることができるかどうか**が大きなポイントとなりますし、**その結果いかんで業績もブレやすい**という特性があります。こういった特性が非常によく表れた業績動向になっているといえるでしょう。

❸ 生み出した利益を新規事業へと投資するサイクル

各セグメントの業績動向について確認しましたが、３つの事業それぞれ特徴があって面白かったですね。これらを総合するとどのようなことが見えてくるでしょうか。

インターネット広告事業は非常に安定した収益基盤を持っており、毎期安定した利益が読める事業として確立しています。また、ゲーム事業については、業績のブレは一定程度見込まれるものの、最近の状況を見ると非常に好調が目立ち、インターネット広告事業以上にグループに対しての利益貢献をしている状況にあります。そして、**これら２事業で稼ぎ出した多額の利益を背景として、ABEMAという赤字が先行する新規ビジネスに思う存分投資をすることができる**というのが、サイバーエージェントのグループ構造であるといえます。

ワールドカップやWBCの放映権を獲得するには莫大な資金が必要となりますし、一時的にそれらのコンテンツ目当ての有料課金ユーザーが増加するかもしれませんが、決勝戦が終わってしまえば翌月には解約してしまうというユーザーもかなりいるでしょう。多額のコストをかける一方で、それが安定した収益基盤の確立につながる保証はどこにもないのです。それでも、これだけ思い切った投資に踏み切ることができるのは、百数十億円単位の赤字を出し続けても、グループの屋台骨がびくともしないような状況を、その他の事業の利益基盤が作り出しているからということです。

このようにグループ全体の連結決算書だけでは見えてこない**グループの事業構造を知ろうと思えば、セグメント情報の分析が欠かせない**ということがおわかりいただけたでしょうか。

上されています。ただし、新しいことにトライする時は失敗もつきものですから、そのような**失敗をタイムリーに損失処理した結果が、この減損損失になっている**と見てよいでしょう。

❷ 事業ごとの内訳はどうなっている？

では、グループ全体の業績動向に続いて、事業ごとの業績動向についても確認していきましょう。はじめに、サイバーエージェントグループのセグメントについて確認しておきます。セグメント情報の冒頭部分に、サイバーエージェントのセグメントについての説明があり、これによれば、メディア事業、インターネット広告事業、ゲーム事業の３事業がグループの柱となっていることがわかります。

〈メディア事業〉

まずは**メディア事業**から確認しましょう。メディア事業には、インターネットTVのABEMA事業や、ブログなどで有名なAmeba事業などが含まれていますが、ここでは最近注目のABEMAに着目してみましょう。

日常的にABEMAをよく見ているという方も最近はかなり増えたのではないでしょうか。日常的に見ないとしても、例えば、2022年のサッカーワールドカップのカタール大会の中継や、日本中を感動の渦に巻き込んだ2023年３月のWBC（ワールドベースボールクラシック）の中継などで、ABEMAのアプリをダウンロードしたという方も一定数いらっしゃるでしょう。日本戦は地上波でも中継していますが、サッカーの本田圭佑選手の独特の解説など、中にはABEMAの解説目当てで、あえてABEMAアプリで観戦したという方もいらっしゃると思います。

ABEMAは、それまでインターネット広告事業を基盤としてきた同社が新規事業として立ち上げた事業で、藤田晋社長自身もかなり力を入れているといわれています。実際、この３期間のメディア事業の**売上高**推移を見ても、2020年９月期570億円、2021年９月期828億円、2022年９月期1,121億円と、**右肩上がりの成長**を見せています。売上高成長率も40%前後ということですから、かなりの成長事業といってよいでしょう。ワールドカップやWBCという目玉イベントへ積極的に投資し、着実に視聴者を増やしているということがわかります。

一方、**セグメント損益**に目を移すと、こちらは**３期連続での赤字**となっています。赤字幅もかなり大きく、毎期100億円以上の赤字を出すという状況です。しかし、赤字幅は2020年９月期が182億円、2021年９月期が151億円、2022年９月期が124億円ですから、**年々縮小している**ようです。この手の新規事業は、ある程度は無料でサービス提供し、巨額の広告宣伝費を投じてユーザー数の拡大を優先して進めなければならず、どうしても赤字先行となりますが、最近は有料課金の視聴者が増えて売上が伸びてきたこともあり、少しずつですが赤字幅が縮小してきたということなのでしょう。

〈インターネット広告事業〉

これに対して**比較的安定した業績動向**となっているのが**インターネット広告事業**です。この

分析レクチャー

❶ まずはグループ全体の業績動向から

〈売上高と利益の状況〉

はじめにグループ全体の業績動向を連結損益計算書から探ってみましょう。３期間の売上高、営業利益、最終利益について整理してみます。

（金額単位：百万円）

	2020年９月期	2021年９月期	2022年９月期
売上高	478,566	666,460	710,575
売上高成長率	−	39%	7%
営業利益	33,880	104,381	69,114
最終利益	6,608	41,553	24,219

2020年９月期は4,785億円であった売上高が、翌年度には6,664億円と39%アップ、さらに直近2022年９月期では7,000億円を超える水準にまで大きく成長しています。これに対して営業利益は、2020年９月期338億円から翌年度は1,043億円へと大きく成長していますが、直近の2022年９月期では少し落ち着いて691億円となっています。最終利益については、基本的に営業利益に連動していると考えてよいでしょう。

〈コンスタントに減損損失が発生〉

その他の損益項目で少し目立つのは、特別損失に計上されている**減損損失**です。2020年９月期45億円、2021年９月期51億円、2022年９月期77億円となっており、営業利益がこれだけ出ているにもかかわらず、毎年ある程度コンスタントに発生していることがわかります。この内容について把握するために、注記事項を確認してみましょう。

減損損失を計上している場合、計上した減損損失の詳細について注記をすることが求められていますので、読者としてはそこを読めば、どのような資産を対象に、どのような背景で減損処理を行なったのかを知ることができるのです。

冒頭では参考までに、直近**2022年９月期**のみの注記事項を示しておきました。これを見ると、計上された減損損失のうち大半を占めるのはソフトウエア30億円、ソフトウエア仮勘定35億円ということで、**大半はソフトウエアに関わるもの**であることがわかります。ソフトウエア仮勘定というのは、開発途上の完成前のソフトウエアなので、ソフトウエアとソフトウエア仮勘定は実質的に同じ内容とみて構いません。つまり、減損損失77億円のうち65億円はソフトウエア関連ということです。

サイバーエージェントは1998年設立で、一定の歴史はありますが、ベンチャー性の強いインターネット企業です。新サービスを生み出すためにさまざまなソフトウエア開発投資を行なっていると思われ、**連結貸借対照表にも常時100億円〜200億円のソフトウェア関連資産が計**

2021年９月期

（単位：百万円）

	報告セグメント						調整額（注１）	連結財務諸表計上額
	メディア	インターネット広告	ゲーム	投資育成	その他	計		
売上高								
外部顧客への売上高	76,128	302,083	262,365	6,441	19,441	666,460	−	666,460
セグメント間の内部売上高又は振替高	6,740	19,229	385	−	2,302	28,658	△28,658	−
計	82,869	321,313	262,751	6,441	21,744	695,119	△28,658	666,460
セグメント利益又は損失(△)	△15,141	22,570	96,445	4,408	479	108,763	△4,381	104,381
その他の項目								
減価償却費	1,742	986	5,794	0	876	9,401	709	10,111

（注）１　セグメント利益の調整額△4,381百万円は全社費用等であり、主に報告セグメントに帰属しない一般管理費であります。

２　セグメント資産の金額は、当社では報告セグメントに資産を配分していないため、開示しておりません。

2022年９月期

（単位：百万円）

	報告セグメント						調整額（注１）	連結財務諸表計上額
	メディア	インターネット広告	ゲーム	投資育成	その他	計		
売上高								
顧客との契約から生じる収益（注２）	102,532	353,220	227,987	4,438	22,396	710,575	−	710,575
外部顧客への売上高	102,532	353,220	227,987	4,438	22,396	710,575	−	710,575
セグメント間の内部売上高又は振替高	9,609	23,598	400	−	3,320	36,929	△36,929	−
計	112,142	376,819	228,387	4,438	25,716	747,504	△36,929	710,575
セグメント利益又は損失(△)	△12,419	24,464	60,531	2,524	△16	75,084	△5,970	69,114
その他の項目								
減価償却費	1,070	732	4,830	0	1,144	7,779	850	8,629

（注）１　セグメント利益の調整額△5,970百万円は全社費用等であり、主に報告セグメントに帰属しない一般管理費であります。

２　収益認識方法については、「注記事項（会計方針の変更）」に記載の通りであります。

３　顧客との契約から生じる収益以外の収益の額については重要性がないことから、顧客との契約から生じる収益と区分して表示しておりません。

４　セグメント資産の金額は、当社では報告セグメントに資産を配分していないため、開示しておりません。

サイバーエージェントのセグメント情報

〈報告セグメントの概要〉

当社の報告セグメントは、当社の構成単位のうち分離された財務情報が入手可能であり、取締役会が、経営資源の配分の決定及び業績を評価するために、定期的に検討を行う対象となっているものであります。

当社は、商品・サービス別の事業本部及び子会社を置き、各事業本部及び子会社は、サービスの向上と売上及び利益の拡大を目指し、国内外で事業活動を展開しております。

したがって、当社は、事業本部及び子会社を基礎としたサービス別のセグメントから構成されており、「メディア事業」、「インターネット広告事業」、「ゲーム事業」、「投資育成事業」、「その他事業」の５つを報告セグメントとしております。

各セグメントに属するサービスの内容は、以下のとおりであります。

報告セグメント	属するサービスの内容
メディア事業	ABEMA、WINTICKET、Ameba等
インターネット広告事業	広告事業、AI事業、DX事業等
ゲーム事業	スマートフォン向けゲーム事業等
投資育成事業	コーポレートベンチャーキャピタル事業、ファンド運営等
その他事業	クラウドファンディング事業、スポーツ事業運営等

〈報告セグメントごとの売上高、利益又は損失、資産その他の項目の金額に関する情報及び収益の分解情報〉

2020年９月期

（単位：百万円）

	報告セグメント						調整額（注１）	連結財務諸表計上額
	メディア	インターネット広告	ゲーム	投資育成	その他	計		
売上高								
外部顧客への売上高	49,625	251,446	155,517	4,092	17,885	478,566	−	478,566
セグメント間の内部売上高又は振替高	7,473	17,949	344	−	1,713	27,481	△27,481	−
計	57,098	269,396	155,861	4,092	19,599	506,048	△27,481	478,566
セグメント利益又は損失(△)	△18,267	21,071	30,337	3,068	1,300	37,510	△3,630	33,880
その他の項目								
減価償却費	1,642	929	4,752	0	871	8,196	522	8,719

（注）１　セグメント利益の調整額△3,630百万円は全社費用等であり、主に報告セグメントに帰属しない一般管理費であります。
２　セグメント資産の金額は、当社では報告セグメントに資産を配分していないため、開示しておりません。

サイバーエージェントの注記事項（2022年９月期のみ一部抜粋）

〈減損損失に関する記載〉

当連結会計年度（自　2021年10月１日　至　2022年９月30日）

当社グループは以下の資産グループについて減損損失を計上しました。

⑴　減損損失を認識した主な資産

場所	用途	種類
東京都渋谷区	事業用資産・全社資産	建物及び構築物
東京都渋谷区	事業用資産・全社資産	工具、器具及び備品
東京都渋谷区	事業用資産・全社資産	ソフトウエア
東京都渋谷区	事業用資産	ソフトウエア仮勘定
―	その他	のれん
東京都渋谷区	事業用資産	その他

⑵　減損損失の認識に至った経緯

メディア事業、インターネット広告事業、ゲーム事業及びその他事業の一部のサービスにつきまして、当初想定していた収益を見込めなくなったため、当該事業に係る資産グループについて減損損失を認識しております。

⑶　減損損失の金額

建物及び構築物	348百万円
工具、器具及び備品	45百万円
ソフトウエア	3,087百万円
ソフトウエア仮勘定	3,548百万円
のれん	423百万円
その他	288百万円
計	7,742百万円

⑷　資産のグルーピングの方法

当社グループは減損会計の適用にあたり、事業単位を基準とした管理会計上の区分に従って資産グルーピングを行っております。

⑸　回収可能価額の算定方法

当社グループの回収可能価額は使用価値を使用しております。メディア事業、インターネット広告事業、ゲーム事業及びその他事業の一部については、将来キャッシュ・フローがマイナスであるため具体的な割引率の算定は行っておりません。

負債の部			
流動負債			
短期借入金	1,080	1,037	2,380
買掛金	42,966	56,055	59,212
未払金	13,519	17,735	15,954
未払法人税等	9,458	29,723	5,036
1年内償還予定の転換社債型新株予約権付社債			20,023
その他	20,844	36,162	27,407
流動負債合計	87,867	140,714	130,014
固定負債			
転換社債型新株予約権付社債	40,331	40,228	20,102
長期借入金	22	1,174	3,750
繰延税金負債	1,414	1,293	371
その他	13	1,196	1,505
勤続慰労引当金	1,586	1,851	2,787
資産除去債務	1,851	1,974	2,250
固定負債合計	45,220	47,718	30,768
負債合計	133,088	188,433	160,783
純資産の部			
株主資本			
資本金	7,203	7,203	7,239
資本剰余金	8,048	11,198	11,636
利益剰余金	63,529	100,794	119,204
自己株式	△315	△67	△1
株主資本合計	78,466	119,128	138,079
その他の包括利益累計額			
その他有価証券評価差額金	10,952	9,517	5,887
為替換算調整勘定	109	237	298
その他の包括利益累計額合計	11,062	9,755	6,185
新株予約権	977	1,320	1,747
非支配株主持分	37,171	63,940	76,903
純資産合計	127,678	194,145	222,915
負債純資産合計	260,766	382,578	383,698

サイバーエージェントの連結貸借対照表（単位：百万円）

	2020年9月期	2021年9月期	2022年9月期
資産の部			
流動資産			
現金及び預金	102,368	181,451	165,907
受取手形及び売掛金	58,550	75,300	72,371
棚卸資産	2,078	3,226	4,262
営業投資有価証券	24,096	18,969	16,457
その他	16,674	22,832	34,887
貸倒引当金	△93	△130	△36
流動資産合計	203,674	301,650	293,850
固定資産			
有形固定資産			
建物及び構築物（純額）	8,025	9,761	11,346
工具、器具及び備品（純額）	4,655	5,221	5,846
その他	560	1,757	1,781
有形固定資産合計	13,241	16,740	18,974
無形固定資産			
のれん	1,192	4,957	4,843
❶ ソフトウエア	8,710	10,814	5,076
❶ ソフトウエア仮勘定	14,004	8,766	10,205
その他	601	1,903	1,927
無形固定資産合計	24,509	26,442	22,054
投資その他の資産			
投資有価証券	8,186	22,061	22,907
長期貸付金	356	492	226
繰延税金資産	5,875	8,454	6,783
その他	4,893	6,792	18,896
貸倒引当金	△14	△97	△17
投資その他の資産合計	19,296	37,702	48,797
固定資産合計	57,047	80,885	89,826
繰延資産	44	42	21
資産合計	260,766	382,578	383,698

サイバーエージェントの連結損益計算書（単位：百万円）

	2020年９月期	2021年９月期	2022年９月期
❶ 売上高	478,566	666,460	710,575
売上原価	337,918	434,465	491,417
売上総利益	140,648	231,995	219,158
販売費及び一般管理費	106,768	127,613	150,044
❶ 営業利益	33,880	104,381	69,114
営業外収益			
受取利息	135	135	139
投資有価証券評価益	132		
受取配当金	118	341	384
為替差益		150	
受取賃貸料			163
助成金収入	63		110
その他	69	234	201
営業外収益合計	519	861	999
営業外費用			
支払利息	14	17	54
投資有価証券評価損			86
持分法による投資損失	367	314	313
為替差損	71		
貸倒引当金繰入額		84	
その他	83	132	193
営業外費用合計	536	548	648
経常利益	33,863	104,694	69,464
特別利益			
投資有価証券売却益			491
固定資産売却益	9		330
関係会社株式売却益	79	1,578	805
受取保険金		429	
その他	0	193	6
特別利益合計	88	2,201	1,633
特別損失			
❶ 減損損失	4,589	5,102	7,742
その他	1,159	1,071	557
特別損失合計	5,749	6,173	8,299
税金等調整前当期純利益	28,202	100,722	62,798
法人税、住民税及び事業税	15,218	36,523	21,155
法人税等調整額	△1,272	△2,472	2,229
法人税等合計	13,945	34,051	23,385
当期純利益	14,257	66,671	39,413
非支配株主に帰属する当期純利益	7,648	25,117	15,194
❶ 親会社株主に帰属する当期純利益	6,608	41,553	24,219

決算書分析レクチャー3

サイバーエージェントのセグメント分析

次ページ以降に示したのは、近年インターネットTVのABEMAに力を入れているサイバーエージェントの３期分の連結決算書（連結損益計算書、連結貸借対照表）および注記事項の抜粋、加えてセグメント情報です。

サイバーエージェントグループ全体の決算について確認するとともに、サイバーエージェントがどのような事業を営んでおり、それぞれの事業の業績動向はどのような状況となっているのかについて、これらの資料から分析してみましょう。

注目点に番号と青色を付しましたので、後述する「分析レクチャー」の番号の解説を参考にしてください。

（単位：百万円）

	ブリヂストン	横浜ゴム	TOYO TIRE
営業活動によるCF	268,483	39,231	15,172
投資活動によるCF	△338,004	△46,357	△16,712
フリー・キャッシュ・フロー	△69,521	△7,126	△1,540

３社ともにしっかりと営業キャッシュ・フローを稼ぎ出し、それを投資キャッシュ・フローに回していますが、**いずれもフリー・キャッシュ・フローはマイナス**となっています。つまり、本業で稼ぎ出した営業キャッシュ・フローの範囲を超えて、積極的な投資を行なっているということがわかります。

では、このフリー・キャッシュ・フローのマイナス分を受けて、財務キャッシュ・フローはどのようになっているのでしょうか。普通に考えれば、このマイナスを借入金などによる調達で補って、財務キャッシュ・フローはプラスとなりそうです。しかし、実際にプラスとなっているのは横浜ゴムのみです。

ブリヂストンとTOYO TIREは、財務キャッシュ・フローもマイナスとなっています。この背景にあるのが**株主還元**です。この３社はいずれも上場企業ですから、自己株式の取得や配当という形で一定の株主還元を行なっていく必要があります。そういった株主還元に関わる支出は財務キャッシュ・フローの中に含まれますから、その影響が大きいのではないかと推測できます。実際に、３社の財務キャッシュ・フローと株主還元額（自己株式取得と配当金の支払額の合計）について整理してみましょう。

（単位：百万円）

	ブリヂストン	横浜ゴム	TOYO TIRE
株主還元総額	△219,025	△10,495	△13,228
財務キャッシュ・フロー	△364,109	35,172	△16,231

こうしてみると、特に**ブリヂストン、TOYO TIREにおいて、財務キャッシュ・フローのマイナスの大半を株主還元が占めている**ことがわかります。株式上場をしている以上、常に株主還元のことを考える必要がありますから、このようにたとえフリー・キャッシュ・フローがマイナスであったとしても、かなりの水準での株主還元を行なっていくことも珍しくないということです。

	ブリヂストン	横浜ゴム	TOYO TIRE
①売上債権回転日数	84.1日	82.2日	80.4日
②棚卸資産回転日数	78.6日	91.8日	82.9日
③仕入債務回転日数	53.9日	33.1日	31.3日
CCC　①+②−③	108.7日	140.8日	132.0日

３社を比較すると、ブリヂストンのCCCが108.7日ということで、最も運転資本の効率がよいということが見て取れます。横浜ゴムと比較すると、約１か月分の差がついていることがわかります。内訳についてみると、３社ともに売上債権回転日数については80日ちょっとという水準で大きな差は見られません。一方で、棚卸資産回転日数、仕入債務回転日数については差がついているようです。

ブリヂストンと横浜ゴムの棚卸資産回転日数について確認すると、ブリヂストン78.6日、横浜ゴム91.8日ということで、**２週間近い差がついている**ことがわかります。たかが２週間程度と思われるかもしれませんが、これだけの売上高規模の企業にとっての２週間分の売上高というのは、かなりの金額になりますから、決して無視することはできない差といえます。

また、さらにCCCの差を拡大させる要因になっているのが、**仕入債務回転日数**です。横浜ゴムとTOYO TIREはいずれも30日強、つまり仕入れてから約１か月で代金の支払いを行なっているのに対して、ブリヂストンの場合はこれが53.9日と３週間ちょっと長い結果となっています。**仕入れてから支払いまでの期間を長くすることができれば、その分、資金繰り的には有利になる**わけであり、こういった側面でもブリヂストンの運転資本効率が勝っているといえます。

❺　キャッシュ・フロー構造も見てみよう

次に、連結キャッシュ・フロー計算書についても比較しておきましょう。営業活動、投資活動、財務活動のキャッシュ・フローがどのような動きをしているか、簡単にまとめました。

（単位：百万円）

	ブリヂストン	横浜ゴム	TOYO TIRE
営業活動によるCF	268,483	39,231	15,172
投資活動によるCF	△338,004	△46,357	△16,712
財務活動によるCF	△364,109	35,172	△16,231
現金及び現金同等物期末残高	518,905	75,572	41,600

３社ともに**本業でしっかりとキャッシュを稼ぎ出し**ている様子がわかりますね。そして、３社ともに、そうやって本業で稼いだキャッシュ・フローを**さらなる成長投資に回している**様子が投資活動によるキャッシュ・フローにもよく表れています。この点、もう少し突っ込んで、３社がどのくらい**フリー・キャッシュ・フロー**（㉙項参照）を稼ぎ出しているのかも確認しておきましょう。

❸ 利益率の違いはどこから生まれているのか？

３社の利益率の違い、特徴はどのようなところにあるのでしょうか。ここでは、売上総利益率、売上高販管費率、売上高営業利益率を計算してみましょう。

	ブリヂストン	横浜ゴム	TOYO TIRE
売上総利益率	38.76%	33.43%	39.82%
売上高販管費率	28.19%	25.29%	30.96%
売上高営業利益率	10.74%	8.00%	8.86%

（注） ブリヂストン、横浜ゴムはIFRSを採用しているため、営業利益の計算に販管費以外の損益が含まれており、売上高販管費率と売上高営業利益率を合計しても、売上総利益率とは一致しません。

売上総利益率の面で見てみると、**TOYO TIREが最も高く**、続いてブリヂストン、横浜ゴムは２社に比べると５～６ポイントほど劣る結果となっています。一方、**売上高営業利益率**についてみると、**ブリヂストンがTOYO TIREを逆転**し、10.74％で最も高い水準となっています。また、売上総利益率では最も低かった**横浜ゴムですが、売上高販管費率は最も低い水準**に抑えることができており、売上高営業利益率について比較すると、TOYO TIREに１ポイント以内の差まで迫る結果となりました。

本業の収益性という意味ではブリヂストンが最も高いという結果になりましたが、では、なぜ売上高当期利益率でみた場合にはTOYO TIREが最も高いという結果になったのでしょうか。

TOYO TIREの連結損益計算書をよく見てみましょう。営業利益、経常利益、さらに下に目を移していくと、**特別利益の中に投資有価証券売却益182億円が計上されている**ことがわかります。読者のみなさんであればすでにおわかりのとおり、このような特別利益は、利益であることに変わりはありませんが、あくまでも一過性のものです。2022年12月期のTOYO TIREの最終利益は、この特別利益によって大きく押し上げられているとみてよいでしょう。

ROEは非常に意義のある指標ですが、最終利益を基礎として計算しますから、時としてこのような一過性の特別利益の影響を大きく反映してしまう場合もあるのです。ですから、ROEを算出しておしまいではなく、**算出されたROEの差や変動要因について、より深く因数分解をしながら分析をしていくという視点が非常に重要**になります。

本件についていえば、ROEが最も高いTOYO TIREであるが、一過性の特別利益によって最終利益が押し上げられている側面があり、売上高営業利益率でみた本業の収益性という観点でいえばブリヂストンに軍配が上がる結果となる、と総括できるわけです。

❹ 運転資本効率の違いについて分析してみよう

ROEの分析の中で、３社の総資本回転率自体には大きな差は見られませんでしたが、運転資本効率という点ではどうでしょうか。売上債権回転日数、棚卸資産回転日数、仕入債務回転日数を算出して、CCC（キャッシュ・コンバージョン・サイクル）（41項プラス１参照）を算出してみましょう。

$$\mathrm{ROE} = \text{売上高当期利益率} \times \text{総資本回転率} \times \text{財務レバレッジ}$$

$$\left[\frac{\text{当期純利益}}{\text{売上高}}\right] \quad \left[\frac{\text{売上高}}{\text{総資産}}\right] \quad \left[\frac{\text{総資産}}{\text{自己資本}}\right]$$

ROEの分解方法を思い出したところで、実際に計算をしてみましょう。

〈売上高当期利益率〉（%）

	ブリヂストン	横浜ゴム	TOYO TIRE
①親会社株主に帰属する当期純利益	300,367	45,918	47,956
②売上高	4,110,070	860,477	497,213
売上高当期利益率　①÷②	7.31%	5.34%	9.64%

〈総資本回転率〉（回）

	ブリヂストン	横浜ゴム	TOYO TIRE
②売上高	4,110,070	860,477	497,213
③総資産	4,961,818	1,151,076	598,889
総資本回転率　②÷③	0.83回	0.75回	0.83回

〈財務レバレッジ〉（倍）

	ブリヂストン	横浜ゴム	TOYO TIRE
③総資産	4,961,818	1,151,076	598,889
④自己資本	2,965,807	614,423	320,684
財務レバレッジ　③÷④	1.67倍	1.87倍	1.87倍

改めてROEとROEを分解した指標をまとめて示すと、次のようになります。

	ブリヂストン	横浜ゴム	TOYO TIRE
ROE（自己資本利益率）	10.13%	7.47%	14.95%
売上高当期利益率	7.31%	5.34%	9.64%
総資本回転率	0.83回	0.75回	0.83回
財務レバレッジ	1.67倍	1.87倍	1.87倍

こうして３社を比較してみると、総資本回転率や財務レバレッジについては若干の差はあるものの大きな差とはなっていません。一方、売上高当期利益率について高い順番に並べてみると、TOYO TIRE9.64%、ブリヂストン7.31%、横浜ゴム5.34%となっており、この**収益力の差がそのままROEの差となって表れている**ことがわかります。

TOYO TIREとブリヂストンについてもう少し詳細に見ると、総資本回転率は両社ともに0.83回で差はない一方で、財務レバレッジはTOYO TIRE1.87倍、ブリヂストン1.67倍となっており、若干ではありますが、TOYO TIREのそれのほうが高くなっています。**TOYO TIREのほうがわずかに負債の利用度が高い**ということであり、その分だけTOYO TIREのROEがブリヂストンに比べて高まる結果となっています。

分析レクチャー

❶ まずはROE（自己資本利益率）を比較してみよう

３社の連結決算書を示しましたが、売上高でみると、ブリヂストン4.1兆円、横浜ゴム8,604億円、TOYO TIRE4,972億円となっており、ブリヂストンの売上高規模が突出していることがよくわかります。ここでは、絶対額で比較するのではなく、経営分析の指標を活用して比較を行なうこととしましょう。

まずは、**ROE（自己資本利益率）**を算定します。次のようにROE算定上の自己資本を算出しましょう。

（単位：百万円）

	ブリヂストン	横浜ゴム	TOYO TIRE
純資産合計	3,012,458	623,121	320,915
新株予約権	―	―	―
非支配株主持分	46,651	8,698	231
ROE算定上の自己資本	2,965,807	614,423	320,684

そのうえで、連結損益計算書の「親会社株主に帰属する当期純利益」をこの自己資本で割ってあげることによりROEを算出します。なお、連結決算書で分析を行なう場合には、「当期純利益」ではなく「親会社株主に帰属する当期純利益」を使うようにしてください。

（単位：百万円）

	ブリヂストン	横浜ゴム	TOYO TIRE
①親会社株主に帰属する当期純利益	300,367	45,918	47,956
②自己資本	2,965,807	614,423	320,684
ROE（自己資本利益率）①÷②	10.13%	7.47%	14.95%

こうして比較してみると、３社で大きな違いが見られますね。売上高規模では最も小さかったTOYO TIREのROEが最も高く、売上高規模で勝るブリヂストンを上回る結果となっていますし、最も水準が低い横浜ゴムに対しては倍近い差をつけています。絶対額で見ると埋もれてしまいますが、このように財務指標でみると、規模の小さいTOYO TIREの収益力の高さが浮き彫りとなるのです。

❷ 次にROEを３つに分解してみよう

では、この差はどこから生まれているのかを探るために、次はROEの分解を行なってみましょう。ROEは次のように分解できることはすでに学びました（34項参照）。

TOYO TIREの連結キャッシュ・フロー計算書（単位：百万円）

	2022年12月期
営業活動によるキャッシュ・フロー	
税金等調整前当期純利益	66,624
減価償却費	26,748
退職給付に係る負債の増減額（△は減少）	△390
退職給付に係る資産の増減額（△は増加）	4,476
受取利息及び受取配当金	△1,608
支払利息	1,278
為替差損益（△は益）	△4,438
持分法による投資損益（△は益）	△199
固定資産売却損益（△は益）	△299
投資有価証券売却損益（△は益）	△18,245
関係会社株式売却損益（△は益）	△32
固定資産除却損	395
減損損失	736
製品補償対策費	456
訴訟損失引当金繰入額	1,340
売上債権の増減額（△は増加）	△17,887
棚卸資産の増減額（△は増加）	△23,794
仕入債務の増減額（△は減少）	7,573
その他	△9,172
小計	33,563
利息及び配当金の受取額	1,528
利息の支払額	△1,292
製品補償関連支払額	△3,086
法人税等の支払額	△16,067
法人税等の還付額	527
❺ 営業活動によるキャッシュ・フロー	15,172
投資活動によるキャッシュ・フロー	
有形固定資産の取得による支出	△43,030
有形固定資産の売却による収入	6,135
無形固定資産の取得による支出	△3,360
投資有価証券の取得による支出	△16
投資有価証券の売却及び償還による収入	21,623
関係会社株式の売却による収入	86
その他	1,849
❺ 投資活動によるキャッシュ・フロー	△16,712
財務活動によるキャッシュ・フロー	
短期借入金の純増減額（△は減少）	7,159
コマーシャル・ペーパーの純増減額（△は減少）	16,000
長期借入れによる収入	10,400
長期借入金の返済による支出	△32,562
❺ 配当金の支払額	△13,228
その他	△4,001
❺ 財務活動によるキャッシュ・フロー	△16,231
現金及び現金同等物に係る換算差額	5,779
現金及び現金同等物の増減額（△は減少）	△11,992
現金及び現金同等物の期首残高	53,592
❺ 現金及び現金同等物の期末残高	41,600

負債の部	
流動負債	
❹ 支払手形及び買掛金	42,577
コマーシャル・ペーパー	43,000
短期借入金	24,780
未払金	31,225
未払法人税等	11,816
役員賞与引当金	110
返品調整引当金	—
製品補償引当金	4,820
その他	32,716
流動負債合計	191,048
固定負債	
社債	10,000
長期借入金	51,366
役員退職慰労引当金	10
環境対策引当金	86
製品補償引当金	1,380
訴訟損失引当金	1,340
退職給付に係る負債	3,523
繰延税金負債	10,478
その他	8,740
固定負債合計	86,926
負債合計	277,974
純資産の部	
株主資本	
資本金	55,935
資本剰余金	54,341
利益剰余金	159,837
自己株式	△132
株主資本合計	269,981
その他の包括利益累計額	
その他有価証券評価差額金	12,743
繰延ヘッジ損益	58
為替換算調整勘定	32,359
退職給付に係る調整累計額	5,541
その他の包括利益累計額合計	50,702
❶❷ 非支配株主持分	231
❶❷ 純資産合計	320,915
負債純資産合計	598,889

TOYO TIREの連結貸借対照表（単位：百万円）

	2022年12月期
資産の部	
流動資産	
現金及び預金	41,601
❹ 受取手形及び売掛金	109,468
❹ 商品及び製品	78,315
❹ 仕掛品	5,091
❹ 原材料及び貯蔵品	29,477
その他	25,952
貸倒引当金	△328
流動資産合計	289,579
固定資産	
有形固定資産	
建物及び構築物	140,461
減価償却累計額	△58,960
建物及び構築物（純額）	81,501
機械装置及び運搬具	380,917
減価償却累計額	△264,069
機械装置及び運搬具（純額）	116,847
工具、器具及び備品	73,487
減価償却累計額	△63,610
工具、器具及び備品（純額）	9,876
土地	17,972
リース資産	1,445
減価償却累計額	△1,001
リース資産（純額）	443
使用権資産	13,256
減価償却累計額	△5,273
使用権資産（純額）	7,983
建設仮勘定	30,426
有形固定資産合計	265,051
無形固定資産	
ソフトウエア	8,144
その他	384
無形固定資産合計	8,529
投資その他の資産	
投資有価証券	27,204
長期貸付金	142
退職給付に係る資産	1,993
繰延税金資産	2,847
その他	3,643
貸倒引当金	△102
投資その他の資産合計	35,729
固定資産合計	309,310
❷ 資産合計	598,889

TOYO TIREの連結損益計算書（単位：百万円）

		2022年12月期
❷❸❹	売上高	497,213
	売上原価	299,237
❸	売上総利益	197,976
❸	販売費及び一般管理費	153,930
❸	営業利益	44,046
	営業外収益	
	受取利息	523
	受取配当金	1,084
	為替差益	7,736
	持分法による投資利益	199
	その他	1,741
	営業外収益合計	11,286
	営業外費用	
	支払利息	1,278
	その他	3,018
	営業外費用合計	4,297
	経常利益	51,035
	特別利益	
	固定資産売却益	299
❸	投資有価証券売却益	18,252
	関係会社株式売却益	32
	特別利益合計	18,583
	特別損失	
	固定資産除却損	395
	投資有価証券売却損	7
	減損損失	736
	製品補償対策費	456
	訴訟損失引当金繰入額	1,340
	新型コロナウイルス感染症による損失	58
	特別損失合計	2,994
	税金等調整前当期純利益	66,624
	法人税、住民税及び事業税	20,452
	法人税等調整額	△1,783
	法人税等合計	18,668
	当期純利益	47,956
	非支配株主に帰属する当期純利益	0
❶❷	親会社株主に帰属する当期純利益	47,956

横浜ゴムの連結キャッシュ・フロー計算書（単位：百万円）

	2022年12月期
営業活動によるキャッシュ・フロー	
税引前利益	71,622
非継続事業からの税引前利益	―
減価償却費及び償却費	49,914
減損損失	285
退職給付に係る負債の増減額（△は減少）	△267
受取利息及び受取配当金	△5,021
支払利息	2,939
固定資産除売却損益（△は益）	78
売上債権の増減額（△は増加）	△11,733
仕入債務の増減額（△は減少）	5,983
棚卸資産の増減額（△は増加）	△47,682
非継続事業の売却益	―
その他	△571
小計	65,547
利息及び配当金の受取額	5,017
利息の支払額	△2,890
法人税等の支払額又は還付額（△は支払）	△28,444
❺ 営業活動によるキャッシュ・フロー	39,231
投資活動によるキャッシュ・フロー	
定期預金の払戻による収入	2,283
定期預金の預入による支出	―
有形固定資産の取得による支出	△54,378
有形固定資産の売却による収入	2,072
無形資産の取得による支出	△514
投資有価証券の取得による支出	△326
投資有価証券の売却による収入	7,340
非継続事業の売却による収入	―
その他	△2,834
❺ 投資活動によるキャッシュ・フロー	△46,357
財務活動によるキャッシュ・フロー	
短期借入金の純増減額（△は減少）	34,460
コマーシャル・ペーパーの純増減額（△は減少）	7,000
長期借入れによる収入	13,524
長期借入金の返済による支出	△19,494
社債の発行による収入	30,000
社債の償還による支出	△12,000
❺ 自己株式の取得による支出	108
自己株式の売却による収入	27
❺ 配当金の支払額	△10,603
その他	△7,849
❺ 財務活動によるキャッシュ・フロー	35,172
現金及び現金同等物に係る換算差額	5,003
現金及び現金同等物の増加額	33,049
現金及び現金同等物の期首残高	42,523
❺ 現金及び現金同等物の期末残高	75,572

横浜ゴムの連結財政状態計算書（単位：百万円）

		2022年12月期
	資産	
	流動資産	
	現金及び現金同等物	75,572
❹	営業債権及びその他の債権	193,749
	その他の金融資産	3,594
❹	棚卸資産	216,392
	その他の流動資産	14,673
	流動資産　合計	503,980
	非流動資産	
	有形固定資産	372,933
	のれん	104,244
	無形資産	37,168
	その他の金融資産	112,804
	繰延税金資産	8,140
	その他の非流動資産	11,808
	非流動資産　合計	647,097
❷	資産　合計	1,151,076
	負債及び資本	
	負債	
	流動負債	
❹	営業債務及びその他の債務	78,131
	社債及び借入金	117,480
	その他の金融負債	24,470
	未払法人所得税	8,581
	その他の流動負債	65,846
	流動負債　合計	294,508
	非流動負債	
	社債及び借入金	121,221
	その他の金融負債	36,901
	退職給付に係る負債	15,584
	繰延税金負債	48,702
	その他の非流動負債	11,038
	非流動負債　合計	233,447
	負債　合計	527,955
	資本	
	資本金	38,909
	資本剰余金	31,308
	利益剰余金	432,224
	自己株式	△11,650
	その他の資本の構成要素	123,633
	親会社の所有者に帰属する持分合計	614,424
❶❷	非支配持分	8,698
❶❷	資本合計	623,121
	負債及び資本合計	1,151,076

横浜ゴムの連結損益計算書（単位：百万円）

		2022年12月期
	継続事業	
❷❸❹	売上収益	860,477
	売上原価	△572,803
❸	売上総利益	287,674
❸	販売費及び一般管理費	△217,585
	事業利益	70,089
	その他の収益	2,266
	その他の費用	△3,504
❸	営業利益	68,851
	金融収益	10,341
	金融費用	△7,571
	税引前利益	71,622
	法人所得税費用	△24,473
	継続事業からの当期利益	47,149
	非継続事業	
	非継続事業からの当期利益	—
	当期利益	47,149
❶❷	当期利益の帰属	
❶❷	親会社の所有者	45,918
	非支配持分	1,231
	当期利益	47,149
	親会社の所有者に帰属する継続事業から生じた当期利益	45,918
	親会社の所有者に帰属する非継続事業から生じた当期利益	—
	親会社所有者に帰属する当期利益	45,918

ブリヂストンの連結キャッシュ・フロー計算書（単位：百万円）

	2022年12月期
営業活動によるキャッシュ・フロー	
税引前当期利益	423,458
非継続事業からの税引前当期利益又は損失（△）	△24,815
減価償却費及び償却費	282,108
減損損失	18,216
非継続事業を構成する処分グループを売却コスト控除後の公正価値で測定したことにより認識した損失	19,161
退職給付に係る負債の増減額（△は減少）	△22,008
受取利息及び受取配当金	△18,679
支払利息	14,858
為替差損益（△は益）	△3,894
持分法による投資損益（△は益）	△5,775
固定資産売却損益（△は益）	△14,296
事業・工場再編収益	△4,942
事業・工場再編費用	7,435
固定資産除却損	2,625
営業債権及びその他の債権の増減額（△は増加）	△139,608
棚卸資産の増減額（△は増加）	△195,404
営業債務及びその他の債務の増減額（△は減少）	52,515
未払消費税等の増減額（△は減少）	△13,733
製品保証引当金の増減額（△は減少）	15,427
その他	△44,332
小計	348,317
利息及び配当金の受取額	20,898
利息の支払額	△14,570
法人所得税の支払額	△86,162
❺ 営業活動によるキャッシュ・フロー	268,483
投資活動によるキャッシュ・フロー	
有形固定資産の取得による支出	△221,293
有形固定資産の売却による収入	27,685
無形資産の取得による支出	△33,433
投資有価証券の取得による支出	△3,719
投資有価証券の売却による収入	2,856
長期貸付けによる支出	△28,943
貸付金の回収による収入	19,494
非継続事業の売却による支出	△115,720
非継続事業の売却による収入	—
その他	15,068
❺ 投資活動によるキャッシュ・フロー	△338,004
財務活動によるキャッシュ・フロー	
短期借入れによる収入	204,077
短期借入金の返済による支出	△182,482
長期借入れによる収入	554
長期借入金の返済による支出	△54,114
社債の償還による支出	△40,000
リース負債の返済による支出	△65,810
❺ 自己株式の取得による支出	△100,004
❺ 配当金の支払額（親会社の所有者）	△119,021
配当金の支払額（非支配持分）	△4,709
その他	△2,600
❺ 財務活動によるキャッシュ・フロー	△364,109
現金及び現金同等物に係る換算差額	65,158
現金及び現金同等物の増減額（△は減少）	△368,473
現金及び現金同等物の期首残高	787,542
売却目的で保有する資産に含まれる現金及び現金同等物の増減額	99,836
❺ 現金及び現金同等物の期末残高	518,905

ブリヂストンの連結財政状態計算書（単位：百万円）

		2022年12月期
	資産	
	流動資産	
	現金及び現金同等物	518,905
❹	営業債権及びその他の債権	946,608
❹	棚卸資産	885,305
	その他の金融資産	15,107
	その他の流動資産	118,031
	小計	2,483,956
	売却目的で保有する資産	28,694
	流動資産合計	2,512,650
	非流動資産	
	有形固定資産	1,556,665
	使用権資産	301,278
	のれん	136,406
	無形資産	159,920
	持分法で会計処理されている投資	38,894
	その他の金融資産	104,509
	繰延税金資産	81,625
	その他の非流動資産	69,871
	非流動資産合計	2,449,168
❷	資産合計	4,961,818
	負債及び資本	
	負債	
	流動負債	
❹	営業債務及びその他の債務	607,498
	社債及び借入金	107,866
	リース負債	56,033
	未払法人所得税等	53,780
	その他の金融負債	34,074
	引当金	51,615
	その他の流動負債	173,340
	小計	1,084,204
	売却目的で保有する資産に直接関連する負債	1,596
	流動負債合計	1,085,800
	非流動負債	
	社債及び借入金	345,584
	リース負債	257,684
	その他の金融負債	18,075
	退職給付に係る負債	155,112
	引当金	37,302
	繰延税金負債	38,712
	その他の非流動負債	11,092
	非流動負債合計	863,560
	負債合計	1,949,360
	資本	
	資本金	126,354
	資本剰余金	119,517
	自己株式	△136,814
	その他の資本の構成要素	358,523
	利益剰余金	2,498,226
	親会社の所有者に帰属する持分合計	2,965,806
❶❷	非支配持分	46,651
❶❷	資本合計	3,012,458
	負債及び資本合計	4,961,818

ブリヂストンの連結損益計算書（単位：百万円）

		2022年12月期
❷❸❹	継続事業	
	売上収益	4,110,070
	売上原価	2,516,821
❸	売上総利益	1,593,249
❸	販売費及び一般管理費	1,158,523
	その他の収益	39,111
	その他の費用	32,538
❸	営業利益	441,298
	金融収益	18,283
	金融費用	41,898
	持分法による投資損益（△は損失）	5,775
	税引前当期利益	423,458
	法人所得税費用	112,452
	継続事業からの当期利益	311,006
	非継続事業	
	非継続事業からの当期利益又は損失（△）	△5,141
	当期利益	305,865
❶❷	当期利益の帰属	
❶❷	親会社の所有者	300,367
	非支配持分	5,497
	当期利益	305,865

決算書分析レクチャー2

タイヤ3社（ブリヂストン、横浜ゴム、TOYO TIRE）の決算書比較

ここでは、日本を代表するタイヤメーカーとして有名なブリヂストン、横浜ゴム、TOYO TIREの３社の決算書を比較してみます。車をお持ちの方は自分が乗っている車のタイヤがこの３社のどこかのタイヤかもしれませんし、車には乗らなくてもブリヂストンの電動アシスト自転車に乗っているという方もいるかもしれませんから、みなさんにとっても身近な会社といえるのではないかと思います。

３社の2022年12月期の連結損益計算書、連結貸借対照表、連結キャッシュ・フロー計算書を示しましたので、まずはROE（自己資本利益率）の比較分析をきっかけに、これをうまく分解していくことで、どのような違いがあるのか考えてみましょう。

なお、同じ内容について異なる表示科目が使用されている場合には、比較しやすくするために、筆者の判断で表示科目を一部変更または集約している場合があるとともに、各種財務比率の貸借対照表項目は、期中平均ではなく、簡便的に期末の金額を用いて算定することとします。

注目点に番号と青色を付しましたので、後述する「分析レクチャー」の番号の解説を参考にしてください。

たこのタイミングでリニューアルオープンということですから、絶好のタイミングになったのではないかと思います。

〈決算書にも反映されている〉

もちろん、こういった動きは決算書にもしっかりと表れています。

まず、連結貸借対照表を確認すると、「**建設仮勘定**」という科目の残高が増加傾向にあることがわかります。建設仮勘定は、**完成前の有形固定資産に対する支出をプールしておく**ための科目であり、2021年12月期は３億円程度だった残高が、2022年12月期には30億円に膨らんでいます。設備の状況に記載のあった、すでに支払った金額29億円とも大体整合していますね。

また、連結キャッシュ・フロー計算書では、投資活動によるキャッシュ・フローを確認しておきましょう。藤田観光はホテル業を営んでいるため、毎期ある程度計画的に施設のメンテナンスのための支出をしていく必要があり、そのような支出も投資活動の区分に記載されます。それらも含め、「**有形及び無形固定資産の取得による支出**」として計上されていますが、やはり直近2022年12月期は、この支出が69億円とかなり膨らんでいる様子が見て取れます。

このように、さまざまな有用な情報が散りばめられていますので、有価証券報告書の記載も見逃さないようにしましょう。

即座に倒産してしまうような状況にはないということで、先ほどの「重要な不確実性は認められない」という表現につながっているのです。

ちなみに、仮に「重要な不確実性が認められる」という状況になった場合には、リスク情報の記載に加えて、**決算書に関わる注記事項へと格上げする形**で、継続企業の前提に関する事項を記載しなければなりません。細かい話になりますが、決算書本体の注記事項に格上げされると、その瞬間に**監査法人による監査対象**となりますから、一段と厳しい視点でのチェックが入ることになりますし、外部からも「あの会社はいよいよ潰れてしまうのではないか」という目で見られ、**信用にも影を落とす**場合があります。企業としては、この注記事項に格上げされるという事態だけは何としても避けたいと考え、必死に資金計画を含めた施策について検討するのです。藤田観光の場合は、さまざまな施策の結果、注記に至るまでの深刻な状況とはなっていないということですね。

❼ コロナ禍においても将来に向けた前向きな投資

ここまではコロナ禍に関する少し暗い話題も多かったので、最後は少し明るい話題で終わりにしましょう。

有価証券報告書には、企業の設備や設備投資に関する情報も記載されています。具体的には、「第３　設備の状況」が該当します。中でも今回は、「**設備の新設、除却等の計画**」に注目しておきたいと思います。ここは結構貴重な情報で、企業が予定している新たな設備投資計画について知ることができます。藤田観光はどのような設備投資を予定しているのでしょうか。

〈ホテルの新設〉

資料で内容を確認すると、箱根ホテル小涌園について、ホテルの新設を行なうことが記載されており、設備投資の予定金額は60億円、そのうちすでに29億円を支払ったことがわかります。また、このホテル新設は2021年８月から着手し、予定どおりにいけば2023年４月に完成予定であることもわかります。

小涌園といえば、冒頭にも記載しましたが、お正月の国民的イベントである箱根駅伝でも必ず名前を耳にするスポットで、隣接施設にユネッサンという温泉リゾート（こちらも藤田観光が運営）があるなど、箱根の中でも有名な場所ではないでしょうか。この小涌園については、建て替えによってリニューアルオープンすることが予定されているようです。本書執筆時点（2023年５月）でホームページを見ると、７月には新しい小涌園としてリニューアルオープンが決定しているようですから、本書が読者のみなさんの目に触れたタイミングではすでにオープン済みではないかと思われます。

工事の着手が2021年８月ということで、**いまだコロナ禍の影響がどこまで続くのか予測が難しかった時期**です。しかし、コロナ禍はどこかのタイミングでは収束するという考え方のもと、むしろ収束後に打って出るためにも、将来への前向きな投資として着工が始まったということでしょうか。実際、この５月に感染症として５類移行もなされ、観光地に活気が戻ってき

だからといって、可能性が極めて低いような倒産リスクまで事業リスクとして記載してしまうと、有価証券報告書を利用する人にとってはかえって誤解を招く内容となるでしょう。有価証券報告書を作成する際のルールとしては、継続企業の前提に重要な疑義を生じさせる事象等がある場合、つまり倒産リスクが一定程度高まった場合に、事業リスクとして記載することとしています。

〈記載内容の変遷〉

藤田観光の場合は、やはりコロナ禍でかなりのダメージを負ってしまったこともあり、このようなリスク情報の記載を行なっていると考えられます。記載内容の変遷を見ると、コロナ禍での事業活動の変化が表れていることがわかります。

2020年12月期は、コロナ禍初年度であり、緊急事態宣言や一部施設の休業などもあった年ですから、事業がストップし、**売上高が激減してしまったことにフォーカス**し、存続リスクへの言及がなされています。これに対して翌**2021年12月期**においては、「収益の回復に想定以上の時間を要する」といった表現からも読み取れるように、当初はもっと早く収束すると思われていたコロナ禍の影響が先の見えない形でダラダラと続いてしまい、**不確実性の程度がかなり高まっている様子**が記載にも反映されています。これが**2022年12月期**になると、「**回復基調**」という言葉が登場しています。しかし、回復基調にあるとはいっても、依然として営業赤字が継続している状況に鑑みて、存続リスクに言及したほうがよいとの判断があったということでしょう。

このように、ひとくちに継続企業に関する重要事象等といっても、その時々の経営環境の変化を反映してその記載内容は変わってくることになります。実際、ここまで決算書分析で見てきた業績動向などとも整合的であるということが、おわかりいただけたのではないでしょうか。

〈重要な不確実性が認められたら〉

なお、３期分のリスク情報について、いずれも結びの部分は「**継続企業の前提に関する重要な不確実性は認められない**」という表現となっています。

継続企業の前提に重要な疑義を生じさせる事象等がある場合、当然ではありますが、経営者としては手をこまねいているわけではなく、企業の存続に向けたさまざまな施策を実行に移すはずです。**最も重要なのは資金繰り**です。企業はどんなに赤字を出したとしても、赤字を直接的原因として倒産することはありませんが、どんなに黒字であったとしても、資金が尽きてしまえば倒産してしまうものです。ですから、企業の存続を担保するには、いかにして存続のために必要な資金を確保するかということに尽きるのです。

そういった観点から、藤田観光では、早期退職を含めたリストラで固定費支出を抑えるとともに、固定資産や投資有価証券の売却で資金を確保し、さらには優先株式での150億円の資金調達を行なうなど、あらゆる手を使って資金の確保を急ぎ行なったわけです。これらの結果、これまでの決算書分析でも見てきたとおり、かなりの手許キャッシュを確保する結果となり、

したうえで有利子負債依存度を算出すると、次のようになります。

（単位：百万円）

	2018年12月期	2019年12月期	2020年12月期	2021年12月期	2022年12月期
短期借入金	4,440	3,230	8,985	10,700	10,042
１年内返済予定の長期借入金	8,675	7,526	8,028	7,829	9,016
長期借入金	32,257	33,711	47,783	39,704	30,673
有利子負債合計	45,372	44,467	64,796	58,233	49,731
有利子負債依存度	44%	43%	67%	52%	50%

コロナ禍初年度の2020年12月期は、一時的に有利子負債依存度が67%に高まっていますが、翌期以降については50%前後の水準に落ち着く結果となっています。しかし、先ほどと同様に、優先株式での調達150億円について、これを有利子負債としてカウントして算出をした場合、結果は大きく変わります。

（単位：百万円）

	2018年12月期	2019年12月期	2020年12月期	2021年12月期	2022年12月期
有利子負債合計	45,372	44,467	64,796	58,233	49,731
優先株式	―	―	―	15,000	15,000
実質有利子負債合計	45,372	44,467	64,796	73,233	64,731
調整後有利子負債依存度	44%	43%	67%	65%	65%

こちらを見ればわかるように、優先株式を有利子負債と同様に取り扱った場合には、直近２期間の有利子負債依存度も2020年12月期とほぼ同水準の65%となってしまいます。

今回の資金調達手法はやや特殊な手法ということもあり、理解が少し難しかった面もあるかもしれません。ただ、**決算書本体だけでは見えなかったことが、有価証券報告書の記載から見えることもある**という点を、ぜひ意識してみてください。

❻ 企業の存続リスクについてはどう見る？

続いて決算書本体からは少し離れて、有価証券報告書の「第２　事業の状況」の中にある「**事業等のリスク**」の記載について確認しておきましょう。資料には、コロナ禍に見舞われた2020年12月期以降３期間の事業等のリスクに記載されている「継続企業の前提に関する重要事象等」を載せてあります。

〈継続企業の前提と有価証券報告書〉

継続企業の前提に関する重要事象等とは、どのような事業リスクなのでしょうか。

どんな企業も、将来にわたって事業活動を継続して行なっていきます（**継続企業の前提**）が、そのうえではさまざまなリスクを負っています。中でも最も避けたいリスクの１つが**倒産リスク**でしょう。倒産リスクがゼロの企業はどこにもありません。優良企業であったとしても、たった１つの大きな不祥事から歯車が狂い始め、倒産への道を辿ることだってあります。しかし、

〈A種優先株式の効果〉

法的な形式としては株式の発行であるものの、経済実態としては負債に近いような資金調達の方法を「**メザニン・ファイナンス**」と呼ぶことがあります。メザニンというのは中２階という意味で、要するに**負債と資本の中間的な性格を持った資金調達**という意味合いです。このような資金調達については、あくまでも法的形式は資本ということですから、経済的な性格が負債に近いものであったとしても、**会計処理としては資本金または資本剰余金として取り扱われる**ことになります。元手と同様に会計処理されている一方で、将来においては返済する可能性もあるということで、決算書分析の視点からは取扱いがなかなか難しいところですね。

藤田観光としては、コロナ禍という危機的な状況において、確実に事業資金を確保して財務基盤を確固たるものにするために、増資での資金調達をしたい一方で、新規で普通株式を発行すれば、その分、既存の株主で持分の希薄化が生じることにもつながりますから、そういった意味で、普通株式ではなく優先株式で資金調達をすることに大きなメリットがあったということでしょう。コロナ禍が落ち着いて業績が回復し、財務基盤が安定してくれば、その時は償還をすればよいですし、財務基盤が安定しない状況においても急に返済を迫られるリスクはないのです。まさに、コロナ禍のような状況においては打ってつけの資金調達形態であったといえるでしょう。

〈A種優先株式を有利子負債と同様に考えると〉

とはいえ、経済実態としては負債に近い性格のものであるということで、仮にこの150億円の資金調達を有利子負債と同様に考えた場合には、財務指標にどのような影響をもたらすかについても確認しておきたいと思います。

（単位：百万円）

	2018年12月期	2019年12月期	2020年12月期	2021年12月期	2022年12月期
優先株式控除後純資産額	24,724	26,438	1,347	13,833	7,740
調整後自己資本比率	24%	25%	1%	12%	8%
調整前自己資本比率	24%	25%	1%	25%	23%

まず**自己資本比率**についてですが、こうしてみると、やはりこの150億円の影響は大きいですね。A種優先株式を**資本と見た場合**の自己資本比率は、2021年12月期25%、2022年12月期23%と、**コロナ禍前の水準に回復**しているように見えます。しかし、150億円を**実質的な負債と同様に考えた場合**には、自己資本比率は2021年12月期12%、2022年12月期８%となってしまい、**直近では自己資本比率が10%を割り込む水準**にまで落ち込むことになります。もちろん、早期弁済を迫られるリスクのあるものではないため、完全に負債と同じように見る必要はなく、例えば50%は負債と同様に、50%は資本と同様にみなして分析するという考え方などもありますが、法的形式と経済実態の違いを踏まえた分析の必要があるという点を理解しておきましょう。

同じことが、**有利子負債依存度**についてもいえます。連結貸借対照表から有利子負債を集計

のを発行することもできます。例えば、資金は調達したいけれど余計な口出しをして欲しくないので議決権は与えない、その代わりに配当金は優先的に出しますよ、といった形で柔軟に設計することが可能で、さまざまな資金調達ニーズに対応することができます。

藤田観光も、この種類株式の制度を活用して、150億円の資金を調達したということです。では、藤田観光が発行したＡ種優先株式とはどういった内容なのでしょうか。冒頭資料の「株式等の状況」にはその詳細が記載されていますが、一般の人がこれをすべて読み解くのはなかなか難しいかもしれません。ポイントとなりそうなところに枠囲みやアンダーラインを付して目立つようにしておいたので、ポイントを中心に確認してみてください。

〈Ａ種優先株式の特徴〉

今回のＡ種優先株式の特徴はいくつかに集約することができますが、主な点を挙げると次のとおりです。

- Ａ種優先株式には議決権はない。
- Ａ種優先株主は、普通株主に優先して配当金の支払いを受けることができる（ただし、会社法で定められた配当金の分配原資が確保されている場合のみ）。
- 分配原資の不足等を理由に優先配当金が支払われなかった場合は、その支払義務は累積して将来も残ることとなる。
- 優先配当金の計算方法は、調達した150億円に未払いとなっている優先配当金を合計した金額に年4.0％を乗じた金額とする。
- Ａ種優先株主は、会社法に定められた分配原資の範囲内で、いつでも150億円と未払いの優先配当金相当額について償還を求めることができる。
- 藤田観光は、会社法に定められた分配原資の範囲内で、いつでも150億円と未払いの優先配当金相当額について償還をすることができる。

なかなか難しいかもしれませんが、こうやって見ていると、何だか**元手というよりは借金をしたような感じ**がしませんか。議決権はないですし、優先配当金の計算も１株当たりいくらというよりは、調達した資金に対して、まるで金利のように年４％という計算をし、支払えない場合にはそれが累積して、またそこにも複利で金利がかかってくるような感じですね。しかも、会社法上の制限はあるものの、お互い好きなタイミングで返済を要求したり、返済をしたりすることができるという条項までついています。

こういった種類株式を発行する場合、他の条件としてよくあるのが、途中で普通株式に転換することができるというものなのですが、藤田観光が発行したＡ種優先株式については普通株式への転換には一切触れられていないため、将来的に普通株式になることはありません。そう考えると、ますます借入金に近い性格があるような感じですね。

月期の時点で175億円だった残高が2021年12月期には325億円となっており、150億円もの増加が見られることがわかります。つまり、**増資によって資金調達をした**のです。連結キャッシュ・フロー計算書でも、財務活動によるキャッシュ・フローの区分に「株式の発行による収入」が150億円計上されています。

いつまで続くかわからないコロナ禍において、経営の安定を図りながらコロナ禍終結後に向けた投資も含め経営としての手を打っていくためには、ある程度の資金が必要となりますから、そういった資金を新たな元手という形で確保したことが見て取れます。ただ、この増資には少しカラクリがあり、それについては❺で説明します。いずれにしても、この**増資によって2020年12月期には１%にまで落ち込んだ自己資本比率は、25%前後の水準に回復**することとなったのです。

〈資本金と税制〉

こうして150億円の増資で資本増強を実現したわけですが、資本金という科目だけでみれば１億円という極めて低い水準になっています。これはどういうことなのでしょうか。

背景としては法人税等の影響があります。税金の世界では、**資本金が１億円以下の法人は中小企業扱いされることとなり、さまざまな税制上の優遇措置が受けられる**のです。コロナ禍においてダメージを被った企業の中には、藤田観光のように見た目の資本金を１億円に減資して、その分を形式上、資本剰余金に振り替えた企業が多くありました。あくまでも資本金と資本剰余金との間で形式的に振り替えただけなので、**経済実態としては何も変わらない**のですが、資本金を１億円にすることで税務面での恩恵を受けることができ、少しでも無駄な税金を負担しないで済むようにしようという取組みです。

こういった対応については、**大企業が不当に税逃れをしているのではないかという批判がなされた**のも事実ではあります。しかし、コロナ禍において大きなダメージを負った企業からすれば、存続に向けて少しでも無駄なものは削っていきたいということですから、やむを得ない対応ではないかと思います。

❺　借金に近い資本増強？

〈Ａ種優先株式という種類株式〉

以上のように資本増強を行なった藤田観光ですが、実はこの増資は少し注意して見ておかなければなりません。

増資をしたということは、発行済株式が増えたということになります。有価証券報告書の「第４　提出会社の状況」という中に「**株式等の状況**」という箇所があり、その中に今回増資をして増えた発行済株式についての記載があります。これを見ると、今回の増資は通常の普通株式によって行なわれたのではなく、**Ａ種優先株式**という種類株式を発行して行なわれたことがわかります。

株式会社は通常の普通株式に加えて、**普通株式とは異なる条件を設定した種類株式**というも

（単位：百万円）

	2018年12月期	2019年12月期	2020年12月期	2021年12月期	2022年12月期
現金及び預金	3,464	3,424	3,723	38,647	24,139
純資産額	24,724	26,438	1,347	28,833	22,740

現金及び預金は、2020年12月期までは30億円台で推移していますが、**2021年12月期には386億円にまで急増**しています。次の2022年12月期には、そこから140億円ちょっと減らして241億円という残高になっています。

一方の**純資産額**については、2019年12月期に264億円あったのが**2020年12月期には急減**してしまい、わずか13億円という水準にまで落ち込んでしまっています。しかし、翌2021年12月期においては288億円にまで回復し、2022年12月期は227億円となっています。

業績動向で確認したとおり、コロナ禍の影響もあって2020年12月期は大幅な赤字を計上しましたから、その分だけ純資産額が激減してしまうのは当然です。一方、2021年12月期は固定資産売却益の影響もあって最終黒字126億円を確保してはいますが、13億円の純資産額が288億円になるほどの利益ではありません。これは一体どういうことなのでしょうか。

〈純資産の部の中身〉

そのことを確認するために、純資産の部の資本金、資本剰余金、利益剰余金の推移についても確認しておきましょう。

（単位：百万円）

	2018年12月期	2019年12月期	2020年12月期	2021年12月期	2022年12月期
資本金	12,081	12,081	12,081	100	100
資本剰余金	5,431	5,431	5,430	32,412	32,256
利益剰余金	6,004	5,240	△17,546	△5,231	△11,020
純資産合計	24,724	26,438	1,347	28,833	22,740
自己資本比率	24%	25%	1%	25%	23%

まず**利益剰余金**に注目しましょう。2019年12月期までは52億円のプラスでしたが、2020年12月期の大幅な赤字計上によってマイナス175億円となっています。つまり、**累積赤字**という状況ですね。次の期には最終黒字を確保したものの、累積赤字解消にまでは至らず52億円のマイナス、2022年12月期は再度最終赤字に転落したため、110億円の累積赤字という状況になっているのです。

こういった状況の中で**資本金**と**資本剰余金**についても確認します。資本金や資本剰余金は株主が拠出した元手ということですから、通常はあまり変動しない項目です。実際、2020年12月期まではほとんど変動がありません。しかし、**2021年12月期になると、それまで120億円であった資本金が１億円に減少するとともに、54億円であった資本剰余金は反対に324億円に激増**しています。これは一体どういうことなのでしょうか。

少し見えやすくするために、資本金と資本剰余金の合計金額を算出してみると、2020年12

これに対して特別利益には、「**投資有価証券売却益**」や「**固定資産売却益**」が計上されています。この両者は、営業赤字で資金流出が続く中、手許キャッシュを確保するために手持ちの売却可能な資産を売却した結果、抱えていた含み益が顕在化して多額の特別利益の計上につながったものとみられます。連結キャッシュ・フロー計算書の投資活動によるキャッシュ・フローを確認しておくと、**2021年12月期に**「有形及び無形固定資産の売却による収入」が397億円、「投資有価証券の売却による収入」が62億円となっており、これら**資産売却によって450億円以上の資金を確保**している様子がわかります。連結貸借対照表で有形固定資産に計上されている**土地が2021年12月期に激減**していることからも、売却した固定資産は土地が中心となっていると見てよいでしょう。

❸ コロナ禍で変わる人件費水準

コロナ禍における急速な業績悪化に対して、このような一過性の利益計上で凌ぐ一方、**事業構造の改革も進めなければならず**、前述のとおり希望退職を募ったりさまざまな努力をしているようです。そういった努力の跡が表れているのが、連結損益計算書に関わる注記事項として示されている「**販売費、一般管理費のうち主要な費目および金額**」です。

特に大きく変化しているのが人件費です。**従業員給料手当・賞与**を確認すると、2019年12月期の16億円が、2020年12月期12.6億円、2021年12月期9.7億円と**劇的に減少**しています。❷で述べたように、一部特別損失に振り替えた影響もあると思いますが、早期退職費用を支払ってまで人員整理を行ない、これだけ人件費の水準を下げたというのはかなり大きなことです。

もちろん、従業員だけが痛みを負うということではなく、経営陣自身も身を切る改革をしているようです。**役員報酬**の水準を確認すると、2019年12月期は3.4億円だったのに対して2020年12月期は2.8億円、2021年12月期は1.9億円という水準にまで下がっています。やはり**まずは経営陣から身を切るという覚悟**でないと、痛みを伴う大規模な人員整理についても納得が得られにくいということでしょう。

このように、連結損益計算書本体だけでなく、有価証券報告書に記載されている注記事項にまで注意を向けると、より詳細な情報を把握することができる場合もありますので、ぜひ活用してみましょう。

❹ 財務状況も大きく変化

これだけの業績悪化が生じているのですから、財務状況の悪化についても気になるところです。これについては連結貸借対照表の出番となります。

〈現金及び預金と純資産額の推移〉

まずは、手許資金という意味で現金及び預金と、純資産額の推移について確認してみましょう。５期分を表にして並べると次のようになります。

た業態を営む企業からすればおそろしい状況です。突然お客さんが来なくなり、売上が激減したとしても、**ホテルを抱えている以上、一定の固定費はかかってきます**。短期的な減少であれば持ちこたえられるかもしれませんが、これだけ長期にわたると、赤字幅の大きさも含め非常に厳しい状況に陥ってしまいます。

❷ コロナ禍のような経営危機の時に生じる特殊な損益

業績動向で連結損益計算書を見たついでに、コロナ禍のような経営危機の時に生じる特殊な損益項目についても触れておきましょう。

〈今回のコロナ禍特有の損益〉

まず、最も特徴的なのが特別損失に計上されている「**営業休止損失**」と、特別利益に計上されている「**助成金収入**」です。

藤田観光の有価証券報告書によれば、営業休止損失は、「新型コロナウイルス感染症拡大に伴う緊急事態宣言発出を受け、当社グループでは一部の施設で営業を休止いたしました。当該施設において休止期間中に発生した固定費（人件費・減価償却費など）を特別損失に計上しております。」という説明がなされています。緊急事態宣言の下では休業を余儀なくされたホテルもあるわけですが、こういった場合、もはや正常な状態ではない中で固定費がかかり続けていくということで、これらは**正常な状態で売上獲得に寄与した費用ではなく、特殊な状況下で営業休止を余儀なくされたことによる損失**であると考えて、本業の損益である**営業利益の計算からは除外して、特別損失に振り替える**という会計処理を行なっているわけです。

また、助成金収入については、「新型コロナウイルス感染症の影響に伴う特例措置の適用を受けた雇用調整助成金および国、地方自治体等からの助成金等を特別利益に計上しております。」との説明がなされています。コロナ禍においては、観光業や飲食業などが、国や自治体の要請によって休業を余儀なくされたケースも多くあり、このような場合には、その間における人件費の補塡として雇用調整助成金などの助成金が支給されることがありました。これについても、**正常な状態での利益ではないため、特別利益に計上**されているのです。こういった損益はまさにコロナ禍ならではの損益項目といえるでしょう。

〈経営危機時にありがちな項目〉

その他、特別損失に計上されている「**早期退職費用引当金繰入額**」、「**事業撤退損**」、「**事業撤退損失引当金繰入額**」、「**減損損失**」といった損失も、コロナ禍の時期限定というわけではありませんが、特徴的な科目といえます。急激に売上が減少する中で、当然、企業としては存続のために固定費の適正化をする必要があります。その場合、固定費の多くを占める人件費の水準を適正化することを企図して希望退職を募る場合もあるでしょうし、不採算事業からの撤退を進めることもあるでしょう。また、コロナ禍で痛んでしまった業績を踏まえて、通常以上に固定資産についての減損損失が計上されることもあります。

分析レクチャー

❶ コロナ禍によって業績は大きく変動

〈５期分の業績推移〉

まずは連結損益計算書を使って業績動向を大づかみしてみましょう。連結損益計算書のトップラインである売上高、本業の業績を表す営業利益、ボトムラインである最終利益の５期分の数値を表にまとめました。なお、連結損益計算書で最終利益を把握するときは、「当期純利益」ではなく「親会社株主に帰属する当期純利益」を見るようにしましょう。

（単位：百万円）

	2018年12月期	2019年12月期	2020年12月期	2021年12月期	2022年12月期
売上高	69,285	68,960	26,648	28,433	43,749
営業利益	1,099	280	△20,611	△15,822	△4,048
最終利益	556	△285	△22,427	12,675	△5,789

５期間の業績を並べると、非常に大きな変動が見られます。2019年12月期までは700億円近くあった**売上高**が、**2020年12月期に一気に６割以上減少**し、266億円となっています。2021年12月期は若干回復したもののほぼ横ばいに近い状況、**2022年12月期は**かなりの回復を見せ437億円となっていますが、それでも落ち込む前の**2019年12月期と比べれば６割程度の水準**にとどまっています。

売上高がこれだけ落ち込んでいるわけですから、当然、利益も大きな影響を受けます。本業の利益である**営業利益**は2020年12月期に200億円を超える赤字に転落した後、赤字幅は縮小傾向にはあるものの**2022年12月期まで３期連続での営業赤字**という厳しい結果となりました。キャッシュ・フローの側面から見ても、連結キャッシュ・フロー計算書の営業活動によるキャッシュ・フローは2020年12月期、2021年12月期の２期間は連続して大幅なマイナスとなっていますから、本業での厳しい状況はキャッシュ・フローの観点からも見て取れます。

最終利益については、営業赤字に転落して以降、2021年12月期のみは黒字となっていますが、**2020年12月期、2022年12月期については営業赤字の影響を引きずって最終赤字**です。**2021年12月期については**、特別利益に注目すると、**固定資産売却益が333億円**も計上されています。この影響もあって最終黒字となっていますが、特別利益はあくまでも一過性の利益ですから次の期はそのような利益は計上されておらず、再び最終赤字に転落しているということですね。

〈コロナ禍が直撃〉

こういった業績の大きな変動の理由は、いうまでもなくコロナ禍でしょう。藤田観光はホテル業を営んでいますから、コロナ禍の直撃を受けてしまった業種の１つであるといえます。外国人観光客の流入がなくなっただけでなく、国内においても人の流れが止まってしまい、それまでの予約が次々とキャンセルされ、まったくお客さんが来なくなるという状況は、こういっ

企業の前提に重要な疑義を生じさせる状況が存在していると考えられます。

このような状況の中、当社グループでは当該影響が長期化した場合を想定した資金計画に基づき、事業資金を確保しています。また、売上拡大とコスト管理により、利益を最大化していくための施策を展開しております。

これらの対応策を継続して実施することにより、継続企業の前提に関する重要な不確実性は認められないと判断しております。

〈設備の新設、除却等の計画についての記載〉

3 【設備の新設、除却等の計画】

(1) 重要な設備の新設等

会社名	事業所名 (所在地)	セグメントの名称	設備の内容	投資予定額		資金調達方法	着手年月	完了予定
				総額 (百万円)	既支払額 (百万円)			
提出会社	箱根ホテル小涌園 (神奈川県足柄下郡)	リゾート事業	ホテルの新設	6,097	2,952	借入金、 自己資本	2021年 8月	2023年 4月

(注) 投資予定額には、既存固定資産の解体費用、撤去費用は含まれておりません。

(2) 重要な設備の除却等

経常的な設備の更新のための除却等を除き、重要な設備の除却等の計画はありません。

⑩　継続企業の前提に関する重要事象等

新型コロナウイルス感染症拡大に伴い、入国制限によるインバウンドの急激な減少や、国内の観光およびビジネス需要の減退、婚礼・宴会の延期やキャンセルが発生しているとともに、政府による緊急事態宣言の発出を受けた営業休止、営業規模縮小などの影響により売上高が著しく減少しており、現時点においては継続企業の前提に重要な疑義を生じさせる状況が存在していると考えられます。

また、今後も感染拡大が収束せず、外出自粛などによる国内及び海外経済の停滞が長期にわたる場合には、当社グループの経営成績にさらなる影響を及ぼす可能性があります。

このような状況の中、当社グループでは役員報酬や従業員賞与の減額、賃料減額の交渉などのコスト対策を実施するとともに、当該影響が長期化した場合を想定し、投資有価証券や固定資産の売却も含めた資金計画に基づき、事業資金を確保できる体制を構築しています。これらの対応策を継続して実施することにより、継続企業の前提に関する重要な不確実性は認められないと判断しております。

2021年12月期

⑨　継続企業の前提に関する重要事象等

当社グループにおいては、新型コロナウイルス感染症再拡大に伴うまん延防止等重点措置の発出など、先行きが不透明な経営環境が継続しております。今後の感染状況やまん延防止等重点措置の解除時期によっては、収益の回復に想定以上の時間を要するなど、業績へのさらなる影響を及ぼす可能性があり、現時点においては継続企業の前提に重要な疑義を生じさせる状況が存在していると考えられます。

このような状況の中、当社グループでは資産売却や優先株式発行により財務状況を改善させるとともに、当該影響が長期化した場合を想定した資金計画に基づき、事業資金を確保できる体制を構築しています。また、2021年３月に早期希望退職を実施した他、役員報酬や従業員賞与の減額、賃料減額の交渉などのコスト対策を実施するなど、構造改革推進による固定費の圧縮や付加価値向上施策に取り組むことで、早期の収益回復を図っております。

これらの対応策を継続して実施することにより、継続企業の前提に関する重要な不確実性は認められないと判断しております。

2022年12月期

⑨　継続企業の前提に関する重要事象等

新型コロナウイルス感染症による影響

当社グループにおいては、３月のまん延防止等重点措置解除以降に経営環境回復の動きが見られ、インバウンド受け入れの本格再開と全国旅行支援が開始された10月以降に更なる回復基調となりました。しかしながら、当連結会計年度は営業損失4,048百万円、親会社株主に帰属する当期純損失5,789百万円を計上している状態であること等から、現時点においては継続

5．金銭を対価とする取得条項（強制償還）

⑴　強制償還の内容

当社は、いつでも、当社の取締役会に基づき別に定める日（以下「強制償還日」という。）の到来をもって、Ａ種優先株主又はＡ種優先登録株式質権者の意思にかかわらず、当社がＡ種優先株式の全部又は一部を取得するのと引換えに、当該日における分配可能額を限度として、Ａ種優先株主又はＡ種優先登録株式質権者に対して、下記５．⑵に定める金額（以下「強制償還価額」という。）の金銭を交付することができる（以下、この規定によるＡ種優先株式の取得を「強制償還」という。）。なお、Ａ種優先株式の一部を取得するときは、取得するＡ種優先株式は、抽選、比例按分その他の方法により当社の取締役会において決定する。

⑵　強制償還価額

①　基本強制償還価額

Ａ種優先株式１株当たりの強制償還価額は、上記４．⑵①に定める基本償還価額算式（ただし、基本償還価額算式における「償還請求日」は「強制償還日」と読み替えて適用する。）によって計算される基本償還価額相当額（以下「基本強制償還価額」という。）とする。

②　控除価額

（省略）

6．株式の併合又は分割

法令に別段の定めがある場合を除き、Ａ種優先株式について株式の併合又は分割は行わない。Ａ種優先株主には、募集株式又は募集新株予約権の割当を受ける権利を与えず、株式又は新株予約権の無償割当を行わない。

7．種類株主総会の決議

定款において、会社法第322条第２項に関する定めはしておりません。

8．株式の種類ごとの異なる単元株式数の定め及びその理由

当社は、普通株式の単元株式数は100株であるのに対し、Ａ種優先株式は下記９．の通り当社株主総会における議決権がないため、Ａ種優先株式については単元株式数は１株とする。

9．議決権の有無及びその理由

当社は、Ａ種優先株式とは異なる種類の株式である普通株式を発行している。普通株式は、株主としての権利内容に制限のない株式であるが、Ａ種優先株主は、上記３．記載の通り、株主総会において議決権を有しない。これは、Ａ種優先株式を配当金や残余財産の分配について優先権を持つ代わりに議決権がない内容としたものである。

〈継続企業の前提に関する重要事象等の記載〉

2020年12月期

⑹　非参加条項

当社は、Ａ種優先株主又はＡ種優先登録株式質権者に対して、上記１．⑷に定める優先配当金の合計額を超えて剰余金の配当を行わない。

２．残余財産の分配

（省略）

３．議決権

Ａ種優先株主は、法令に別段の定めのある場合を除き、株主総会において、議決権を有しない。

４．金銭を対価とする取得請求権（償還請求権）

⑴　償還請求権の内容

Ａ種優先株主は、いつでも、当社に対して金銭を対価としてＡ種優先株式を取得することを請求（以下「償還請求」という。）することができる。この場合、当社は、Ａ種優先株式１株を取得するのと引換えに、当該償還請求の日（以下「償還請求日」という。）における会社法第461条第２項所定の分配可能額を限度として、法令上可能な範囲で、当該効力が生じる日に、当該Ａ種優先株主に対して、下記４．⑵に定める金額（ただし、除算は最後に行い、円単位未満小数第３位まで計算し、その小数第３位を四捨五入する。以下「償還価額」という。）の金銭を交付する。なお、償還請求日における分配可能額を超えて償還請求が行われた場合、取得すべきＡ種優先株式は、抽選又は償還請求が行われたＡ種優先株式の数に応じた比例按分その他の方法により当社の取締役会において決定する。

⑵　償還価額

①　基本償還価額

Ａ種優先株式１株当たりの償還価額は、以下の算式によって計算される額（以下「基本償還価額」という。）とする。

（基本償還価額算式）

基本償還価額＝100,000,000円×（１＋0.04）m+n/365

払込期日（同日を含む。）から償還請求日（同日を含む。）までの期間に属する日の日数を「m年とｎ日」とする。

②　控除価額

（省略）

⑶　償還請求受付場所

東京都文京区関口二丁目10番８号　藤田観光株式会社

⑷　償還請求の効力発生

償還請求の効力は、償還請求書が償還請求受付場所に到着した時に発生する。

る株主（以下「Ａ種優先株主」という。）又はＡ種優先株式の登録株式質権者（以下「Ａ種優先登録株式質権者」という。）に対して、金銭による剰余金の配当（期末配当）をすることができる。

⑵　期中配当

当社は、期末配当のほか、基準日を定めて当該基準日の最終の株主名簿に記載又は記録されたＡ種優先株主又はＡ種優先登録株式質権者に対し金銭による剰余金の配当（期中配当）をすることができる。

⑶　優先配当金

当社は、ある事業年度中に属する日を基準日として剰余金の配当を行うときは、当該基準日の最終の株主名簿に記載又は記録されたＡ種優先株主又はＡ種優先登録株式質権者に対して、当該基準日の最終の株主名簿に記載又は記録された普通株式を有する株主（以下「普通株主」という。）又は普通株式の登録株式質権者（以下「普通登録株式質権者」という。）に先立ち、Ａ種優先株式１株につき、下記１．⑷に定める額の配当金（以下「優先配当金」という。）を金銭にて支払う。ただし、当該剰余金の配当の基準日の属する事業年度中の日であって当該剰余金の配当の基準日以前である日を基準日としてＡ種優先株主又はＡ種優先登録株式質権者に対し剰余金を配当したとき（以下、当該配当金を「期中優先配当金」という。）は、その額を控除した金額とする。また、当該剰余金の配当の基準日から当該剰余金の配当が行われる日までの間に、当社がＡ種優先株式を取得した場合、当該Ａ種優先株式につき当該基準日に係る剰余金の配当を行うことを要しない。

⑷　優先配当金の額

優先配当金の額は、Ａ種優先株式１株につき、以下の算式に基づき計算される額とする。ただし、除算は最後に行い、円単位未満小数第３位まで計算し、その小数第３位を四捨五入する。

Ａ種優先株式１株当たりの優先配当金の額は、Ａ種優先株式の１株当たりの払込金額及び前事業年度に係る期末配当後の未払Ａ種優先配当金（下記１．⑸において定義される。）（もしあれば）の合計額に年率4.0％を乗じて算出した金額について、当該剰余金の配当の基準日の属する事業年度の初日（ただし、当該剰余金の配当の基準日が払込期日と同一の事業年度に属する場合は、払込期日）（同日を含む。）から当該剰余金の配当の基準日（同日を含む。）までの期間の実日数につき、１年を365日として日割計算により算出される金額とする。

⑸　累積条項

ある事業年度に属する日を基準日としてＡ種優先株主又はＡ種優先登録株式質権者に対して行われた１株当たりの剰余金の配当の総額が、当該事業年度の末日を基準日として計算した場合の優先配当金の額に達しないときは、その不足額（以下「未払Ａ種優先配当金」という。）は翌事業年度以降に累積する。

藤田観光の有価証券報告書（一部抜粋）

〈連結損益計算書関係の注記〉

販売費、一般管理費のうち主要な費目および金額

	2018年12月期	2019年12月期	2020年12月期	2021年12月期	2022年12月期
役員報酬	375百万円	344百万円	283百万円	190百万円	196百万円
従業員給料手当・賞与	1,701百万円	1,600百万円	1,269百万円	975百万円	1,035百万円
賞与引当金繰入額	5百万円	6百万円	△2百万円	―	16百万円
退職給付費用	136百万円	113百万円	94百万円	102百万円	99百万円
役員退職引当金繰入額	14百万円	12百万円	15百万円	8百万円	7百万円
広告宣伝費	133百万円	119百万円	81百万円	82百万円	150百万円
保険料	36百万円	31百万円	28百万円	23百万円	21百万円
地代家賃	143百万円	129百万円	126百万円	109百万円	108百万円
減価償却費	213百万円	258百万円	262百万円	234百万円	191百万円
貸倒引当金繰入額	△8百万円	△3百万円	△4百万円	△0百万円	0百万円

〈優先株式に関する記載〉

1　【株式等の状況】

(1)　【株式の総数等】

①　【株式の総数】

種類	発行可能株式総数（株）
普通株式	44,000,000
Ａ種優先株式	150
計	44,000,150

②　【発行済株式】

種類	事業年度末現在発行数（株）（2022年12月31日）	提出日現在発行数（株）（2023年３月29日）	上場金融商品取引所名又は登録認可金融商品取引業協会名	内容
普通株式	12,207,424	12,207,424	東京証券取引所プライム市場	単元株式数　100株
Ａ種優先株式	150	150	非上場	単元株式数　１株（注）
計	12,207,574	12,207,574	―	―

（注）　Ａ種優先株式の内容は以下の通りです。

１．Ａ種優先株式に対する剰余金の配当

(1)　期末配当の基準日

当社は、各事業年度末日の最終の株主名簿に記載又は記録されたＡ種優先株式を有す

藤田観光の連結キャッシュ・フロー計算書（単位：百万円）

	2018年12月期	2019年12月期	2020年12月期	2021年12月期	2022年12月期
営業活動によるキャッシュ・フロー					
税金等調整前当期純利益	1,292	△521	△23,173	17,158	△6,362
減価償却費	4,864	4,934	4,753	4,041	3,613
減損損失	110	195	1,823	2,098	2,279
のれん償却額	43	40	40	160	
早期退職費用引当金戻入額				△24	
貸倒引当金の増減額（△は減少）	△13	△23	△5	101	0
役員退職慰労引当金の増減額（△は減少）	△5	△7	△15	△50	12
賞与引当金の増減額（△は減少）	0	△19	△179	11	95
役員賞与引当金の増減額（△は減少）	0	1	△8		
ポイント引当金の増減額（△は減少）	17	4	△25	△48	△69
事業撤退損失引当金の増減額（△は減少）	△524	93	△95	112	574
固定資産撤去費用引当金の増減額（△は減少）		473	△25	△444	△3
災害損失引当金の増減額（△は減少）		315	△306	△9	
早期退職費用引当金の増減額（△は減少）			1,802		
退職給付に係る負債の増減額（△は減少）	307	△5	173	△3,013	28
受取利息及び受取配当金	△403	△420	△395	△211	△255
支払利息	529	508	657	686	585
為替差損益（△は益）	86	13	95	△123	62
持分法による投資損益（△は益）	△30	△8	71	36	
在外子会社清算に伴う為替換算調整勘定取崩損					44
固定資産売却損益（△は益）	△3	0	△60	△33,369	△4
固定資産除却損	113	58	116	49	66
投資有価証券評価損益（△は益）			9	0	
有価証券及び投資有価証券売却損益（△は益）		△218	△335	△1,763	
受取補償金	△140				
預り保証金取崩益	△28	△18	△4		
売上債権の増減額（△は増加）	△346	61	3,199	△248	△1,863
たな卸資産の増減額（△は増加）	109	51	121	62	△82
仕入債務の増減額（△は減少）	△67	△87	△749	53	148
未払消費税等の増減額（△は減少）	956	△699	△371	119	911
その他	△39	224	△3,439	185	1,382
小計	6,825	4,945	△16,326	△14,431	1,164
利息及び配当金の受取額	412	425	408	208	255
利息の支払額	△533	△511	△622	△688	△589
早期退職費用の支払額				△1,777	
法人税等の支払額又は還付額（△は支払）		86	△530	385	△184
法人税等の支払額	△1,416				
補償金の受取額	140				
❶ 営業活動によるキャッシュ・フロー	5,428	4,946	△17,069	△16,302	645
投資活動によるキャッシュ・フロー					
❼ 有形及び無形固定資産の取得による支出	△4,391	△3,846	△4,079	△1,428	△6,998
❷ 有形及び無形固定資産の売却による収入	3	0	164	39,732	5
❷ 投資有価証券の売却による収入		581	853	6,249	
定期預金の預入による支出	0	0		0	0
定期預金の払戻による収入			50		
差入保証金の差入による支出	△179	△234	△112	△1,936	△19
差入保証金の回収による収入	308	27	705	264	883
その他	△66	△24	5	9	7
投資活動によるキャッシュ・フロー	△4,324	△3,496	△2,412	42,890	△6,122
財務活動によるキャッシュ・フロー					
短期借入金の純増減額（△は減少）	1,455	△1,209	5,754	1,715	△658
長期借入れによる収入	6,127	9,000	22,100	181	
長期借入金の返済による支出	△8,907	△8,675	△7,528	△8,467	△7,867
自己株式の売却による収入	0	0	0		
❹ 株式の発行による収入				15,000	
自己株式の取得による支出	△2	△1	△1	△1	0
連結の範囲の変更を伴わない子会社株式の取得による支出		△42			△72
配当金の支払額	△479	△479	△360		△156
非支配株主への配当金の支払額	△4	△3	△5		
ファイナンス・リース債務の返済による支出	△28	△33	△39	△40	△40
その他	△41	△22	△88	△68	△140
財務活動によるキャッシュ・フロー	△1,880	△1,467	19,831	8,319	△8,935
現金及び現金同等物に係る換算差額	△139	△22	0	15	△97
現金及び現金同等物の増減額（△は減少）	△915	△39	348	34,921	△14,509
現金及び現金同等物の期首残高	4,304	3,388	3,348	3,697	38,619
現金及び現金同等物の期末残高	3,388	3,348	3,697	38,619	24,110

負債の部					
流動資産					
支払手形及び買掛金	1,592	1,505	755	809	957
❺ 短期借入金	4,440	3,230	8,985	10,700	10,042
❺ 1年内返済予定の長期借入金	8,675	7,526	8,028	7,829	9,016
未払法人税等	231	351	62	194	65
未払消費税等	1,170	470	99	219	1,131
賞与引当金	196	179		11	106
役員賞与引当金	8	8			
ポイント引当金	139	143	117	69	
固定資産撤去費用引当金		473	448	3	
事業撤退損失引当金	5	98	2	115	689
災害損失引当金		315	9		
早期退職費用引当金			1,802		
その他	5,865	6,465	4,885	3,982	5,311
流動負債合計	22,326	20,768	25,197	23,935	27,321
固定負債					
❺ 長期借入金	32,257	33,711	47,783	39,704	30,673
役員退職慰労引当金	111	103	88	37	49
退職給付に係る負債	9,859	9,676	9,850	6,780	6,490
繰延税金負債				1,168	401
会員預り金	10,799	10,581	10,416	10,444	10,547
その他	1,966	1,990	1,911	1,857	1,739
固定負債合計	54,995	56,063	70,051	59,993	49,901
負債合計	77,321	76,832	95,248	83,929	77,222
純資産の部					
株主資本					
❹ 資本金	12,081	12,081	12,081	100	100
❹ 資本剰余金	5,431	5,431	5,430	32,412	32,256
❹ 利益剰余金	6,004	5,240	△17,546	△5,231	△11,020
自己株式	△930	△931	△931	△902	△903
株主資本合計	22,587	21,821	△966	26,378	20,432
その他の包括利益累計額					
その他有価証券評価差額金	2,322	4,741	2,463	2,533	2,233
繰延ヘッジ損益	△73	△71	△71	△67	3
為替換算調整勘定	△139	△164	△178	△144	△316
退職給付に係る調整累計額	△187	△63	△64	△43	276
その他の包括利益累計額合計	1,922	4,442	2,149	2,277	2,196
非支配株主持分	215	175	164	177	110
❹ 純資産合計	24,724	26,438	1,347	28,833	22,740
負債純資産合計	102,045	103,271	96,595	112,762	99,962

藤田観光の連結貸借対照表（単位：百万円）

	2018年12月期	2019年12月期	2020年12月期	2021年12月期	2022年12月期
資産の部					
流動資産					
❹ 現金及び預金	3,464	3,424	3,723	38,647	24,139
受取手形及び売掛金	5,304	5,241	2,041	2,292	4,157
商品及び製品	52	51	50	44	48
仕掛品	48	19	20	19	26
原材料及び貯蔵品	512	490	369	314	386
繰延税金資産	419				
その他	2,313	2,062	3,958	2,971	2,201
貸倒引当金	△25	△19	△14	△13	△13
流動資産合計	12,091	11,272	10,149	44,276	30,947
固定資産					
有形固定資産					
建物及び構築物	102,667	102,873	96,758	91,796	93,613
減価償却累計額	△61,370	△63,100	△59,291	△56,900	△59,249
建物及び構築物（純額）	41,297	39,772	37,466	34,896	34,364
工具、器具及び備品	21,380	22,778	21,068	19,432	19,675
減価償却累計額	△15,688	△17,203	△17,530	△16,981	△17,628
工具、器具及び備品（純額）	5,692	5,575	3,538	2,450	2,047
❷ 土地	12,283	12,292	12,845	6,894	6,381
❼ 建設仮勘定	206	411	1,220	351	3,095
コース勘定	2,419	2,419	2,434	2,443	2,443
その他	4,713	4,927	4,556	4,122	4,316
減価償却累計額	△3,773	△3,915	△3,590	△3,364	△3,595
その他（純額）	939	1,011	965	757	721
有形固定資産合計	62,838	61,484	58,471	47,793	49,053
無形固定資産					
のれん	240	200	160		
ソフトウエア	438	549	455	545	484
その他	122	153	429	211	188
無形固定資産合計	801	903	1,044	756	673
投資その他の資産					
投資有価証券	15,540	18,611	14,787	10,253	9,794
差入保証金	8,508	8,801	8,251	9,280	9,195
繰延税金資産	1,895	1,783	3,465	42	45
その他	392	420	430	466	360
貸倒引当金	△23	△5	△5	△107	△107
投資その他の資産合計	26,314	29,611	26,929	19,935	19,288
固定資産合計	89,954	91,999	86,446	68,486	69,015
資産合計	102,045	103,271	96,595	112,762	99,962

藤田観光の連結損益計算書（単位：百万円）

	2018年12月期	2019年12月期	2020年12月期	2021年12月期	2022年12月期
❶ 売上高	69,285	68,960	26,648	28,433	43,749
売上原価	63,540	64,226	44,091	41,631	44,976
売上総利益	5,744	4,733	△17,443	△13,197	△1,227
販売費及び一般管理費	4,645	4,452	3,168	2,625	2,821
❶ 営業利益	1,099	280	△20,611	△15,822	△4,048
営業外収益					
受取利息	4	7	3	11	7
受取配当金	399	412	392	200	247
持分法による投資利益	30	8			
生命保険配当金	79	63	64	69	47
為替差益				123	
受取地代家賃	89	95	90	78	77
その他	184	166	185	154	102
営業外収益合計	786	755	736	638	482
営業外費用					
支払利息	529	508	657	686	585
固定資産除却損	113	58	116	49	66
持分法による投資損失			71	36	
為替差損	86	13	95		
支払手数料				544	75
その他	52	54	113	41	167
営業外費用合計	780	634	1,054	1,358	895
経常利益	1,105	401	△20,930	△16,542	△4,461
特別利益					
国庫補助金	3	16			
受取補償金	140				
❷ 助成金収入			3,221	1,925	1,084
早期退職費用引当金戻入額				24	
❷ 投資有価証券売却益		218	335	1,763	
預り保証金取崩益	28	34	4		
❶❷ 固定資産売却益	3		59	33,369	4
固定資産撤去費用引当金戻入額					1
事業撤退損失引当金戻入額	242		42	5	0
その他		15	161		1
特別利益合計	418	285	3,824	37,088	1,092
特別損失					
投資有価証券評価損			9	0	
❷ 営業休止損失			2,289		
❷ 早期退職費用引当金繰入額			1,802		
のれん償却額				150	
固定資産撤去費用引当金繰入額		473	35	3	
固定資産売却損		0			
遊休設備維持修繕費	12	5			
災害による損失		399			
❷ 事業撤退損	66	23	38	804	
❷ 事業撤退損失引当金繰入額	41	104	2	115	669
❷ 減損損失	110	195	1,823	2,098	2,279
貸倒引当金繰入額				102	
その他	0	6	66	113	
在外子会社清算に伴う為替換算調整勘定取崩損					44
特別損失合計	231	1,207	6,067	3,388	2,994
税金等調整前当期純利益	1,292	△521	△23,173	17,158	△6,362
法人税、住民税及び事業税	240	293	72	200	34
法人税等調整額	484	△535	△813	4,269	△613
法人税等合計	725	△241	△740	4,469	△578
当期純利益	567	△280	△22,432	12,688	△5,784
非支配株主に帰属する当期純利益	10	5	△5	12	5
❶ 親会社株主に帰属する当期純利益	556	△285	△22,427	12,675	△5,789

決算書分析レクチャー1

藤田観光の決算書分析

みなさんは藤田観光という会社をご存じでしょうか。会社名だけではピンと来ない方もいらっしゃるかもしれませんが、東京・目白にある椿山荘、箱根の小涌園、またワシントンホテルと聞けば、知っているという方も多いのではないでしょうか。

藤田観光はホテル運営を主たる事業としている会社で、ワシントンホテルといったリーズナブルなホテルから、椿山荘といった高級ホテル、また首都圏における人気リゾート地である箱根の小涌園などバラエティ豊かなホテル運営を行なっています。特に箱根の小涌園は、毎年お正月に開催される箱根駅伝でも、5区山登り、6区山下りの中でタイム計測のポイントとして必ず登場するスポットですから、ご存じの方も多いのではないかと思います。

次ページ以降では、藤田観光の5期分の連結決算書（連結損益計算書、連結貸借対照表、連結キャッシュ・フロー計算書）と有価証券報告書から一部抜粋した情報を掲載しています。

藤田観光の事業がどのようなものであるのか想像しながら、決算書の分析をするとともに、有価証券報告書に記載された内容も参考に考えてみましょう。注目点に番号と青色を付しましたので、後述する「分析レクチャー」の番号の解説を参考にしてください。

ますが、流通業で利用している不動産をC事業が保有しており、C事業（不動産業）からB事業（流通業）に対して賃貸をしているということだと考えられます。

このようにセグメント情報には、グループ全体の連結決算書だけを見てもわからない情報が詰まっています。また、事業ごとに財務数値の特徴が大きく異なる点も面白いところです。ぜひみなさんも、さまざまな会社のセグメント情報で勉強してみてください。

A事業のEBITDAが突出して大きいのと同時に、資本的支出も4,400億円を超える水準となっており、他の２つの事業に比べると桁が違う水準であることがわかります。しっかりと稼ぎつつ、その分**設備投資も積極的に行なっている**ということがよくわかります。Ｂ事業、Ｃ事業については、Ａ事業ほどではありませんが、着実な収益基盤のもと、キャッシュ・フローで見ても確実に稼ぐことができている様子が見て取れます。

■主要事業の特徴はどのようなもの？

以上の考察をもとに、セグメントの特定を行なっていきましょう。

まずは**Ａ事業**について。売上高、総資産ともにJR東海の大半を占めている事業であり、売上高営業利益率は３事業で最も高い水準にあるものの、総資産回転率が極めて低い水準にあることから、総資産営業利益率になると最も低い水準となってしまいます。また、営業キャッシュ・フローも確実に稼ぐ一方、設備投資にもかなりのお金を使っているという特徴があるようです。

これらの特徴を満たすのは、**運輸業**です。運輸業は東海道新幹線や在来線、つまり鉄道事業です。鉄道事業はまさにインフラ産業であり、気の遠くなるような設備投資を行なって鉄道網を張り巡らすとともに、継続的にその維持運営を図らなければなりません。したがって、極めて固定資産が重たい事業となり、総資産回転率が極めて低い水準となってしまいます。JR東海のコア事業であり、このような重たい資産を保有し、さらに継続的に設備投資を行なっているという特徴が、まさにＡ事業のセグメント数値によく反映されているといえます。

では、残りのＢ事業とＣ事業についてはどうでしょうか。Ｂ事業は売上高営業利益率という面ではそう高くありませんが、他の２事業に比べて総資産回転率が通常の水準である1.0回であるため、総資産営業利益率でみると３事業で最も高い水準となっています。一方のＣ事業については、売上高営業利益率は20％を超える水準にある一方、運輸業であるＡ事業ほどではありませんが、重たい資産を抱えている影響で総資産回転率が0.2回とかなり低めの水準となっています。結果として、総資産営業利益率で見ると、Ｂ事業に対して見劣りする結果となっているのです。

以上を踏まえると、**Ｂ事業**が**流通業**、**Ｃ事業**が**不動産業**ということになります。不動産業はやはりそれなりの不動産を保有することになりますから、バランスシート上は重たい資産を抱える構造となり、鉄道事業のようなインフラ産業ほどではないとしても、総資産回転率はかなり低い水準となります。一方のＢ事業は流通業ですから、商品を仕入れて販売するという意味で、そう高い付加価値を付けられない分、売上高営業利益率は他の２事業と比べて低いかもしれません。しかし、ある程度資産が回転する事業であるため、総資産回転率はある程度の水準となります。

ちなみに、細かい情報ですが、Ｃ事業の売上高の中で、セグメント間振替がかなりの金額になっていることにも注目しておきましょう。不動産業であるＣ事業の売上高は773億円ですが、このうち４割以上となる319億円もの売上高がセグメント間での振替高なのです。推測になり

ています。

損益面だけでなく総資産についても確認すると、やはり連結総資産9.5兆円のうち8.5兆円はＡ事業に帰属しており、**資産の大半をＡ事業において保有**している様子がわかります。このことからも、Ａ事業がJR東海にとっての主要事業であることに間違いはなさそうです。

■セグメントごとの収益性は

続いて、これらセグメントごとの情報を利用して、セグメントごとの利益率や総資産回転率などについても整理してみましょう。

	Ａ事業	Ｂ事業	Ｃ事業
売上高営業利益率（%）	29.8	6.0	22.4
総資産営業利益率（%）	4.0	6.1	4.7
総資産回転率（回）	0.1	1.0	0.2

売上高営業利益率は、Ａ事業、Ｃ事業、Ｂ事業の順番となっており、主要事業であるＡ事業が最も高い水準となっているようです。一方の**総資産営業利益率は、Ｂ事業、Ｃ事業、Ａ事業という順番**であり、売上高営業利益率が最も高いＡ事業の総資産営業利益率が最も低いという結果になっています。つまり、売上高に対する利益率に比して、総資産に対する利益率は低めであるということがわかります。

このことをもう少し詳しく見るために、**総資産回転率**についても算出すると、**Ａ事業はかなり低めの0.1回**という結果になりました。売上高営業利益率は高いのですが、これだけ総資産回転率が低ければ、総資産営業利益率が低くなってしまうのも納得です。これに対して、**Ｂ事業**の場合は、売上高営業利益率は最も低かったのですが、総資産回転率が**1.0回**となっているため、総資産回転率がかなり低い他の２事業と比べて総資産営業利益率は最も高い水準となっているのです。

■セグメントごとのキャッシュ・フローは

さらに、セグメント情報から読み取れるキャッシュ・フロー情報についても確認しておきましょう。セグメントごとのEBITDA（簡易営業キャッシュ・フロー）と、そこから資本的支出（設備投資）を控除した簡易フリー・キャッシュ・フローを算出したのが次の表です。

（単位：百万円）

	Ａ事業	Ｂ事業	Ｃ事業
①営業利益	338,502	8,316	17,361
②減価償却費	196,041	3,807	15,710
③EBITDA（①＋②）	534,543	12,123	33,071
④資本的支出	△446,626	△4,676	△17,394
⑤簡易FCF（③－④）	87,917	7,447	15,677

解 答

■まずはセグメントの内容を確認しよう

はじめに、JR東海はどんなセグメントを有しているのかについて確認しましょう。

セグメント情報は決算書の注記として作成されますが、必ず最初のところに、その企業がどのようなセグメントに区切ってセグメント情報の報告を行なっているのかについて、詳細に記されています。JR東海の場合には、運輸業、流通業、不動産業の３つのセグメントがありますが、それぞれ次のような内容となっています。

運輸業 … 東海道新幹線、東海地区での在来線、またこれらに加えてバス事業も含まれているようです。

流通業 … JRセントラルタワーズ内での百貨店事業、電車内や駅構内での商品販売事業

不動産業 … 駅ビルを中心とした不動産賃貸事業、不動産分譲事業

基本的には鉄道のイメージが強いですし、それがメインの事業であることに変わりはありませんが、運輸業以外にも流通業、不動産業も存在していることがわかります。

また、前期まではホテル事業や鉄道車両の製造事業も存在していたようですが、2023年３月期からは、全体に占める重要性が低下したとの理由で、これらはすべて「その他」としてまとめられているようです。

■どこで稼いでいるのか

セグメント情報の一番右側には、連結損益計算書上の金額が記載されています。グループ全体でみると、売上高は1.4兆円、セグメント利益（営業利益）は3,745億円であることがわかります。また、連結総資産は9.5兆円、年間の減価償却費は2,196億円、設備投資額は4,626億円であることなどを知ることができます。連結全体ではこのような結果になっているわけですが、セグメントごとに見た場合にはどのようなことがわかってくるのでしょうか。

セグメント情報から読み取ることのできる情報を、次のように整理してみました。

（単位：百万円）

	Ａ事業	Ｂ事業	Ｃ事業
売上高	1,134,016	138,751	77,398
営業利益	338,502	8,316	17,361
総資産	8,559,242	136,386	366,526
減価償却費	196,041	3,807	15,710
資本的支出	446,626	4,676	17,394

まず、売上高について見てみましょう。最も比率が高いのがＡ事業で1.1兆円、次いでＢ事業1,387億円、Ｃ事業773億円という状況になっています。**売上高の大半をＡ事業で稼ぐ**という構造になっています。営業利益についても同様です。連結営業利益の大半をＡ事業で稼ぎ出し

JR東海のセグメント情報

【セグメント情報】

1　報告セグメントの概要

当社グループの報告セグメントは、当社グループの構成単位のうち分離された財務情報が入手可能であり、経営資源の配分の決定及び業績を評価するために当社の取締役会に定期的に報告される対象となっているものです。

当社グループは、製品・サービス別のセグメントから構成されており、「運輸業」、「流通業」及び「不動産業」の３つを報告セグメントとしています。

「運輸業」は、東海道新幹線及び東海地方の在来線における鉄道事業を行うほか、バス事業等を行っています。「流通業」は、JRセントラルタワーズ内で百貨店事業を営むほか、主に、車内・駅構内における物品販売等を行っています。「不動産業」は、駅ビル等不動産賃貸事業のほか、不動産分譲事業を行っています。

当連結会計年度においては、「ホテル・サービス業」及び「鉄道車両等製造業」について量的基準を満たさなくなったため、「その他」に含めて記載する方法に変更しています。

なお、前連結会計年度のセグメント情報は、当連結会計年度の報告セグメントの区分に基づき作成したものを開示しています。

2　報告セグメントごとの売上高、利益又は損失、資産、負債その他の項目の金額の算定方法

報告セグメントの利益は、営業利益ベースの数値です。セグメント間の内部売上高及び振替高は第三者間取引価格に基づいています。

3　報告セグメントごとの売上高、利益又は損失、資産、負債その他の項目の金額に関する情報

当連結会計年度（自　令和４年４月１日　至　令和５年３月31日）

（単位　百万円）

	A事業	B事業	C事業	その他（注１）	計	調整額（注２）	連結財務諸表計上額（注３）
売上高							
外部顧客への売上高	1,123,437	131,456	45,398	99,992	1,400,285	−	1,400,285
セグメント間の内部売上高又は振替高	10,578	7,294	31,999	149,435	199,308	△199,308	−
計	1,134,016	138,751	77,398	249,427	1,599,593	△199,308	1,400,285
セグメント利益	338,502	8,316	17,361	10,048	374,229	274	374,503
セグメント資産	8,559,242	136,386	366,526	420,476	9,482,631	31,778	9,514,409
その他の項目							
減価償却費	196,041	3,807	15,710	4,054	219,614	−	219,614
持分法適用会社への投資額	11,176	−	−	−	11,176	−	11,176
有形固定資産及び無形固定資産の増加額	435,450	4,676	17,394	5,128	462,650	−	462,650

（注）1　「その他」の区分は、報告セグメントに含まれない事業セグメントであり、ホテル業、旅行業、広告業、鉄道車両等製造業及び建設業等を含んでいます。

2　調整額は、以下のとおりです。

⑴　セグメント利益の調整額274百万円は、セグメント間取引消去です。

⑵　セグメント資産の調整額31,778百万円には、セグメントに配分していない全社資産646,707百万円（主な内容は当社の長期投資資産（投資有価証券）及び余資運用資金（預金等））及びセグメント間消去△614,928百万円（セグメント間の債権の相殺消去等）が含まれています。

3　セグメント利益は、連結損益計算書の営業利益と調整を行っています。

決算書 de 推理！3

事業セグメントごとの特徴を読み取れ！

次に示したのは、知らない人はいないJRの中でも、東海地区で事業を行なう**JR東海**のセグメント情報です。JR東海は、運輸業、流通業、不動産業の３つのセグメントを有しているようです。

ここでは、セグメント情報に含まれる３つの事業をＡ事業〜Ｃ事業として隠して示しています。みなさんは、事業の特徴を想像しながら、これらＡ事業〜Ｃ事業がそれぞれ、上記のどの事業に該当するのかを推理してみましょう。

B社は0.4か月程度、つまり2週間分も在庫を持っていないという計算ですから、かなりの違いであることがわかります。

■両社の事業構造を想像しながら考えよう

さて、ここまで資産内容の違い、売上債権および棚卸資産の回転期間の違いについて確認をしました。この結果からどのようなことがいえるでしょうか。

ドラッグストアやスーパーマーケットといった店舗を展開していく場合、**店舗の不動産**についてはいくつかの調達方法があります。1つは、完全に自前で土地を購入し、その土地に自社の建物を建設する形です。次に、土地は借りてきて、その上に自社で建物を建築するパターンです。最後は、土地、建物ともに借りるというケースですね。**ドラッグストア**の場合、都心型と郊外型での違いはあるかもしれませんが、比較的、**賃貸で素早く出店**をしているイメージがあります。一方の**スーパーマーケット**は、さまざまな出店方法がありそうですが、ドラッグストアに比べると**自前のケースも比較的ありそう**です。

また、**設備**という意味ではどちらのほうが手間がかかりそうでしょうか。**スーパーマーケット**は、ドラッグストアと比べて**冷蔵ケース**の数も多くなりますし、お総菜やお弁当を提供するとなれば**調理設備**なども必要になってきますし、もしかしたら自社で精肉工場設備などを整えているかもしれません。ですから、設備面ではスーパーマーケットのほうが手がかかりそうな感じですね。

では、売上債権や棚卸資産という面ではどうでしょうか。いずれも一般消費者向けの現金商売ですから、売上債権の水準はかなり低くなります。あとは、キャッシュレス決済の導入度合いで売上債権の水準は変わってくるのではないかと思いますが、これは業態の違いというより、個々の企業の対応度合いの違いなどが反映されるとみたほうがよいかもしれません。

棚卸資産についてはどうでしょうか。**スーパーマーケット**の場合、日用雑貨など比較的長持ちする在庫もありますが、やはり**中心は食品**となりますから、在庫の回転はかなり速くなると思います。一方、**ドラッグストア**の場合は、スーパーマーケットに比べれば**ストックができそうな商品が多い**はずですね。ですから、スーパーマーケットと比べてドラッグストアのほうが、在庫という面では多めに抱えているのではないかと推測することができます。

もうわかりましたね。答えは**A社**がドラッグストアを展開する**ツルハ**ホールディングス、**B社**がスーパーマーケットを展開する**ライフ**コーポレーションです。大きくいえば小売業界に属している両社であり、基本的な仕入販売というモデルは似ていますが、両社の店舗の特徴の違い、取り扱っている商品特性の違いなどが、決算書にも違いをもたらしている様子がおわかりいただけたでしょうか。みなさんも、そのような視点で、同じような業界の企業同士を比較してみると面白いかもしれませんよ。

解　答

■資産内容について比較してみよう

与えられた決算書を使って、資産内容にどのような違いがあるのかを確認してみましょう。

まず総資産について確認をすると、Ａ社は5,623億円、Ｂ社は2,808億円となっており、総資産規模には２倍の差があります。一方、売上高規模については、Ａ社9,157億円、Ｂ社7,654億円であり、総資産ほどの差はついていません。ですから、**総資産回転率**という目線に置き換えれば、Ｂ社のほうが高く、資産効率がよいといえます。実際に算出してみると、Ａ社1.6回、Ｂ社2.7回という結果になり、**Ｂ社のほうが１回転以上も上回っています**。

次に資産の内容について確認してみます。Ａ社は総資産5,623億円のうち3,285億円が流動資産、2,338億円が固定資産となっています。これに対して、Ｂ社は総資産2,808億円のうち804億円が流動資産、2,003億円が固定資産です。

固定資産の中身について詳しくみると、面白いことがわかります。両社ともに2,000億円を超える固定資産ですが、**Ａ社**の場合は有形固定資産912億円、投資その他の資産1,045億円と、**投資その他の資産のほうが残高が大きくなっています**。これに対して、Ｂ社の場合、有形固定資産1,558億円、投資その他の資産412億円ですから、反対に有形固定資産のほうが大きくなっていることがわかります。総資産規模ではＡ社のほうが圧倒的に大きかったわけですが、**有形固定資産に限定してみればＢ社のほうが多額です**。有形固定資産だけに着目した有形固定資産回転率を算出すると、Ａ社10.0回、Ｂ社4.9回となり、売上高規模に対する有形固定資産の水準でみれば、２倍程度の差がついているといえるわけです。

■売上債権と棚卸資産について比較してみよう

次は、売上債権と棚卸資産に注目してみましょう。まずは**残高**を比較すると、売上債権についてはＡ社491億円、Ｂ社92億円、棚卸資産についてはＡ社1,324億円、Ｂ社260億円となっており、両社の間に大きな差があることがわかります。**いずれもＡ社のほうが圧倒的に高い水準**、裏を返せばＢ社のほうが低い水準となっています。

この違いをより明確にするために、売上債権と棚卸資産のそれぞれについて回転期間を算出してみましょう。算出した結果を整理すると次のようになります。

	Ａ社	Ｂ社
売上債権回転期間（月）	0.6	0.1
棚卸資産回転期間（月）	1.7	0.4

売上債権回転期間は両社ともに１か月以内ですから低い水準にありますが、**Ｂ社**は0.1か月、つまり３日程度の水準ということですから、**相当に低い水準**であることに驚かされます。また、**棚卸資産回転期間については大きな差がついています**。Ａ社は1.7か月程度であるのに対して、

連結損益計算書（単位：百万円）

	A社	B社
売上高*1	915,700	765,425
売上原価	644,217	508,911
売上総利益	271,483	256,513
販売費及び一般管理費	230,914	237,365
営業利益	40,568	19,148
営業外収益	2,380	1,134
営業外費用	2,896	268
経常利益	40,052	20,015
特別利益	127	3
特別損失	2,534	1,377
税金等調整前当期純利益	37,645	18,641
法人税等	13,234	5,313
当期純利益	24,411	13,327
非支配株主に帰属する当期純利益	3,022	
親会社株主に帰属する当期純利益	21,388	13,327

＊1　営業収入として計上されている金額を含めている。

連結貸借対照表（単位：百万円）

	A社	B社
現金及び預金	127,026	9,727
売掛金	49,155	9,209
棚卸資産	132,435	26,061
流動資産	328,514	80,490
有形固定資産	91,299	155,880
無形固定資産	38,025	3,218
（うち、のれん）	34,281	
投資その他の資産	104,523	41,220
固定資産	233,849	200,319
資産合計	562,363	280,810
流動負債	213,613	128,236
固定負債	64,704	30,571
負債合計	278,317	158,807
うち有利子負債	55,520	74,170
資本金	11,322	10,004
資本剰余金	29,375	5,696
利益剰余金	205,714	109,147
自己株式	△5,312	△3,838
株主資本合計	241,098	121,010
その他の包括利益累計額	16,936	992
新株予約権	2,269	
非支配株主持分	23,740	
純資産合計	284,046	122,002
負債・純資産合計	562,363	280,810

決算書 de 推理！2

事業構造の違いを読み取れ！

次は、同じ小売業界に属するものの業態としては異なる２社について考えてみましょう。１社はドラッグストアを展開する**ツルハ**ホールディングス、もう１社はスーパーマーケットを展開する**ライフ**コーポレーションです。

ひとくちに小売業界といっても、さまざまな業態があります。ドラッグストアとスーパーマーケットでは、取り扱っている商品が一部は重なる部分もあるかもしれませんが、やはり根本的に異なりますし、お店の特徴についてもさまざまな違いがあると思います。

ここでは、そのような両者の違いを想像しながら、決算書の数字とリンクさせて推理をしてみることにしましょう。

ますね。

以上の結果、

A社　…　三菱地所

B社　…　ゼンショー

C社　…　TOTO

D社　…　オリエンタルランド

ということがわかりました。

いかがでしたか。このような形で決算書の数値とビジネスの特徴をリンクさせて考えるということにぜひトライしてみてください。

上債権はあまり保有していないというのがＡ社の大きな特徴であり、まさに三菱地所の特徴と合致するということがわかります。

Ｂ社

固定資産が総資産の３分の２程度を占める一方、４社の中では総資産回転率が1.66と最も高い水準にあり、資産の回転は速い企業であるといえます。また、売上債権や在庫という観点で見れば、いずれも0.5か月前後の回転期間であり、水準としてはかなり低めにあるといえます。固定資産にはある程度投資が必要だが、回転の速いビジネスで資産効率は比較的よく、売上債権、在庫ともにあまり抱えずに行なうビジネスであるということですね。

これらの特徴を踏まえると、Ｂ社は**ゼンショー**であると結論付けることができます。ゼンショーは店舗展開をする飲食業ですから、出店のための敷金や店舗設備への投資など一定の固定資産投資が店舗展開の前提となりますが、不動産まで投資をするわけではありません。また、お客さんからの代金はかなり短期間で入金されますし、食材という在庫の性質上、そんなに多額の在庫を抱えることもありません。このような会社の特徴と財務数値がまさに合致しているといえます。

Ｃ社

この企業は、流動資産と固定資産の割合が半々くらいで、資産効率の観点から総資産回転率は0.96と１前後の水準ですから、通常の水準にあるといえます。棚卸資産回転期間は2.49か月と、ある程度の在庫を抱えているとともに、売上債権回転期間も1.7か月ですから、一般消費者向けの取引ではなく、企業間取引を前提としたビジネスモデルではないかと考えることができます。

４社の中でこのような特徴を有する企業は、**TOTO**ということになります。顧客の個別ニーズに応えるための豊富な製品ラインナップが在庫の水準に表れていますし、一般消費者向け製品ですが、取引の相手としては工務店などであり、企業間取引が中心になるという特徴がよく反映された内容といえるでしょう。

Ｄ社

最後に残ったＤ社ですが、Ａ社と並んでかなりの有形固定資産を抱えるとともに、総資産回転率もＡ社に次いで低い水準となっており、かなり固定資産が重たい企業であるといえます。一方で、売上債権と在庫については、回転期間からみてもかなりの低水準となっています。

４社の中でこれらの特徴を満たすのは、**オリエンタルランド**です。東京ディズニーランドと東京ディズニーシー、併設されたホテルや商業施設、そして今後オープンする予定の新しいエリアへの投資を考えれば、かなりの固定資産を保有していることは明らかですし、一方で一般消費者が顧客であるため売上債権は低水準となりますし、お土産や食材といった在庫も極めて回転が速く、大きな残高とはなりません。このような特徴がＤ社の決算書のそのまま表れてい

次に**ゼンショー**ですが、こちらは１つひとつの店舗はそう大きくありませんし、賃貸のケースが多いと思われます。**賃貸の場合は敷金等の保証金が必要になるとともに、店舗の造作などの固定資産はちりも積もれば山となる**ということで、これだけ多数の店舗を展開していればある程度にはなるでしょう。ただ、それでも回転の速いビジネスですから、製造業などに比べると軽めかなという印象です。

続いて**オリエンタルランド**ですが、こちらはかなり固定資産が重たい企業なのではないかと推測できます。最近も新エリアのオープンに向けて工事が進んでいると思いますが、あれだけの**パークを作り上げるには、かなりの投資が必要**となり、これを固定資産として保有し、長期間にわたって回収を進めていくことになります。

最後に**三菱地所**についてですが、こちらも固定資産の負担はかなり重くなるでしょう。**かなりの規模の不動産を自社で保有**して、毎月の賃料収入をもらいながら、長い期間をかけて投資回収を図っていくビジネスモデルですから、当然といえば当然のことです。

売上高規模に対しての資産残高の重さ、裏を返せば資産効率の違いを浮き彫りにするために、総資産回転率についても算出しておきます。

	A社	B社	C社	D社
総資産回転率（回）	0.20	1.66	0.96	0.40

Ａ社が最も低く、次にＤ社となっています。Ｃ社は１回転前後の一般的な水準、**Ｂ社は1.5回転を超えて通常よりはやや高めの水準**にあることがわかります。

■以上の分析結果から４社を結び付けると

ここまでの分析結果を踏まえながら、追加的な検討も含めて、これら４社が具体的にどの企業に該当するのか答え合わせをしていきましょう。

Ａ社

総資産の多くを固定資産が占めており、売上高規模に対する在庫の水準から見てもかなりの在庫を抱えている企業であるといえます。また、固定資産がかなり重く、資産効率の点で見ても、総資産回転率が0.2という極めて低い水準となります。これらの特徴を有するのは４社の中のどの企業でしょうか。

答えは**三菱地所**です。三菱地所は不動産企業であり、賃貸収入を得るために多額の不動産を保有していますが、これらは長期にわたって回収するものであり、売上高規模に照らすと資産残高がかなり重たくなるため、総資産回転率は極めて低い水準となります。また、マンション開発においては不動産が在庫となりますから、金額、期間ともにかなりの水準となり、在庫の水準は４社の中では一番高くなるでしょう。また、売上債権は前述のとおりそんなに多額になることはないビジネスであるといえます。

４社の中で突出して多額の在庫を抱えているとともに、総資産回転率が最も低い、一方で売

	A社	B社	C社	D社
棚卸資産回転月数	4.30	0.66	2.49	0.57

こうしてみると、**A社の棚卸資産回転月数が突出**しています。一方、B社とD社の水準はかなり低めです。C社はA社ほど多額ではありませんが、一定程度の在庫を保有しているような印象です。

■販売代金の回収からみた特徴は？

次に、販売代金の回収という視点、決算書の項目でいえば売上債権の視点で、それぞれの企業の特徴を見ておきます。

まず、顧客の大半が一般消費者となる**ゼンショー**と**オリエンタルランド**については、お客さんが現金で支払えば売上債権は発生しませんし、クレジットカードやバーコード決済などの**キャッシュレス決済をしたとしても、カード会社等からの入金は比較的短期でなされる**ことになりますから、売上債権の水準は低めになるということが想像できます。

また、**三菱地所**についても、不動産賃貸のビジネスでは基本的に毎月賃料を受け取るでしょうし、開発したマンション等の販売事業においては、一般消費者向けのマンション販売であれば、**住宅ローンを組んでもらい代金決済と同時に引き渡して売上計上**となりますから、売上債権は発生しません。したがって、こちらについても売上債権はかなり少なめになることが予想されます。

では、**TOTO**はどうでしょうか。TOTOの製品を購入するのは一般消費者ですが、TOTOにとっての**直接の販売先は通常は一般消費者ではなく、工事を担当する工務店が中心**となります。そのため、これまでの3社と比べれば、企業間取引を前提として一定程度の売上債権が発生するのではないかと想像することができます。

以上も踏まえつつ、売上高規模に対する売上債権の水準を確認するために、各社の売上債権回転期間を整理しておきましょう。

	A社	B社	C社	D社
売上債権回転月数	0.61	0.44	1.70	0.55

C社を除く3社は半月前後といった比較的低めの水準にあるのに対して、C社のみが1.7か月といった水準にあることがわかります。

■固定資産の重さ、資産効率の違いは？

最後に、それぞれの企業にとっての固定資産の重さや資産効率の違いについて見ておきます。いずれの企業も、ある程度の固定資産を保有しながらビジネスを行なっていますが、どのくらいの重さなのかは変わってきます。

まず**TOTO**についていえば、本社設備やショールームの設備はもちろんですが、やはり製造業として**工場の不動産や設備などが中心**になってきます。

らず、浴室、洗面所、キッチンなど特に**水回り関係の製品**を中心に幅広く展開しており、この分野ではリクシルと並んで双璧をなしている企業といってよいでしょう。家を建てたりリフォームしたことのある方ならわかるかもしれませんが、例えばお風呂をリフォームする場合、浴槽、床、壁などの素材や色、グレード、水栓やシャワーのタイプ、ジャグジーなどの付加機能の有無などなど、かなり細かくお客さんの要望を聞きながらカスタマイズしていくことになります。それだけの要望に応えられるだけの分厚いカタログと素敵なショールームを用意し、お客さんの個別ニーズに応えていくためには、**さまざまな部材についてある程度の在庫を抱えておく必要がある**ということは、何となく想像できるのではないでしょうか。

では、次に**ゼンショー**について見てみましょう。すき家を中心になか卯やファミレス業態、また回転寿司業態では、はま寿司など手広く展開する同社ですが、基本的には**飲食業態**ですから、在庫といえば食材が中心となってきます。食材といってもさまざまな種類があり、冷凍保存が可能なものもあれば、寿司ネタのように鮮度が命といった類のものもあるでしょう。ただ、いずれにしても、**工業製品と比べてそう長持ちするものではありません**から、在庫の回転はある程度速く、そこまで多額の在庫を抱えるビジネスではないということはご理解いただけると思います。

続いて、**オリエンタルランド**について考えてみましょう。ご存じのとおりオリエンタルランドは、多くのお客さんを集める東京ディズニーリゾートを展開している企業です。コロナ禍では休園を余儀なくされ苦境に陥りましたが、最近では制限緩和もなされ、再び集客を取り戻すとともに、新エリアの拡張なども今後進んでいくようです。では、オリエンタルランドの在庫とはどのようなものがあるでしょうか。真っ先に思い浮かぶのは**お土産品**ですね。また、パーク内の飲食店で使う食材も一時的に在庫となるでしょう。東京ディズニーリゾートに行くと、いつもお土産屋さんは人でごった返しています。矢継ぎ早にシーズンごとのイベントを打ち、そのイベントに対応する限定のお土産なども販売するので、**人気のアイテムは早めに行かないと売り切れてしまい購入できません**。このような感じですから、在庫の回転はかなり速く、在庫はあまり抱えていないビジネスなのではないかと思われます。

最後に**三菱地所**について考えてみましょう。三菱地所は日本を代表する**不動産**企業です。東京の丸の内界隈には三菱地所が所有する土地や建物が多くあり、多くの企業や商業施設がテナントとして入居しています。これらの不動産は、三菱地所が売上高となる**賃料収入を得るために所有**するものであり、その不動産自体を販売目的にしているわけではないため、三菱地所にとっては**在庫ではなく有形固定資産**となります。一方、三菱地所が開発を行なって販売するマンションなどもあり、**仕入れてきた土地や建築途中の建物は、その後の販売のための在庫**という位置づけになります。マンションを開発するにはそれなりの期間を要しますから、その期間は不動産を在庫として抱える必要があり、ここまでに見てきた在庫と比べると、１単位当たりの単価も高いですし、完成するまでにかなりの期間を要するということは容易に想像がつきます。４社の中では最も在庫の水準が高くなりそうな感じがします。

以上の検討も踏まえて、各社の棚卸資産回転月数について算出しておきましょう。

解　答

■それぞれの業種における資産構成の特徴は？

まずは、ビジネスの特徴が表れやすい資産構成に注目してみましょう。ここでは、各社の資産構成について簡単な分析を行なってみます。

A社……総資産6.8兆円の75%以上を固定資産が占めます。中でも大半を占めるのは有形固定資産です。また、流動資産のうち売上債権は少なめで、売上高1.3兆円に対して699億円ですから、回転期間にすると0.6か月程度となります。一方、在庫は4,935億円と流動資産の３分の１近くを占めており、それなりの残高です。回転期間にすると4.3か月程度は持っていることになりますから、かなりボリュームがあるといってよいでしょう。

B社……総資産4,695億円の３分の２程度を固定資産が占めています。固定資産の半分以上は有形固定資産が占めており、総資産のうち38.7%を占めます。流動資産のうち３分の１程度を現金及び預金が占める一方、売上債権回転期間と棚卸資産回転期間を計算してみると、それぞれ0.44か月、0.66か月ですから、売上高規模に対する売上債権や在庫の水準はそう高くないといってよいでしょう。

C社……総資産のうち流動資産と固定資産の占める割合が大体半々といったところです。流動資産の内訳も現金及び預金、売上債権、在庫がいずれもそれなりにあるといった感じで、売上債権回転期間、棚卸資産回転期間はそれぞれ1.7か月、2.49か月となっており、売上高規模に対して一定程度の残高があるといえます。固定資産については、６～７割程度を有形固定資産が占めている状況です。

D社……総資産のうち71%が固定資産であり、その大半を占めているのが有形固定資産となります。有形固定資産は総資産の64%を占めていますから、かなり有形固定資産の比率が高い企業であるといえます。一方の売上債権および在庫については、売上高規模に対してもそう大きな残高とはなっておらず、回転期間でみても、それぞれ0.55か月、0.57か月といった水準にとどまっています。

以上が各社の資産構成の大まかな特徴です。他の検討内容をつなげ合わせてどのようなことがいえるのでしょうか。他のテーマも見ていきましょう。

■在庫を抱えるビジネスか否か？

最初の視点として、それぞれの企業のビジネスが在庫を抱えるビジネスか否かという視点で考えてみましょう。

はじめに在庫を持っていそうな会社として、**TOTO**について考えてみましょう。TOTOの名前を聞いて真っ先に思い浮かぶのはトイレ製品ではないでしょうか。実際には、トイレのみな

連結損益計算書（単位：百万円）

	A社	B社	C社	D社
売上高	1,377,827	779,964	701,187	483,123
売上原価	980,792	365,093	458,217	296,895
売上総利益	397,034	414,871	242,969	186,227
販売費及び一般管理費	100,332	393,137	193,848	75,027
営業利益	296,702	21,734	49,121	111,199
営業外収益	14,361	10,219	7,602	2,053
営業外費用	39,244	3,872	1,963	1,463
経常利益	271,819	28,081	54,760	111,789
特別利益	12,224	770	9,340	239
特別損失	31,141	5,363	4,125	0
税金等調整前当期純利益	252,902	23,488	59,975	112,028
法人税等	70,634	10,209	18,893	31,294
当期純利益	182,268	13,278	41,081	80,734
非支配株主に帰属する当期純利益	16,924	12	2,138	0
親会社株主に帰属する当期純利益	165,343	13,265	38,943	80,734

連結貸借対照表（単位：百万円）

	A社	B社	C社	D社
現金及び預金	225,011	64,690	98,123	213,234
受取手形及び売掛金	69,987	28,747	99,391	22,057
棚卸資産	493,541	42,828	145,605	23,010
流動資産	1,616,602	157,993	359,288	348,941
有形固定資産	4,416,214	181,811	242,500	771,518
無形固定資産	111,187	65,446	29,467	17,492
投資その他の資産	727,954	64,244	100,380	68,467
固定資産	5,255,356	311,502	372,349	857,477
資産合計	6,871,959	469,563	731,638	1,206,419
流動負債	855,337	110,792	228,839	161,249
固定負債	3,636,680	242,933	41,706	215,480
負債合計	4,492,017	353,726	270,546	376,730
うち有利子負債	2,870,206	252,875	67,918	240,964
資本金	142,414	26,996	35,579	63,201
資本剰余金	157,914	23,809	29,430	115,628
利益剰余金	1,147,425	60,576	344,968	748,481
自己株式	△48,454	△6,915	△13,715	△112,282
株主資本合計	1,399,299	104,466	396,262	815,027
その他の包括利益累計額	758,261	11,167	57,273	14,661
新株予約権	193		262	
非支配株主持分	222,187	203	7,294	
純資産合計	2,379,941	115,837	461,092	829,689
負債・純資産合計	6,871,959	469,563	731,638	1,206,419

決算書 de 推理！1

業種の違いを読み取れ！

次に示したのは、業種がまったく異なる４社の決算書です。すき家などの飲食店を展開する**ゼンショー**ホールディングス（以下、ゼンショー）、東京ディズニーリゾートを手がける**オリエンタルランド**、丸の内の大家さんといわれることもある不動産大手の**三菱地所**、トイレやお風呂など水回りの製品を製造販売する**TOTO**の４社の決算書を示しました。

これら企業の決算書の特性を分析して、Ａ社～Ｄ社のうちどの企業がそれぞれに該当するのかを当ててみてください。それぞれのビジネスの特徴を想像しながら、そのビジネスの特徴が決算書にどのような形で反映されるのかを想像しつつ、みなさんご自身で考えてみてください。

なお、売上高規模や総資産規模の違いがありますから、絶対額というよりは、各種の比率などを駆使しながら、考えてみましょう。